reinhardt

W0380408

Beiträge zur Frühförderung interdisziplinär – Band 16

Irene Klöck / Caroline Schorer

Übungssammlung Frühförderung

Kinder von 0–6 heilpädagogisch fördern

3., durchgesehene Auflage

Mit 114 Abbildungen und 6 Tabellen

Mit einem ausführlichen Übungsverzeichnis

Ernst Reinhardt Verlag München Basel

Irene Heider (geb. Klöck), Schwabmünchen, ist Heilpädagogin und Erzieherin.
Caroline Schorer, Walkertshofen, ist Heilpädagogin, Erzieherin und Entspannungspädagogin.
Beide Autorinnen arbeiten in der Frühförderung in Mindelheim, sowie als Referentinnen für pädagogisches Personal in Kindertagesstätten.

Bibliografische Information der Deutschen Nationalbibliothek

Die Deutsche Nationalbibliothek verzeichnet diese Publikation in der
Deutschen Nationalbibliografie; detaillierte bibliografische Daten sind im Internet
über <http://dnb.d-nb.de> abrufbar.

ISBN 978-3-497-02443-8 (Print)
ISBN 978-3-497-60146-2 (E-Book)
ISSN 0940-8967
3., durchgesehene Auflage

Printed in Germany
Cover unter Verwendung eines Fotos von www.digitalstock.de
Satz: Fotosatz Amann, Memmingen

Ernst Reinhardt Verlag, Kemnatenstr. 46, D-80639 München
Net: www.reinhardt-verlag.de E-Mail: info@reinhardt-verlag.de

Inhalt

Hinweise zur Verwendung der Icons 8

Vorwort 9

Grundlagen

1 Die ganzheitliche Sichtweise der Heilpädagogik 12

2 Die Heilpädagogin in der Frühförderung 14

3 Heilpädagogische Methoden 17
3.1 Psychomotorik 17
3.2 Montessori-Pädagogik 18
3.3 Heilpädagogische Rhythmik 20
3.4 Entspannungspädagogik 22
3.5 Heilpädagogische Spieltherapie 23
3.6 Pädagogische Kinesiologie 24
3.7 Heilpädagogische Übungsbehandlung 25
3.8 Heilpädagogisches Zaubern 26
3.9 Heilpädagogisches Werken 27

Übungen und Fördermöglichkeiten

4 Wahrnehmung 30
4.1 Basissinne 30
Taktile Wahrnehmung 31
Tiefenwahrnehmung 37
Gleichgewicht 41
4.2 Visuelle Wahrnehmung 45
Visuomotorische Koordination 47
Figur-Grund-Wahrnehmung 54
Wahrnehmungskonstanz 56
Wahrnehmung der Raumlage/Raumorientierung 58
4.3 Auditive Wahrnehmung 61

Lautlokalisation ... 63
Lautdifferenzierung ... 64
Lautinterpretation ... 66
Speicherung ... 68
Rhythmisches Empfinden ... 70
4.4 Olfaktorische und gustatorische Wahrnehmung ... 75
Olfaktorische Wahrnehmung ... 75
Gustatorische Wahrnehmung ... 78
4.5 Sinnesbehinderung ... 80

5 Motorik ... 81
5.1 Grobmotorik ... 82
Förderung der Motorik vom 0.–3. Lebensjahr ... 84
Förderung der Motorik vom 3.–6. Lebensjahr ... 97
5.2 Feinmotorik ... 101
5.3 Körperliche Behinderung ... 117
Fördermöglichkeiten zur Körperwahrnehmung ... 117
Körper- und Leiberfahrungen ... 121
Förderung des Körperausdrucks ... 122
Förderung der Selbstständigkeit im täglichen Leben ... 123
Förderung der Körperentspannung ... 125

6 Kognition ... 127
6.1 Die kognitive Entwicklung ... 127
6.2 Entwicklungsverzögerung ... 129
Förderung des logischen Denkens ... 130
Förderung des Gedächtnisses und der Merkfähigkeit ... 136
Allgemeine Anregungen zur kognitiven Entwicklung ... 139
6.3 Lernschwäche, Lernbehinderung ... 140
Allgemeine Anregungen für Kinder von 0–3 Jahren ... 143
Übungen zum verbalen Anweisungsverständnis ... 143
Überkreuzen der Mittellinie ... 145
Feinmotorische Übungen ... 147
Übungen zur Aufmerksamkeit, Konzentration, Kognition und Wahrnehmung ... 148
6.4 Geistige Behinderung ... 151
Kommunikative und emotionale Anregungen ... 154
Fördermöglichkeiten aus der Montessori-Pädagogik ... 155
Fördermöglichkeiten im Snoezelenraum ... 159
Basale Stimulation ... 160

7 Umschriebene Entwicklungsstörungen schulischer Fertigkeiten 165
7.1 Lese-Rechtschreib-Störung/Lese-Rechtschreib-Schwäche (LRS) 165
Auditive Wahrnehmung/Förderung des Wortschatzes und Sprachgefühls .. 168
Visuelle Wahrnehmung 170
Raumlage 173
Förderung der Konzentration und des Sprachgedächtnisses 174
Fördermöglichkeiten aus der pädagogischen Kinesiologie und der Entspannungspädagogik 175
7.2 Rechenstörung/Rechenschwäche 178
Mengen und Zahlen 179
Körperschema/Körperwahrnehmung 189
Fördermöglichkeiten für die Basissinne 192
Überkreuzen der Körpermittellinie 194

8 Sozialverhalten 200
8.1 Störungen des Sozialverhaltens 200
Materialien für die heilpädagogische Spieltherapie 203
Theater- und Tischspiele mit Hand-, Finger- oder Stabpuppen 204
Bilderbücher, Karten, Geschichten und Gespräche zur Förderung der sozial-emotionalen Entwicklung 204
Fördermöglichkeiten aus den Methoden der Psychomotorik, des Zauberns, des Werkens und der Entspannungspädagogik 205
8.2 Aufmerksamkeitsdefizit-Syndrom (ADS)/Aufmerksamkeitsdefizit-/Hyperaktivitätsstörung (ADHS) 211
Förderung der Aufmerksamkeit und Konzentration 214
Förderung bei motorischer Überaktivität 222
Fördermöglichkeiten zur Körperentspannung 225
„Die Maus" 226

9 Sprache 234
9.1 Sprachanbahnung 237
9.2 Spiele zur Förderung der Mundmotorik 240
9.3 Fingerspiele und kleine Verse lernen 244
9.4 Sprechzeichnen / Bewegung und Sprache 245
9.5 Hörspiele 247
9.6 Spaß mit Dingen, Wörtern und Geschichten 248

Anhang 250
Rezepte für Knetmasse 250
Arbeitsblätter 250

Literatur 251
Bildquellennachweis 252
Übungsverzeichnis 253
Sachregister 276

Hinweise zur Verwendung der Icons

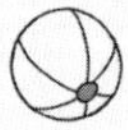 **Psychomotorik**

 **Entspannung**

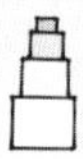 **Montessori-Pädagogik**

 **Rhythmik**

 **Kinesiologie**

 **Heilpädagogisches Werken**

 **Heilpädagogisches Zaubern**

 **Kognition**

 **Sinneswahrnehmung**

Am Ende des Buches finden Sie alle Übungen in einem alphabetisch sortierten Übungsverzeichnis. Dieses finden Sie zusätzlich auch nach Förderbereichen sortiert auf www.reinhardt-verlag.de.

Vorwort

Die Frühförderung und die Heilpädagogik tragen in besonderem Maß zu einer Früherziehung entwicklungsgefährdeter Kinder bei. Gerade in der Zeit von der Geburt bis zum Schulanfang, einer Zeit extremer Lernfähigkeit, ist es notwendig, Schädigungen, Funktionsschwächen und Entwicklungsrisiken frühzeitig zu erkennen und gezielt zu behandeln. Hierzu bietet die Frühförderung mit der interdisziplinären Kooperation verschiedener Fachkräfte optimale Voraussetzungen. Ein wichtiger Bestandteil dieser Arbeit ist die Elternberatung und die Einbeziehung der wichtigsten Personen für das Kind, der Eltern, in den Förderprozess.

Das fordert von den verschiedenen Disziplinen, insbesondere von den Heilpädagoginnen, beispielsweise: Fachkompetenz, sozial-emotionale und sprachliche Anpassungsfähigkeit an das Kind und dessen Familie, Vernetzung der verschiedenen Personen und Institutionen.

Die Heilpädagogik ist eine Disziplin, die mit ihrem komplexen Arbeiten und Wirken auf die sich verändernden Sichtweisen und zunehmend schwierigeren pädagogischen, sozialen und bildungspolitischen Fragen antworten kann.

Heilpädagoginnen und andere Fachkräfte machen sich viele Gedanken, was oder welche Hilfe zur Selbsthilfe sie den Kindern anbieten können, damit sich die Kinder positiv entwickeln und entfalten können. Gerade in der heutigen Zeit wird die Vor- und Nachbereitungszeit immer geringer und die Anforderungen an das pädagogische Personal immer größer. Heilpädagoginnen müssen über ein riesiges Spektrum an Fachwissen, pädagogischen Kompetenzen, an guter Didaktik, Ideenreichtum und an praktischen Fördermöglichkeiten verfügen, um den Kindern, die zu ihnen kommen, gerecht zu werden.

In der Praxis suchen wir häufig in zahlreichen Büchern nach passenden Anregungen, in den meisten heilpädagogischen Fachbüchern jedoch überwiegt die Theorie.

Diese und andere Feststellungen haben uns dazu veranlasst, praktische Übungen zu sammeln und dieses Buch zu schreiben. Wir haben uns bemüht, innerhalb einer strukturierten Aufteilung viele praktische, leicht verständliche und bildhafte Anregungen darzustellen. Das Buch stellt eine Art Nachschlagewerk dar, das den Heilpädagoginnen, aber auch allen anderen Erziehenden, praktische Anregungen und Übungsbeispiele an die Hand gibt, die ihnen die tägliche Förderarbeit mit Kindern von 0–6 Jahren erleichtert. Dabei dürfen diese Beispiele nicht als für sich stehende Übungen gesehen werden, sondern müssen, wie in Kapitel 1 dargestellt, in ein Feld vertrauensvoller Beziehung eingebunden und immer am Entwicklungsstand des Kindes orientiert werden.

Wir wollten keine wissenschaftliche Abhandlung schreiben, haben die Theorie deshalb kurz gehalten und unseren Schwerpunkt auf die Spiel- bzw. Übungsbeispiele gelegt, mit denen wir gute Erfahrungen gesammelt haben.

Außerdem ist es uns ein Anliegen, nicht in den Bereich einer anderen Berufsgruppe einzudringen, sondern im Gegenteil, wir bedanken uns bei unseren Kolleginnen der Frühförderung Mindelheim, unserem interdisziplinären Team, für den gegenseitigen Erfahrungsaustausch und die gute Zusammenarbeit.

Zum Abschluss möchten wir unseren Dank an alle aussprechen, die uns bei der Entstehung dieses Buches unterstützt haben. Besonders bedanken wir uns bei Dr. Martin Thurmeir, der uns stets mit fachlichen Hinweisen und Anregungen zur Seite stand, bei den Eltern, deren Kinder wir fotografieren durften, und vor allem bei den Kindern, die beim Fotografieren große Freude hatten. Außerdem möchten wir uns bei Katharina Satzger bedanken, die uns die Arbeitsblätter gezeichnet hat.

Mindelheim, im Januar 2010

Caroline Schorer
Irene Klöck

Hinweis: Wir verwenden im Buch den Begriff „Heilpädagogin“, möchten damit aber auch männliche Heilpädagogen und alle in der Pädagogik und Medizin tätigen Kollegen mit einschließen.

Grundlagen

1 Die ganzheitliche Sichtweise der Heilpädagogik

Die Heilpädagogik im heutigen Sinn ist eine wissenschaftliche Disziplin der Pädagogik und beschäftigt sich mit Menschen, deren Entwicklung unter erschwerten Bedingungen verläuft. Sie wendet sich an Kinder, Jugendliche, Erwachsene und alte Menschen, welche aufgrund von Entwicklungs- und/oder Verhaltensauffälligkeiten bzw. -störungen oder Behinderungen einen erhöhten Förderbedarf haben.

Dabei betont die Heilpädagogik eine ganzheitliche Sichtweise des Individuums. Es geht ihr um die Förderung unter Berücksichtigung der Gesamtpersönlichkeit des Menschen mit seinen Ressourcen, Stärken und Schwächen und unter Berücksichtigung seiner familiären Lebenssituation und seines sozialen Umfelds.

Das Wort „heil" bezieht sich nicht auf Heilung im medizinischen Sinne. Vielmehr wird „heil" hier im Sinne der alten Bedeutung des Wortes, nämlich „ganz", verwendet.

Deshalb unterscheidet sich die Arbeit der Heilpädagogik von vorwiegend funktionellen Therapieformen. Sie beinhaltet die Erziehung, Förderung, Begleitung, Beratung, Assistenz und Hilfe des Kindes und dessen Umfelds. Sie „holt das Kind da ab, wo es steht", d.h. das Kind wird nicht überfordert, unangemessenem Druck oder antrainierendem Üben ausgesetzt. Im Gegenteil, wir arbeiten nach dem Motto Paul Moors (1965, 20),

„Nicht gegen den Fehler sondern für das Fehlende."

und nach dem Leitsatz von Oy/Sagi (1997),

„Im Zentrum steht das Spiel."

Die ganzheitliche Sichtweise bezieht sich vor allem auch auf die Heilpädagogin selbst. Sie bringt sich mit ihrer ganzen Person in die Arbeit ein. Sie verfügt über Fähigkeiten wie Empathie und Wertschätzung, Interesse und Verständnis für die Lebenssituation anderer Menschen und bringt Freude an ihrer Arbeit mit Menschen mit. Sie wählt das heilpädagogische Angebot, bzw. die Methode individuell für jedes einzelne Kind aus und bietet die Methode entsprechend ihrem „Wissen" und ihren „Neigungen" überzeugend an.

Vom Grundcharakter stellt heilpädagogisches Handeln professionelles pädagogisches Handeln dar. Damit die Heilpädagoginnen ihren Aufgaben eigenständig, selbstverantwortlich und in Zusammenarbeit mit den benachbarten Fachpersonen gerecht werden, verfügen sie über besondere fachliche Kenntnisse aus den wissenschaftlichen Bereichen, wie Pädagogik, Psychologie, Medizin, Rechts- und Sozialwissenschaften und über eine Vielfalt praktischer Handlungsformen für die pädagogische und therapeutische Arbeit.

Die Begleitung kann in Einzel- oder Gruppenförderung angeboten werden.

Der Klient wird nicht fremdbestimmt „behandelt“, sondern lernt selbstbestimmt zu handeln und zu lernen. So kann es dem Menschen möglich sein, ein sinnerfülltes und so weit wie möglich selbstständiges Leben zu führen.

2 Die Heilpädagogin in der Frühförderung

Die heilpädagogische Förderung in der interdisziplinären Frühförderung ist eine Frühmaßnahme für Kinder ab der Geburt bis zum Schuleintritt. Sie richtet sich an Kinder mit Auffälligkeiten in der Entwicklung, Kinder mit Behinderungen und solche, die davon bedroht sind, sowie deren Eltern und Familien. Die Auffälligkeiten können sich in der geistigen, sprachlichen, motorischen, emotionalen, sozialen Entwicklung und in der Wahrnehmungsentwicklung zeigen.

Nach der Eingangsphase (Erstgespräch, Anamnese, Beobachtung, Diagnostik) wird die Diagnose mitgeteilt. Hierbei geht es darum, den Eltern zu vermitteln, welchen Eindruck die Frühförderin vom Entwicklungsstand des Kindes hat und welche Förderung empfohlen wird. Nach der Behandlungsempfehlung beginnt die eigentliche heilpädagogische Förderung. Die heilpädagogische Förderung kann

- in Einzelförderung in den Räumen der Frühförderung,
- als Hausfrühförderung in der gewohnten Umgebung des Kindes,
- in Kleingruppen,
- in Räumen der teilstationären Einrichtungen, z.B. in den Kindergärten

stattfinden. Eine heilpädagogische Förderstunde findet in der Regel einmal wöchentlich für 1,5 Stunden statt. Die Dauer der heilpädagogischen Förderung richtet sich nach dem Entwicklungsstand des Kindes und den Bedürfnissen der Eltern. Mit jedem Fall endet sie mit dem Schuleintritt. Ziele der heilpädagogischen Frühförderung sind:

- Führen eines sinnerfüllten, autonomen, glücklichen Lebens
- Annahme der eigenen Persönlichkeit, mit all ihren Stärken und Schwächen
- Förderung der Wahrnehmungsleistung
- Verbesserung der Bewegungssteuerung, sowie Förderung der Fein- und Grobmotorik
- Verbesserung der kognitiven Fähigkeiten
- Steigerung der Konzentration und Ausdauer
- Stärkung des Selbstbewusstseins und der Persönlichkeitsentwicklung
- Förderung der Selbstständigkeit und der Handlungsplanung
- Verbesserung der sozial-emotionalen Kompetenzen
- Anbahnung und Förderung der Sprache, des Ausdrucks und der Kommunikation
- Information und Wegbegleitung der Eltern
- Beratung der Erzieher/innen
- Vernetzung der verschiedenen Einrichtungen und Fachkräfte

Heilpädagogische Förderung

Zu Beginn jeder Förderung wird eine tragfähige Beziehung aufgebaut. Daher ist die erste wichtige Aufgabe der Heilpädagogik der Beziehungsaufbau zum Kind. Bei Kindern mit Beziehungsstörungen kann das auch für eine Weile das Hauptthema sein. Die weitere Beziehungsgestaltung und der Förderverlauf sind für die Kinder und besonders für Kinder mit Beziehungsstörungen wichtig. Sehr wertvoll erachten wir den persönlichen Kontakt zu den Eltern. Neben der Begleitung des Kindes steht die fachliche Begleitung und Unterstützung der Eltern und Erzieher/innen. Die Kooperation aller, die an der Förderung eines Kindes beteiligt sind, ist ein wichtiges Anliegen der Heilpädagogik.

Unter Berücksichtigung der Anamnese, Diagnostik, Beobachtungen sowie des sozialen Umfeldes des Kindes erstellt die Heilpädagogin wenn möglich in Zusammenarbeit mit den Eltern einen individuellen Förder- und Behandlungsplan. Dieser stellt die Grundlage der Förderung dar. Im Förder- und Behandlungsplan wird die Ist-Situation des Kindes mit all ihren Stärken und Schwächen erfasst und es werden Förderziele definiert.

Die heilpädagogische Förderung orientiert sich am jeweiligen Entwicklungsstand des Kindes. Sie knüpft an bestehende Fähigkeiten und Möglichkeiten des Kindes an und entwickelt zusammen mit dem Kind und der Familie neue Handlungs- und Erfahrungsräume. Mit Hilfe der passenden Methode und durch ein ausgewogenes Angebot von Förderimpulsen werden im Spiel neue Kenntnisse, Fähigkeiten und Verhaltensweisen geweckt, entwickelt und gefestigt.

Die heilpädagogische Förderung ist ganzheitlich konzipiert, sie beachtet alle Bereiche der kindlichen Entwicklung. Im Vordergrund steht das „Stärken der Stärken“. Die Förderangebote werden kindgerecht gestaltet, so dass die Kinder die Förderung als motivierend, freudig und spielerisch erleben.

Aufbau einer heilpädagogischen Förderstunde

Ziel ist es, die Förderziele/Schwerpunkte aus dem Förder- und Behandlungsplan Schritt für Schritt umzusetzen. Die Förderschwerpunkte sind sozusagen das „Thema der Stunde“, mit dem wir in die Stunde gehen, was wir dem Kind anbieten.

Jede Förderstunde beginnt mit der Vorbereitung des Raumes und des Materials. Der Raum und das Material sollten je nach Schwerpunkt individuell gewählt werden. Die Reizfülle in einem Raum kann ein Kind beflügeln, ein anderes Kind erdrücken. Bei einigen Kindern muss man ablenkendes Material entfernen und sich nur auf das bereitgestellte beschränken. Bei anderen Kindern muss ganz bewusst verschiedenes Fördermaterial angeboten werden. Findet die Förderstunde zu Hause, also im familiären Umfeld statt, so ist es wichtig, mit den Eltern im Vorfeld zu besprechen, in welchen Räumlichkeiten die Förderung stattfinden kann. Auch sollte besprochen werden, ob die Geschwisterkinder, die Mutter oder die Eltern mit anwesend sind. Dieses gilt es in jedem Fall individuell je nach Schwerpunkt abzuwägen, was dem Kind und dessen Umfeld zu Gute kommt. In einigen Familien macht es Sinn, dass die Mutter die ganze Zeit mit anwesend ist, in einer anderen wiederum wäre es eine gute Lösung, dass die Mutter/das Geschwisterkind etwas später dazu kommen.

Zu Beginn erfolgt stets die Begrüßung zwischen der Heilpädagogin und dem Kind. Rituale können helfen, besonders zu Beginn anzukommen und sich besser in die Stunde einzufinden. Beispielsweise kann immer dieselbe Begrüßungssituation stattfinden, z. B. auf einem Kissen am Boden mit einem kurzen Begrüßungslied, Fingerspiel oder einer Erzählrunde (Wie geht es mir, was habe ich erlebt etc.).

Im Hauptteil der Stunde setzen wir die definierten Ziele im Förder- und Behandlungsplan um. Durch verschiedene Übungen und Spiele, eventuell in mehreren Varianten, versuchen wir Lernziele/Lernerfolge zu ermöglichen. Für das Kind ist es sehr hilfreich, eine thematische Verknüpfung zur vergangenen Stunde herzustellen. Die Einführung, Darbietung oder Erklärung verlangt von der Heilpädagogin eine gute didaktische Planung und Abfolge, sowie eine konzentrierte, gezielte und disziplinierte Haltung.

Die Angebote verlaufen nacheinander, wobei der Spielraum für eigene Aktivitäten des Kindes erhalten bleiben muss. Wir sind stets darauf bedacht, eine Abwechslung von Anspannung (konzentrierte Spielübung mit Material am Tisch oder Boden) und Entspannung (Bewegungs-, Entspannungs- oder Rhythmikübung) herzustellen. Das Üben und Wiederholen haben in einer heilpädagogischen Förderstunde einen hohen Stellenwert, ebenso ist es sehr wichtig, dass das Kind Fehler machen darf. Aus Fehlern lernt man bekanntlich am meisten.

Die Abschlussphase stellt wiederum eine wiederkehrende Situation dar. Das Kind erkennt nun, dass die Stunde dem Ende zugeht. In dieser Phase kann es dem Kind möglich sein, noch ein Spiel oder Material auszusuchen und sich damit zu beschäftigen. Oder aber die Stunde kann mit einer Entspannungseinheit, wie z. B. einer Körpermassage, den Abschluss finden.

Nach der Förderstunde dokumentiert die Heilpädagogin die Stunde und wertet sie aus. Beobachtungen werden schriftlich fixiert. Das Protokoll stellt zugleich den Ausgangspunkt für die Planung und Durchführung der nächsten Stunde dar.

3 Heilpädagogische Methoden

Heilpädagogische Methoden sind Maßnahmen, die das Kind in seiner ganzen Person ansprechen und sich an dessen Bedürfnissen und Stärken orientieren.

Wir haben uns auf die Methoden beschränkt, die unseren Eignungen und Neigungen entsprechen, die wir durch Eigenmotivation überzeugend anwenden können und mit denen wir positive Erfahrungen gemacht haben. Außerdem setzen wir die Methoden ein, die uns zur Erreichung unserer Förderziele, individuell am Kind orientiert, am erfolgreichsten erscheinen. Wir wenden diese Methoden hauptsächlich in der Einzelförderung, in der Kleingruppen- sowie in der Vorschulgruppenarbeit an.

Die Einzelförderung findet einmal wöchentlich entweder in unserer Einrichtung, im Kindergarten oder als Hausbesuch statt. Dabei ist das Setting der Einzelkontakt zum Kind. Allerdings arbeiten wir auch in der Elternberatung bzw. wir beziehen die Eltern, häufig die Mutter, in die Förderstunden mit ein.

Unter Kleingruppenarbeit verstehen wir die Arbeit mit zwei Kindern. Vielfach fällt es Kindern schwer, in Kontakt mit anderen Kindern zu kommen, bzw. die größere Gruppe überfordert sie. Deshalb bieten wir die Möglichkeit im Kindergarten an, ein anderes Kind mit in die Stunde zu nehmen, um zunächst Vertrauen und Sozialkontakte im geschützten Rahmen einer Kleingruppe aufzubauen.

Einige Methoden, wie die Psychomotorik, bieten sich vor allem in der Gruppenarbeit an. Wir arbeiten in unserer Frühförderung mit Vorschulgruppen, Spieltherapiegruppen und heilpädagogisch-ergotherapeutischen Gruppen. Diese Gruppen finden einmal wöchentlich statt. In dieser Gruppe befinden sich sechs Kinder, die von zwei Frühförderinnen geleitet werden.

Nachfolgend werden wir die für uns wichtigsten heilpädagogischen Methoden vorstellen.

3.1 Psychomotorik

Die deutsche Psychomotorik wurde in den 1950er Jahren von Ernst J. Kiphard begründet. Die Psychomotorik betont die Wechselwirkung zwischen Körper und Seele und ist ein Modell der Persönlichkeitsbildung, die über motorische Lernprozesse geschieht. Sie spricht drei Handlungskompetenzen an, die sich beim Kind entwickeln sollen:

- Ich-Kompetenz
- Sach-Kompetenz
- Sozial-Kompetenz

Ich-Kompetenz bedeutet, sich selbst und seinen Körper zu erleben. Die Sach-Kompetenz drückt aus, sich an die Umwelt mit ihren Materialien, Geräten und Hindernissen anzupassen. Und die Sozial-Kompetenz beschreibt den Lernprozess, sich anderen Kindern anzupassen, dabei auch in echter Kommunikation eigene Bedürfnisse durchzusetzen (Kiphard zitiert nach Eitle 2003, 162).

So kann die Psychomotorik als ein pädagogisches Konzept betrachtet werden, das die ganzheitliche Sichtweise des Menschen beachtet. Die Ausrichtung der Förderschwerpunkte und der Einsatz verschiedener Elemente richten sich nach dem jeweiligen Klientel.

Die Psychomotorik richtet sich an Kinder, die hyperaktiv, hypoaktiv und sozial auffällig sind, die Wahrnehmungs- und Bewegungsauffälligkeiten zeigen und dadurch Leistungsanforderungen meiden oder überfordert sind, die ein negatives Selbstbild entwickelt haben und durch auffälliges Verhalten Schwierigkeiten bei Sozialkontakten haben.

Ziel der Psychomotorik ist, über Bewegungserlebnisse zur Stabilisierung der Persönlichkeit beizutragen und so das Vertrauen in die eigenen Fähigkeiten zu stärken. Sie soll aber auch eine Förderung der Motorik ermöglichen sowie die Probleme des Kindes mit sich selbst und seiner Umwelt aufzeigen.

Eine psychomotorische Förder- oder Spielstunde ist eine sich ständig ändernde und nicht planbare Veranstaltung. Der allgemeine Rahmen wird vom Übungsleiter durch evtl. Geräte- und Materialangebote und durch die grobe Strukturierung der Stunde vorgegeben. Grundsätzlich haben die Teilnehmer die Möglichkeit, sich aktiv an der Gestaltung jeder einzelnen Stunde zu beteiligen und sich mit ihrer Individualität einzubringen (Beudels et al. 2001).

Der Handlungsansatz betont nicht die Schwächen, sondern die Stärken des Kindes. Er soll Spaß an der Bewegung vermitteln, und vor allem durch selbstbestimmtes Handeln und Ausprobieren Misserfolge vermeiden, damit das Kind durch Erfolgserlebnisse zu mehr Selbstvertrauen findet.

Psychomotorisch arbeiten wir hauptsächlich mit unseren Vorschulgruppen. Die Gruppe besteht aus sechs Kindern, und die Stunde findet einmal wöchentlich im Motorikraum der Einrichtung statt. Die Geräte und Materialien wählen wir nach den Förderschwerpunkten für die jeweiligen Kinder aus. Der Ablauf einer Sequenz gliedert sich meist in eine Anfangsphase mit Gesprächskreis und Aufwärmspiel. Es schließt sich die Erfahrungsphase mit den Förderschwerpunkten an und zuletzt endet die Stunde mit der Abschlussphase, d.h. wie beende ich die Stunde, um die Kinder gut in ihre „Lebenswelt“ zurückzuführen. Wir achten auf den Wechsel zwischen Spannung und Entspannung sowie Ruheeinheiten und Aktion. Der Übungsleiter sollte die Kinder motiviert und klar verständlich anleiten.

3.2 Montessori-Pädagogik

Die Montessori-Pädagogik ist ein reformpädagogisches Bildungsangebot, das sich unmittelbar am Kind orientiert und konsequent die Bedürfnisse des Kindes berücksichtigt. Das Konzept umfasst die gesamte kindliche Entwicklung von Geburt an bis hin zum Eintritt in das Erwachsenenalter.

Maria Montessori war die erste Frau Italiens, die Medizin studierte. 1906 gründete Maria Montessori im römischen Elendsviertel „San Lorenzo“ das erste Kinderhaus. Sie machte es sich zur Aufgabe, sich um verwahrloste, normale und gestörte Kinder zu kümmern. Sie stellte Fördermaterialien her, die für Kinder ansprechend waren, sie beschaffte sich Möbel, die den kindlichen Maßen angepasst waren und sie verschaffte den Kindern Freiheit und Frieden zur Arbeit, zum Sammeln von verschiedenen Erfahrungen, sich zu bewegen. Eine neue Pädagogik war geboren (Anderlik 1999, 15–18). Maria Montessoris Grundprinzipien lauten:

- Das Kind in seiner Persönlichkeit achten, es als vollwertigen Menschen sehen.
- Seinen Willen entwickeln helfen, indem man ihm Raum für freie Entscheidung gibt, ihm helfen, selbstständig zu denken und zu handeln.
- Ihm Gelegenheit bieten, den eigenen Lernbedürfnissen zu folgen, denn Kinder wollen nicht nur irgendetwas lernen, sondern zu einer ganz bestimmten Zeit etwas ganz bestimmtes.
- Ihm helfen, Schwierigkeiten zu überwinden statt ihnen auszuweichen.

Ziel der Montessori-Pädagogik ist ein verständnisvoller, liebevoller Umgang zwischen Erwachsenen und Kindern. Maria Montessori stellt das Kind mit seinen Bedürfnissen in den Mittelpunkt ihres pädagogischen Bemühens. Den Ausspruch eines Kindes:

„Hilf mir es selbst zu tun“

machte Maria Montessori zum Leitsatz ihrer Pädagogik. Ihr Konzept ist so aufgebaut, dass das Kind lernt, selbstständig zu werden. Wichtig ist es, dem Kind eine Umgebung zu schaffen, die seine Entdeckerfreude, seinen Lernwillen, und seinen Drang nach Selbstständigkeit unterstützt. Maria Montessori spricht hierbei von einer „vorbereiteten Umgebung“. Sie sollte auf die Körpergröße, den Entwicklungsstand und die Interessen und Bedürfnisse der Kinder abgestimmt sein. Das Material sollte in verschiedene Bereiche aufgeteilt und immer nur einmal vollständig am gleichen Platz stehen.

Die Angebote der vorbereiteten Umgebung orientieren sich an den Bedürfnissen und Interessen der Kinder. Dies setzt eine genaue Beobachtung der Kinder, ebenso die Kenntnis und das Erkennen von „sensiblen Phasen“ voraus. Maria Montessori bezeichnet die sensiblen Phasen als Zeiträume innerhalb der kindlichen Entwicklung, in denen das Kind besonders aufnahmebereit ist für all jene Eindrücke, die einen ganz bestimmten Entwicklungsschritt erleichtern oder ermöglichen. Während der sensiblen Phasen kann ein bestimmter Lernschritt leicht, freudvoll und geradezu spielerisch erfolgen, während dasselbe Lernangebot das Kind zu einem anderen Zeitpunkt über- oder unterfordern, unter Druck setzen oder langweilen würde. Die Montessori-Pädagogik betrachtet die sensiblen Phasen daher als Lernchance und unterstützt die Kinder dabei, diese Zeiträume optimal für ihre Entwicklung zu nutzen.

Das von Maria Montessori selbst entwickelte Material ist eine didaktische Sammlung, welche sich zur Förderung der Selbsttätigkeit und Selbstständigkeit des Kindes durch Übungen der Sinne, der Bewegungen, des praktischen Lebens und des handelnden Umgangs auszeichnet. Kennzeichen des Materials sind die spielerische Fehlerkontrolle, der hohe Aufforderungscharakter, die einfache Erfassung der Aufgaben sowie die Herausarbeitung der Schwierigkeiten. Das Material gliedert sich in folgende Bereiche:

- Übungen des täglichen Lebens
- Sinnesmaterial
- Sprachmaterial
- Mathematikmaterial
- Material zur kosmischen Erziehung

Das Arbeiten mit dem Material scheint fast wie eine meditative Vertiefung. Maria Montessori bezeichnet dies als „Polarisation der Aufmerksamkeit". Dem Kind gelingt es, die gesamte Aufmerksamkeit zu sammeln und sich in eine Sache so zu vertiefen, dass die ganze Umgebung rundherum vergessen scheint.

Die Montessori-Pädagogik ist aber nicht nur weltweit für das „normale Kind" einsetzbar, sondern auch für „Kinder mit besonderen Bedürfnissen". In der heilpädagogischen Förderung versuchen wir bereits im frühen Entwicklungsalter, fehlende Möglichkeiten auszugleichen und verwenden dabei dieselben Ansätze aus der Montessori-Pädagogik. Für Kinder mit besonderen Bedürfnissen müssen allerdings die Art und Weise, das Tempo, die Intensität für das jeweilige Kind verändert werden. Das ansprechende Montessori-Material bietet eine große Hilfestellung, Lernen zum Anfassen oder wie Maria Montessori sagt: „Vom Greifen zum Begreifen". Gerade bei Kindern mit Lernschwächen, mit Schwächen im Vorstellungsvermögen und in der Merkfähigkeit ist das Material hervorragend geeignet, um bestimmte Lerninhalte zu vermitteln und diese zu verinnerlichen.

3.3 Heilpädagogische Rhythmik

Die heilpädagogische Rhythmik wurde von Mimi Scheiblauer (1865–1948) begründet. Sie arbeitete mit Sinnesbehinderten, geistig behinderten Menschen, Verhaltensauffälligen, aber auch mit Nichtbehinderten. Ihr Weg war es nicht durch Erkennen etwas zu Erleben, sondern durch Erleben etwas zu Erkennen. Das ist dem Kind angemessen und für Kinder mit Behinderungen ein gangbarer Weg, Lerninhalte zu erfahren (von Oy/Sagi 1997).

Die heilpädagogische Rhythmik stellt eine vielseitige Methode dar. Sie bietet vielfältige Möglichkeiten, um grundlegende Fähigkeiten bei Kindern anzusprechen und zu fördern. Der Schwerpunkt liegt beim Selbermachen und selbst Ausprobieren. Zu den Inhalten gehören Spiellieder, Lieder, Tänze, Geschichten, die Verwendung von Instrumenten, verschiedene Bewegungsarten, die Verwendung von Masken, Kostümen und Tüchern, Musik von Tonträgern und vieles mehr. Für ihre Rhythmikstunden wählte Mimi Scheiblauer Materialien, die einen hohen Aufforderungscharakter haben und deren Handhabung nicht von vornherein festgelegt ist. Dieses Material ist als das Scheiblauer-Material bekannt und in fast jeder pädagogischen Einrichtung zu finden. Dazu zählen: Bälle, Seile, Tücher, Reifen, Stäbe, Sandsäcke, Holzstäbe, Tamburin, Rasseldosen, Triangel und vieles mehr.

Der Schwerpunkt rhythmischer Erziehung liegt entsprechend darauf, Erfahrungsprozesse in Gang zu setzen sowie Spiel- und Handlungsräume zu ermöglichen. Musik, Bewegung, Sprache und Material sind die methodischen Grundpfeiler der rhythmisch-musikalischen Förderung. Vor allem Kinder, die nicht über ausreichende kognitive Fähigkeiten, mentale und körperliche Umsetzungsfähigkeiten verfügen, können in Rhythmikstunden mit besonders elementarer Freude am Musizieren, Singen und Tanzen agieren. Gleichzeitig werden die Wahrnehmung, die Motorik, die Sprache und das Sozialverhalten gefördert.

Mimi Scheiblauer hat als erste die rhythmischen Übungen in fünf Bereiche eingeteilt. In diesem Werk möchten wir die sechs Erfahrungsfelder nach Isabelle Frohne aufzeigen, da sie die Bereiche der Mimi Scheiblauer neu überarbeitet und um einen wichtigen Punkt erweitert hat, nämlich den der Fantasie und Kreativität. Ihre Einteilung kann sowohl als Inhalt wie auch als methodischer Weg der Rhythmik verstanden werden (Peter-Führe 1996).

1. Übungen zur Sensibilisierung: Hierbei liegt der Schwerpunkt auf der Entwicklung und Differenzierung der Wahrnehmungsfähigkeit. Damit ist nicht nur die Selbst-, sondern auch die Fremdwahrnehmung gemeint. Kinder erhalten die Möglichkeit, Aufmerksamkeit und Konzentration auf ausgewählte Sinnesreize zu erleben. Beispielsweise beim Summen gibt es im eigenen Körper einiges zu spüren, aber auch bei Übungen mit verschiedenem Material (Oberfläche, Größe, Beschaffenheit).

2. Übungen zur Orientierung: Bei diesen Übungen geht es um die Orientierung, dem Zurechtfinden in Raum und Zeit. Dieses stellt eine tägliche Aufgabe dar. Es ist sehr wichtig, im Spannungsfeld „eigener Rhythmus", dem eigenen inneren Tempo und der „äußeren Zeit" im familiären und gesellschaftlichen Umfeld einen Bogen zu spannen. Ebenso geht es hierbei auch um die Wahrnehmung des inneren und äußeren Raumes. Der Körper stellt stets den Bezugspunkt zur Umwelt dar.

3. Übungen zur Expressivität: Übungen zur Expressivität sind Übungen zur Förderung der Ausdrucksfähigkeit. In der rhythmischen Arbeit ist es wichtig, dass Kinder ihre Möglichkeiten zum Körperausdruck entdecken und erweitern können. Dieses kann je nach Alter oder Übung bewusst oder unbewusst geschehen. Durch das Arbeiten mit Gegensätzen können Kinder Verhaltensweisen entdecken, die nicht ihrem Charakter entsprechen, es aber auffordern, das Anderssein zu erleben. Hierbei kann ein Kind im Tanz oder im Spiel beispielsweise eine Lebendigkeit zulassen, die es bisher im Alltag noch nicht zeigen konnte.

4. Übungen zur Flexibilität: Hierbei geht es um die Entwicklung des Vermögens, sich in andere hineinzuversetzen, den Ausdruck, die Gefühle und die Stimmungen, Einstellungen und Verhaltensweisen nachzuempfinden und verstehen zu können. Des Weiteren geht es darum, eine Balance zu finden zwischen der Bereitschaft, zu führen und der Bereitschaft, zu folgen. Dem Kind soll es möglich sein, zwischen der eigenen Aktion und der Reaktion des anderen umschalten zu können, wenn sich die Bedingungen im Spannungsfeld plötzlich verändern. Flexibel sein bedeutet fähig sein, eigenes Verhalten adäquat zu steuern, um sich im Verhältnis „Ich" und „Umfeld" wohl zu fühlen.

5. Übungen zur Kommunikation und Interaktion: Bei diesen Übungen wird die soziale Kontaktfähigkeit angeregt und gepflegt. Das tägliche Miteinander, das Sprechen, Spielen, Handeln fordert kontinuierlich konstruktive Lösungen. Wir brauchen Mitmenschen, um die eigene Persönlichkeit zu entwickeln. Das Leben in einer Gruppe bedeutet sich einzubringen und zu erleben, wie diese Impulse auf einen selbst zurück schwingen. Wenn es gelingt, kann dies zu einem tiefen Erleben von sich selbst führen. Dieses Ich-Erleben kann in Partner- oder Gruppenübungen umgesetzt werden.

6. Übungen zur Fantasie und Kreativität: Einen wichtigen Platz in der Rhythmik hat die Anregung der schöpferischen Ideen sowie die Mitgestaltung der Stunde. Fantasie und Erfindungssinn sind schon bei kleinen Kindern zu beobachten. Unaufgefordert gehen sie mit sich, mit Material und mit Sprache auf vielfältige Weise um. Im kreativen Tun können Kinder eigene Fähigkeiten erleben, erfahren und weiterentwickeln. Darüber hinaus ist die Freude an der eigenen Gestaltung eine Kraft, die aufbauend wirkt.

Die Heilpädagogische Rhythmik ist demnach ein anregendes, kreatives Konzept, das praxisnah mit viel Freude umgesetzt werden kann. Sie fördert die physischen und psychischen Entwicklungsprozesse eines Kindes und unterstützt die Harmonisierung der Persönlichkeit.

3.4 Entspannungspädagogik

Der Begriff „Entspannung“ ist heutzutage in aller Munde und umfasst viele Methoden, wie z.B. Yoga, autogenes Training, Progressive Muskelrelaxation, Massage und vieles mehr.

Entspannungsmöglichkeiten sind für Kinder genauso notwendig wie für Jugendliche oder Erwachsene. Allerdings ist es sinnvoll, die passende Entspannungsmethode für jeden einzelnen Menschen zu finden. Für den einen kann es Yoga sein, den anderen spricht das autogene Training oder eine Entspannungsmassage an. Ausreichende Erholungsphasen erhöhen unsere Lebensqualität, machen uns ausgeglichener, kreativer, mutiger und stärken unser Wohlbefinden und unsere Gesundheit. Sie ermöglichen uns neue Erfahrungen und steigern unsere Lernfähigkeit.

Wir beschränken uns auf einige wenige Anwendungen in unserem Praxisbuch, die wir als hilfreich, effektiv und für Kinder von 0–6 Jahren geeignet erlebt haben. Außerdem ist es uns wichtig, den Kindern, die genauso wie wir Erwachsene permanentem Druck und Stress ausgesetzt sind, zu helfen, um sich erholen zu können. Wir wenden Atemübungen, Kinderyoga, kleine Fantasiereisen, taktile Wahrnehmungsgeschichten, freies Malen, freies Bewegen und Tänze nach Musik an.

Beginnen wir mit der Atmung: Viele Kinder und Erwachsene atmen nicht richtig, sie atmen flach und an der Oberfläche. Atemspiele helfen, tief in den Bauch zu atmen und alle Organe mit Sauerstoff zu versorgen. Die Kinder werden ruhiger und entspannter. Außerdem erleben sie Stille, für die heute kaum mehr Zeit und Raum ist. Die Kinder lernen, in sich hinein zu hören, Geräusche wahrzunehmen und sich besser zu konzentrieren.

Die Atemübungen bilden häufig die Einstiegsphase beim Kinderyoga. Dabei trainieren die Kinder ohne Leistungsgedanken ihre Körperbewegungen. Sie zeigen eine gezielte, aufrechtere Körperhaltung und der Körper wird mit neuer Kraft versorgt. Yoga schult die Ausdauer und Konzentration, die Geduld, das Gleichgewicht und vor allem das Selbstbewusstsein. Die Wahrnehmungsfähigkeit verbessert sich ebenfalls.

Wenn Reize aufgenommen und verarbeitet werden, spricht man von Wahrnehmung. Wichtig sind dabei die Basissinne, die Propriozeption, die taktile Wahrnehmung und das Gleichgewicht. Darf das Kind über alle seine Sinne lernen, also vom „Greifen zum Begreifen“, so lernt das Kind am nachhaltigsten und effektivsten. Außerdem werden sensorische Erlebnisse leichter durch spielerische Wahrnehmungsangebote, durch eigene aktive Bewegungen vermittelt. Gute Erfahrungen haben wir mit Massagespielen gemacht. Aber auch Fantasiereisen helfen den Kindern, eins zu werden mit ihrem Körper und ihrem Geist. Sie erleben An- und Entspannung, fühlen sich wohl in ihrer „Haut" und wachsen in ihrer Persönlichkeit.

Die Musik ist unserer Meinung nach ein weiterer wichtiger Baustein, der in der Entspannungsarbeit eingesetzt wird. Sei es durch ruhiges Zuhören, durch freies Bewegen nach Musik oder durch Tänze. Wir alle kennen die Kraft der Musik, sie kann uns beruhigen, entspannen, fröhlich machen und zur Bewegung animieren. Sie hilft uns und den Kindern, Ärger und Wut zu verarbeiten und offener für die eigenen Gefühle und daraus resultierend für die Gefühle anderer zu werden.

Folgende Elemente sind eine wichtige Voraussetzung für eine erfolgreiche Entspannungsarbeit:

- heller, freundlicher Raum
- angenehme Temperatur
- harmonische Farben
- beruhigende Bilder
- Wolldecken, Matten und Kissen
- genügend Platz um sich zu bewegen
- eine Musikanlage und geeignete CD's
- eine Hängematte
- ein Trampolin
- Malutensilien

3.5 Heilpädagogische Spieltherapie

Die heilpädagogische Spieltherapie ist eine Methode, die hauptsächlich bei verhaltensauffälligen und emotional deprivierten Kindern eingesetzt wird.

Sie geht davon aus, dass jeder Mensch Selbstheilungskräfte besitzt, die es zu aktivieren gilt. In der heilpädagogischen Spieltherapie bedient sich die Heilpädagogin der Ausdrucksform des kindlichen Spieles und der spielbegleitenden Sprache.

Ein Merkmal ist die non-direktive Vorgehensweise, wie sie auch Carl Rogers in seinem Buch „Die nicht-direktive Beratung" (1972) beschrieben hat. Allerdings werden in der Spieltherapie mehr das Spiel und die Handlung eingesetzt als das Wort. Die nicht-direktive Spieltherapie geht davon aus, dass jedes Kind die Fähigkeit besitzt, seine Probleme eigenständig und zufriedenstellend zu lösen. Außerdem ist der Mensch Reifungsimpulsen unterworfen, die ihm erlauben, reiferes Verhalten als befriedigender anzusehen.

Die Heilpädagogin sollte dabei die therapeutischen Grundprinzipien, die von Virginia Axline entwickelt wurden, beachten (zitiert nach Eitle 2003, 141):

- Der Therapeut nimmt eine warme und freundliche Beziehung zum Kind auf.
- Er nimmt das Kind an, so wie es ist.
- Er schafft eine Atmosphäre des Gewährens.
- Der Therapeut spiegelt die Gefühle des Kindes.
- Er bleibt bei allem, was das Kind tut, im Hintergrund. Das Kind weist den Weg.
- Er setzt nur dort Grenzen, wo sie notwendig sind.

Im Vergleich zur therapeutischen Spieltherapie vollzieht sich die heilpädagogische Spieltherapie bewusst im pädagogischen Bereich. Sie ist realer und nicht psychoanalytischer Partner. Die Heilpädagogin spiegelt die Erlebnisinhalte und Gefühle des Kindes. Sie greift durch die gestaltete Umgebung oder durch Spielangebote ein. Außerdem formuliert sie Zielsetzungen und nimmt wenn nötig lerntheoretische Ansätze zu Hilfe (Eitle 2003).

Die gestaltete Umgebung ist bei uns in

der Frühförderung ein Spielzimmer, das hell und freundlich ist. Die Kinder sind wenig durch Außengeräusche abgelenkt und das Zimmer bietet verschiedene Ecken und Aktionsräume, die mit folgenden Materialien ausgestattet sind:

- Doktorkoffer
- Puppenhaus
- Puppen, Puppenkleider, Stofftiere
- Kasperltheater, Handpuppen, Fingerpuppen
- Holz- und Plastiktiere
- Batacas (Aggressionsübungsschläger aus Schaumstoff), Boxsack
- Verkleidungskiste
- Sandkasten, Knete, Ton
- Wasserfarben, Fingerfarben, Wachsmalkreiden, Kleber, Schere, Tapeten, große Papiere
- große Tafel, Kreiden
- Bücher (s. Buchvorschläge)
- Wesco-Teile (vielseitig einsetzbare Quader)
- Hängematte, Decken, Kissen
- Kaufladen mit Kasse und Utensilien
- Gesellschaftsspiele (s. Spielvorschläge)
- Schminkutensilien

Die Spielmaterialien besitzen einen großen Aufforderungscharakter und animieren das Kind, ins Rollenspiel zu gehen. Durch die Vielfalt der Spielmaterialien kann das Kind frei, entsprechend seiner momentanen Bedürfnisse wählen und im Spiel ansprechen, was es bewegt.

3.6 Pädagogische Kinesiologie

Kinesiologie ist die Lehre von der Bewegung. Diese so genannte Angewandte Kinesiologie wurde Anfang der 1960er Jahre als ganzheitliche Heilmethode für Körper, Geist und Seele von dem amerikanischen Chiropraktiker Dr. George Goodheart entwickelt.

Die *pädagogische Kinesiologie*, oder auch Edu-Kinestetik genannt, wurde vor mehr als 25 Jahren von Dr. Paul Dennison und seiner Frau Gail weiterentwickelt. Paul Dennison schöpfte dabei aus seinen Erfahrungen als Leiter eines heilpädagogischen Zentrums. Bei seiner Arbeit mit verhaltensauffälligen Kindern und Jugendlichen mit Lernproblemen machte er die Erfahrung, dass Konzentrations- und Lernprobleme dann auftraten, wenn im Körper die Energiebalance gestört war. Er stellte fest, dass sich diese Energieblockaden durch bestimmte Bewegungsabläufe lösen lassen. So entwickelte er unter dem Namen „Brain-Gym“ – Gymnastik für's Gehirn – eine Vielzahl von Übungen, die helfen, die Lernblockaden zu lösen und die Lernfähigkeit und damit die Lebensqualität zu verbessern.

Dennison spricht von drei Dimensionen, in denen Bewegen und Denken im Gehirn stattfindet: Links – Rechts; Oben – Unten; Vorne – Hinten. Ist unsere Bewegung und unser Denken in allen drei Dimensionen im Gleichgewicht, ist der Mensch in der Lage, das geistige Potenzial voll auszuschöpfen. Besteht ein Ungleichgewicht, so können sich Blockaden wie beispielsweise eine Lese-Rechtschreib-Schwäche, Konzentrationsschwierigkeiten, Hyper- oder Hypoaktivität, Unflexibilität, schlechte Organisation etc. zeigen.

Die pädagogische Kinesiologie arbeitet mit Bewegungs- und Energieübungen. Mit Hilfe der Bewegungsübungen lassen sich stressbedingte Denkblockaden lösen. Darüber hinaus verbessern Bewegungsübungen die Lern- und Denkfähigkeit, denn durch diese Gehirngymnastik entstehen immer wieder neue Vernetzungen zwischen den Nervenbahnen im Gehirn.

Energieübungen können als erweiterte

Bewegungsübungen bezeichnet werden. Sie bringen das Gehirn auf „volle Leistung“. Durch das Berühren und Massieren von Akupunkturpunkten kann Lebensenergie im Körper wieder frei fließen.

Alle Brain-Gym-Übungen aus der pädagogischen Kinesiologie sind leicht verständlich und können auf spielerische Weise in jede Förderstunde eingebaut und angewandt werden. Faszinierend ist zu beobachten, dass einfache Bewegungsübungen eine so große Wirkung erzielen.

3.7 Heilpädagogische Übungsbehandlung

Die Heilpädagogische Übungsbehandlung (HPÜ) ist eine Methode und bedeutet systematische Hilfe für den entwicklungsverzögerten und geistig behinderten Menschen. Sie wurde in Freiburg/Breisgau von Clara Maria von Oy und Alexander Sagi entwickelt (von Oy/Sagi 1997). Das Spiel soll dem Kind Freude und Vergnügen bereiten und eine zweckfreie Tätigkeit darstellen, denn es besitzt befreiende Elemente und das Kind lernt beim Spielen. Dadurch erprobt und sammelt es Erfahrungen, Fähigkeiten und Fertigkeiten. Außerdem ist die HPÜ eine ganzheitliche Förderung, die in der Einzel- und Gruppenförderung angewandt werden kann.

Die Heilpädagogin baut eine partnerschaftliche und gefestigte Beziehung zum Kind auf und beachtet die jeweilige Entwicklungsphase und die Stärken des Kindes. Sie unterstützt es, gelernte Fähigkeiten und sinnvolle Verhaltensweisen zu festigen und diese weiterzuentwickeln. Außerdem spielt die Zusammenarbeit mit den Eltern und die Beachtung des Umfelds und der Lebenssituation des Kindes eine entscheidende Rolle. Dabei hat die Heilpädagogin folgende Aufgaben:

1. **Gespräch mit den Bezugspersonen:** Die formalen und inhaltlichen Überlegungen bezüglich der Organisation und des Settings orientieren sich am Kind und seiner Familie. Dazu gehört der regelmäßige Kontakt zu den Eltern, die gute Zusammenarbeit, die Information der Eltern über den Behandlungsverlauf und die evtl. Einbeziehung oder Hospitation der Eltern in die Behandlung.
2. **Raum-Orientierung:** Der Raum soll dem Kind entsprechen, hell und freundlich sein. Störungen von außen sind zu vermeiden. Das Kind soll die Einrichtung und den Raum kennen lernen.
3. **Material-Orientierung:** Das Material wird entsprechend der Zielsetzung angeboten. Es sollte die Aufmerksamkeit des Kindes wecken. Es dient als Kontaktmaterial; evtl. hat es auch eine vermittelnde Funktion.
4. **Person-Orientierung:** Wichtig sind die Kontaktaufnahme und die Kontaktentwicklung. Das Kind soll verstehen, was von ihm erwartet wird und Freude an der Ausführung empfinden.

Fehlt die Sprache, entwickelt sich der Umgang durch die Körpersprache. Die Heilpädagogin sollte sich und dem Kind Zeit lassen. Sie sollte das Kind von verschiedenen Seiten herauslocken, improvisieren und wenn nötig den Kurs ändern.

Außerdem wird von der Heilpädagogin eine genaue Stundenbeobachtung verlangt. Die Stunde soll wechseln zwischen Spannung und Entspannung. Sie sollte Bewegungs- und Rhythmuselemente enthalten. Das Kind braucht immer wieder taktile oder soziale Bekräftigung, die gezielt und echt eingesetzt wird.

Der Ablauf der heilpädagogischen Übung ist gekennzeichnet durch folgende drei Phasen:

1. **Vorlaufphase:** Die Vorlaufphase ist gekennzeichnet durch ein *gleichbleibendes* Begrüßungsritual, das den Kontakt zum Kind herstellen und ihm Sicherheit vermitteln soll. Hier kann es sich um ein Lied, ein Fingerspiel o. ä. handeln.
2. **Hauptphase (fremdbestimmte Phase):** In der Hauptphase versucht die Heilpädagogin die im Behandlungsplan stehenden Ziele umzusetzen. Die jeweiligen Ziele, ob eines oder mehrere, orientieren sich am Kind. Außerdem können unterschiedliche Elemente zur Zielrealisierung eingebaut werden. Dies können Elemente aus der Rhythmik, aus der Musiktherapie, motorische Elemente usw. sein.
3. **Abschlussphase:** Ein gleichbleibendes Ritual bestimmt die Abschlussphase, z. B. ein Spiel, das sich das Kind aussucht, eine Massageeinheit o. ä.

Wir wenden die Heilpädagogische Übungsbehandlung in der Frühförderung häufig an. Denn der strukturierte Aufbau einer HPÜ kommt unseren Kindern entgegen. Gerade jüngere Kinder, unsichere Kinder oder im Verhalten auffällige Kinder orientieren sich an einer Struktur, die ihnen Sicherheit vermittelt und ihnen einen roten Faden bietet, der sie durch die Stunde führt.

Die Wiederholungen in der Vorlaufphase ermöglichen dem Kind das Gelernte zu festigen und Erfolgserlebnisse zu erfahren. Die im Förderplan gesetzten Ziele können in der Hauptphase erarbeitet werden. Durch die Möglichkeit, Elemente aus verschiedenen Bereichen einzusetzen, kann individuell jedes Kind angesprochen und das Interesse geweckt werden. Wir lassen das Kind am Ende der Stunde ein Spiel selbst wählen. So erlebt es Wertschätzung seiner eigenen Ideen. Das steigert das Selbstbewusstsein des Kindes und motiviert es.

3.8 Heilpädagogisches Zaubern

Zaubern in der heilpädagogischen Arbeit ist in vielerlei Hinsicht ein besonderes Medium. Schon seit Urzeiten faszinieren Zauberei und Magie die Menschheit. Vor allem für Kinder bedeutet Zaubern, in eine mystische Welt einzutauchen. Durch Zaubern wird scheinbar Unmögliches möglich. Zaubern weckt eine hohe Motivation, Dinge bzw. Zaubertricks erlernen zu wollen. Wer motiviert ist, lernt leichter.

Zaubern in der Heilpädagogik ist ein faszinierendes Medium, um mit Kindern in Kontakt zu kommen. In magischer Atmosphäre gelingt es, Prozesse in Gang zu setzen und vorhandene Ressourcen zu aktivieren.

Zielgruppe des heilpädagogischen Zauberns sind Kindergartenkinder, also Kinder in heil- und sonderpädagogischen Einrichtungen ab etwa dem vierten Lebensjahr. Für Kinder mit Entwicklungsverzögerungen, Lernbehinderungen, Verhaltensauffälligkeiten, aber auch für Kinder mit geistig oder körperlichen Behinderungen stellt das Zaubern eine besondere Methode dar. Hinter der Zauberei verstecken sich viele wertvolle Inhalte.

Zaubern fördert die Konzentration: Viele Zaubertricks erfordern das Einhalten bestimmter Abfolgen, damit die Tricks gelingen können. Durch das Lernen, Einstudieren und zu Ende Führen eines Zaubertricks wird die Aufmerksamkeit des Kindes auf eine bestimmte Sache gelenkt und die Ausdauer wird gefördert.

Zaubern fördert Selbstvertrauen und Selbstbewusstsein: Besonders Kinder, die häufig Misserfolgserlebnisse im Alltag haben, sich ungeliebt fühlen und wenig Selbstbewusstsein haben, sind begeistert, wenn sie etwas können, was andere nicht können. Zaubern zu können, bringt ihnen Bewunderung und Anerkennung. Sie stehen im Mittelpunkt. Das Auftreten und Zaubern vor Publikum erfordert noch mehr Mut und Selbstbewusstsein.

Zaubern fördert die Feinmotorik und Handgeschicklichkeit: Für das Einstudieren der meisten Zaubertricks sind eine gute Auge-Hand- sowie eine gute Rechts-Links-Koordination erforderlich. Da das Zaubern, und nicht das bloße Einüben von Fingerfertigkeiten im Vordergrund steht, zeigen Kinder eine große Ausdauer, den gezielten Einsatz der Hände zu üben.

Zaubern fördert die Kreativität und Motivation: Zaubern bietet eine Vielfalt an kreativen Ideen und Ausdrucksmöglichkeiten. Vor allem bei der Gestaltung der Zauberutensilien und der Präsentation sind keine Grenzen gesetzt. Kinder können eigene Zaubersprüche, Kostüme, Geschichten und Rollen erfinden und umsetzen. Zaubern regt die Sprechfreude des Kindes an.

3.9 Heilpädagogisches Werken

Das heilpädagogische Werken ist eine praktische Methode zur ganzheitlichen Entwicklungsförderung des Kindes. Es lernt geplantes und strukturiertes Denken, Eigenständigkeit und es bekommt Erfolgserlebnisse und in der Folge eine positive Einstellung zu den vielfältigen Anforderungen im Lebensalltag. Diese Methode wird bei Kindern und Jugendlichen eingesetzt, die Entwicklungsbeeinträchtigungen in den Bereichen der Kognition, im Leistungsverhalten, in der Konzentrationsfähigkeit, bei alltagsbezogenen Fähigkeiten und bei Spiel- und Handlungskompetenzen zeigen. Das heilpädagogische Werken spricht die sozial-emotionale Ebene an und beeinflusst positiv das Beziehungsverhalten, die Entwicklung der Ich-Kompetenz, das emotionale Erleben sowie die soziale Kompetenz. Des Weiteren werden die Wahrnehmung, das Bewegungsverhalten, die Feinmotorik, die Grobmotorik und die Psychomotorik angesprochen.

Die Kinder spiegeln in ihrem Tun ihre inneren Bewegtheiten, wie Wünsche, Empfindungen, Vorstellungen, evtl. Sorgen und Ängste wieder. Sie sammeln positive Erfahrungen und Ergebnisse und wachsen in ihrem Selbstbewusstsein. Die Heilpädagogin ist in dieser Situation die Ermöglichende und Assistierende und nicht die Fordernde. Sie sorgt für einen geeigneten äußeren Rahmen:

- das Definieren der Arbeitsform, also Einzel- oder Kleingruppentherapie
- eine ruhige und geordnete Umgebung mit Aufforderungscharakter
- klare und einfache Vorgaben für die Arbeitsschritte
- geordnetes und vollständiges Werkzeug und Material, das dem Kind und dem Pädagogen entspricht
- eine Vereinbarung über die regelmäßige Arbeitszeit
- das Beachten, dass der Prozess in eine Planungs- und Bauphase unterteilt wird

In unseren Praxisbeispielen haben wir das heilpädagogische Werken etwas verfälscht, d.h. wir bezeichnen auch Übungen als heilpädagogisches Werken, die evtl. weniger in dieses Konzept passen und z.B. „nur Malarbeiten" sind. Allerdings ist uns bei der Wahl der Übungsangebote die Zielsetzung wichtig: „Auf die Wirkung kommt es an."

Übungen und Fördermöglichkeiten

4 Wahrnehmung

Unter Wahrnehmung versteht man den Prozess der Informationsaufnahme aus Umwelt- und Körperreizen (äußere und innere Wahrnehmung) und der Weiterleitung, Koordination und Verarbeitung dieser Reize im Gehirn. In diesen Prozess gehen individuelle Erfahrungen, Erlebnisse und subjektive Bewertungen ein. In der Regel folgen der Aufnahme und Verarbeitung von Informationen Reaktionen in der Motorik oder im Verhalten eines Menschen, die wiederum zu neuen Wahrnehmungen führen (Zimmer 2000, 32).

Die Kinder lernen durch Experimentieren, Nachahmen und vor allem durch das Spiel. Dies geschieht unter Einbeziehung aller Sinne und ist die Basis für das Lernen. Man unterscheidet die körpernahen Sinne, also die Basissinne, und die körperfernen Sinne, die Fernsinne (Sehen, Hören).

4.1 Basissinne

Die Basissinne bilden das Fundament der körperlichen Entwicklung. Viele Störungen lassen sich auf Defizite bei den Basissinnen zurückführen und wirken sich meist negativ auf die Fernsinne aus. Zu den Basissinnen gehören:

- das taktile System
- das kinästhetische System
- das vestibuläre System

taktiles System

Das taktile System beinhaltet alle Körpererfahrungen durch passive oder aktive Hautberührungen und ist die Grundlage für die Wahrnehmung des eigenen Körperschemas.

kinästhetisches System

Das kinästhetische System wird auch propriozeptives System genannt und umfasst die Wahrnehmung und die Regelung der Stellung, Spannung, Lage und Bewegung des Körpers und der Körperteile.

vestibuläres System

Mit dem vestibulären System ist der Gleichgewichtssinn gemeint. Wir erhalten Informationen darüber, in welcher Lage sich unser Körper im Raum befindet, wie sich die Schwerkraft auf die Lage des Körpers im Raum auswirkt und wie schnell wir uns bewegen. Diese

Informationen werden meist mit Informationen aus dem kinästhetischen Sinn verknüpft, so dass nicht nur die Raumlage-, sondern auch die Bewegungswahrnehmung möglich ist.

Folgende Beobachtungen lassen uns in der Frühförderarbeit auf Störungen in den Basissinnen schließen und ziehen meist eine ergotherapeutische Diagnostik nach sich:

- Das Kind reagiert überempfindlich auf taktile Reizangebote oder meidet Körperkontakt.
- Das Kind sucht starke Reize.
- Das Kind kann Gefahren schlecht einschätzen.
- Es hat Schwierigkeiten beim Gehen auf einer Langbank, auf Linien …
- Das Kind meidet Höhen.
- Es hat Schwierigkeiten beim Malen des eigenen Körpers. Es fehlen Körperteile.
- Das Kind kann beim Haus kein Spitzdach malen, d. h., es hat die Raumdiagonale noch nicht erfasst.
- Es hat Schwierigkeiten, sich in fremden Umgebungen zurechtzufinden.
- Das Kind kann oben, unten usw. nicht unterscheiden.
- Das Kind drückt mit dem Stift zu stark oder zu schwach auf.

Taktile Wahrnehmung

Aktive Tasterlebnisse

Übungen mit Ton, Knete, Kleister, Fingerfarben

Material: Ton, Knete, Kleister, Fingerfarben

Ablauf: Je nach Alter kann verschiedenes Material angeboten werden. Diese Materialien eignen sich zum freien oder vorgegebenen Gestalten. Das Kind sollte eine Einführung in das Material bekommen, anschließend kann es damit selbst gestalten und experimentieren.

Variante: Projekte, z. B. eine Fantasieburg mit Ton oder Knete gestalten.

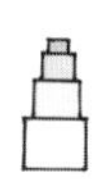

Überraschungskiste

Material: Pappkarton, in den eine Öffnung geschnitten wird, damit die Hand hinein greifen kann, ein Tuch zum Verdecken der Öffnung, verschiedene Materialien: Murmeln, Knöpfe, Watte …

Ablauf: Das Kind darf in die Kiste greifen und versucht, die einzelnen Gegenstände zu erraten. Anschließend kann die Heilpädagogin dem Kind ein oder zwei ausgewählte Gegenstände zum Tasten anbieten. Danach Rollentausch.

Abb. 1: Tastübungen in der Überraschungskiste

Tastkisten

Material: Plastikkisten, die mit Sand, Steinen, Kastanien, Getreide, Wasser u. ä. gefüllt sind (Abb. 2).

Ablauf: Das Kind darf mit den Händen und den Füßen fühlen, wenn möglich auch in den Kisten sitzen.

Variante: Die Kisten werden zu einer Taststraße aufgebaut, durch welche die Kinder einen Barfuß-Parcours gehen.

Bahnen legen

Material: Zwei Seile

Ablauf: Die Heilpädagogin legt dem Kind eine Form auf dem Boden vor. Anschließend geht oder fährt das Kind die Form mit der Hand nach und darf dann selbst mit dem zweiten Seil diese Form legen.

Schätze sammeln

Material: Rollbrett, Sandsäckchen, Seile, Igelbälle, Bausteine …

Ablauf: Die Heilpädagogin verteilt verschiedene Schätze im Raum. Das Kind fährt im Sitzen oder Liegen auf dem Rollbrett durch den Raum und sammelt

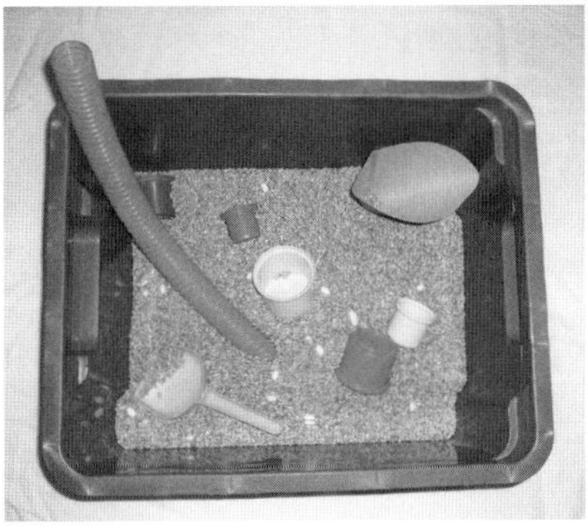

Abb. 2: Tastkiste

Abb. 3: Das Kind sammelt Schätze mit dem Rollbrett ein.

die „Schätze", die auf dem Boden liegen, ein. Das Kind kann die Schätze in einer Dose sammeln oder auf dem Rücken transportieren (Abb. 3).

Erlebnisweg

Material: Tastkisten: Schnee, Kastanien, Wasser, Sand, Matten, Seile, Sprossenwand, Langbank ...

Ablauf: Die Heilpädagogin baut im Turnraum einen Erlebnisweg auf. Dieser geht beispielsweise so: Das Kind balanciert über ein Seil, zieht sich anschließend auf der Langbank entlang, dann steigt es auf die Sprossenwand, hüpft in die Weichbodenmatte und geht danach barfuß durch die Tastkisten.

Steigerung: Dem Kind werden die Augen verbunden und es geht mit Handführung über den Parcours.

Körper spüren

Kriecht 'ne Schnecke

Material: Lied mit der Melodie von „Bruder Jakob"

Ablauf: Kriecht 'ne Schnecke, kriecht 'ne Schnecke,
den Berg hinauf, den Berg hinauf
(mit der Hand den Rücken des Kindes hoch kriechen)

vorne wieder runter, vorne wieder runter
(über die Schultern bis zum Bauch wieder runter kriechen)

kitzelt dich am Bauch, kitzelt dich am Bauch.
(das Kind am Bauch kitzeln)

Kommt ein brauner Fuchs daher

Material: Lied mit der Melodie von „Fuchs du hast die Gans gestohlen“

Ablauf: Kommt ein brauner Fuchs daher
aus dem tiefen Wald, aus dem tiefen Wald
(Langsam mit zwei Fingern die Beine des Kindes hoch laufen)

Schleicht den Rücken auf und ab, wie es ihm gefällt, schleicht den Rücken auf und ab, wie es ihm gefällt.
(Langsam mit der Handfläche den Rücken auf und ab streichen)

Zehn kleine Fische (Badewannenlied)

Material: Lied nachfolgend mit der Melodie von „Zehn kleine Negerlein“

Ablauf: Zehn kleine Fische schwimmen durch den See,
der eine taucht ganz tief hinab und krabbelt dich am Zeh.
(Die Finger knapp unter der Wasseroberfläche zappeln lassen, anschließend die Hand tiefer gleiten lassen und mit einem Finger das Kind am Zeh krabbeln.)

Zwei kleine Fische schwimmen ganz allein,
da kommt ein großer Fisch daher und krabbelt dich am Bein.
(Zeigefinger und Mittelfinger der rechten Hand wieder durchs Wasser gleiten lassen, dann mit der linken Hand das Kind am Bein krabbeln.)

Zehn kleinen Fischen ist´s heut viel zu warm,
sie hüpfen aus dem See heraus und krabbeln dich am Arm.
(Zunächst die Hände durchs Wasser gleiten lassen und dann mit einem Satz aus dem Wasser heben und das Kind am Arm krabbeln.)

Atemübungen mit Steinen

Material: großer Stein

Ablauf: Kind und Heilpädagogin liegen bequem mit dem Rücken auf einer Decke. Wir legen uns einen Stein auf den Bauch. Gemeinsam atmen wir bewusst durch die Nase ein und mit dem Mund aus. Wir spüren, wie sich der Stein auf dem Bauch hebt und senkt.

Hände spüren

Material: keines

Ablauf: Kind und Heilpädagogin sitzen oder stehen mit geschlossenen Augen. Wir halten die eigenen Handflächen aneinander und spüren bewusst die einzelnen Finger. Wir achten auf die Wärmebildung und atmen bewusst durch die Nase ein und durch den Mund wieder aus. Danach die Hände wieder lösen.

Energieübungen

Material: keines

Ablauf: Wir legen eine Hand auf den Bauchnabel und die andere Hand auf das Steißbein. Nun massieren wir, während wir bewusst dazu atmen, diese Punkte mit kreisenden Bewegungen.

Variante A: Wir legen eine Hand auf den Bauchnabel, der Daumen der anderen Hand wird unter die Unterlippe gelegt und die vier Finger über die Oberlippe. Nun mit beiden Händen massieren, so dass es sich angenehm anfühlt.

Variante B: Wir legen eine Hand auf den Bauchnabel, der Daumen wird auf ein Grübchen unterhalb des Schlüsselbeins gelegt und die vier Finger werden auf das Grübchen auf der anderen Seite unterhalb des Schlüsselbeins gelegt. Nun massieren wir leicht diese Punkte.

Formen malen

Material: keines oder eine Tafel

Ablauf: Die Heilpädagogin malt dem Kind einfache Dinge wie z.B. eine Sonne, ein Kreuz, ein Viereck, ein Gesicht, ein Haus, einen Ball, etc. auf den Rücken. Nun muss das Kind raten oder es darf auf die Tafel malen, was ihm auf den Rücken gemalt wurde. Ist diese Übung noch zu schwer, so können Bildkarten mit diesen Symbolen als Hilfestellung vor das Kind gelegt werden.

Abb. 4: Formen auf den Rücken malen und diese erraten

Körpermassage 1

Material: Massagematerialien, z.B. Igelball, Tennisball, Watte, Pinsel, Bürste, Schwamm etc.

Ablauf: Das Kind darf sich bequem auf eine Decke legen. Nun wird es von der Heilpädagogin mit einem Massagegegenstand massiert. Kennt das Kind die unterschiedlichen Materialien, so kann es raten, was es gespürt hat. Das Kind kann sich auf einem gemütlichen Platz selbstständig an den Armen und Beinen massieren.

Klopfmassage

Material: keines

Ablauf: Das Kind legt sich bequem auf eine Decke oder sitzt locker auf einem Stuhl. Die Heilpädagogin klopft vorsichtig das Kind mit der flachen Hand oder den Fäusten ab. Achtung: Es muss sich angenehm anfühlen.

Variante: Das Kind kann sich auch selbst von oben bis unten abklopfen.

Pizza backen

Material: eine Decke, evtl. ein Kissen

Ablauf: Das Kind legt sich so bequem wie möglich auf den Bauch. Zunächst knetet die Heilpädagogin den Teig auf dem Rücken des Kindes (den Rücken leicht kneten). Danach streicht sie das Tomatenmark auf den Rücken (mit den Händen über den Rücken streichen), dann würzt sie den Rücken mit Kräutern und belegt diesen mit Pilzen, Schinken, Käse usw. (mit den Händen andeuten, etwas darauf zu legen). Anschließend kommt die Pizza noch in den Backofen (das Kind wird mit einer Decke fest zugedeckt).

Autowaschanlage

Material: verschiedene Massagegeräte, wie z.B. Schwämme, Tücher, Bälle, Creme, Fön, Rollbrett

Ablauf: Ein Kind legt sich mit dem Bauch auf eine Decke oder ein Rollbrett. Langsam fährt es durch die Waschanlage. Es wird von den anderen Kinder gewaschen, poliert, getrocknet usw.

Tiefenwahrnehmung

Schwere Sandsäckchen tragen

Material: Sandsäckchen, die mit verschiedenen Inhalten gefüllt und unterschiedlich schwer sind

Ablauf: Das Kind bekommt den Auftrag, die Sandsäckchen im Raum zu suchen und an einen anderen Ort zu transportieren. Achtung: Die Sandsäckchen dürfen nicht allzu schwer sein.

Gewichte unterscheiden

Material: Dosen, die mit unterschiedlichen Materialien gefüllt sind: mit Watte, Sand, Wolle …

Ablauf: Diese Darbietung findet am Tisch statt. Die Heilpädagogin stellt die verschiedenen Dosen auf den Tisch. Das Kind darf diese nacheinander in die Hand nehmen und die verschiedenen Gewichte spüren. Anschließend soll es herausfinden, welche Dose leer ist, welche Dose ist am schwersten?

Variante: Das Kind darf die Dosen nach Gewicht sortieren.

Abb. 5: Das Kind transportiert Sandsäckchen.

Abb. 6: Das Kind zieht sich die Langbank hoch.

Hochziehen auf der schiefen Ebene

Material: Langbank, Sprossenwand

Ablauf: Die Langbank ist als Rutsche an der Sprossenwand eingehängt. Das Kind zieht sich mit den Händen auf dem Bauch liegend die Bank hoch und rutscht wieder hinunter.

Variante: Das Kind krabbelt die Bank hoch. Es läuft mit und ohne Hilfestellung die Bank hoch.

Statuenspiel

Material: keines

Ablauf: Die Heilpädagogin formt sich zu einer Statue. Das Kind/die Kinder soll/sollen sich aus dem eigenen Körper zur gleichen Statue formen. Danach erfolgt ein Rollentausch.

Versteinern

Material: Trommel oder CD mit Bewegungsmusik

Ablauf: Das Kind bewegt sich nach der Musik im Raum. Stoppt die Musik, muss es wie versteinert stehen bleiben. Dieses Spiel eignet sich gut als Gruppenspiel.

Roboterspiel

Material: Bastelmaterial: Karton, Toilettenpapierrollen, Kleber, Schere

Ablauf: Mit dem Kind wird das Thema „Roboter“ besprochen, z.B. wie sich ein „Roboter“ bewegt. Das Kind darf ausprobieren wie sich ein Roboter bewegt. Danach kann es einen „Roboter“ aus den Bastelmaterialien herstellen. Jetzt spielt das Kind „Roboter“ und bewegt sich durch den Raum.

Variante: Der Roboter bewegt sich nach Musik, mal schnell, mal langsam.

Der zappelnde Körper

Material: CD mit afrikanischer Trommelmusik (z.B. Paul Simon, The Rhythm of the Saint)

Ablauf: Das Kind stellt sich frei im Raum auf. Wenn die Musik beginnt, beginnt auch das Zappeln. Zunächst zittert und zappelt das Kind am Platz beginnend mit den Händen, Armen, Schultern, Hüften, Po und dann mit den Beinen.

Variante: Sich zitternd und zappelnd im Raum bewegen.

Eine Blume erblüht

Material: Musikalische Begleitung mit Rhythmusinstrumenten, passend zu den Situationen der Blume

Ablauf: Wir stellen uns vor Blumen zu sein (z.B. Begleitung der Geschichte mit einer Holzblocktrommel). Zunächst lässt die Blume den Kopf, den ganzen Körper hängen. Die Wurzeln nehmen Kontakt zum Boden auf (z.B. Handtrommel). Es beginnt zu regnen und die Wurzeln nehmen das Wasser auf (z.B. Rassel oder Regenmacher). Die Blume richtet sich auf, lebt auf, blüht und spürt das Leben, die Freude und reckt sich immer mehr (z.B. Glockenspiel).

Variante: „Vom Samen zur Frucht.“ Das Samenkorn liegt eingekuschelt in der Erde. Nachdem die Sonne scheint, der Schnee schmilzt usw. erwacht das Samenkorn und reckt und streckt sich. Es wächst und die Blätter und Blüten entfalten sich. Käfer kitzeln die Blume, der Wind bringt die Blume in Bewegung usw. bis der Herbst kommt und es kalt wird. Die Blüte fällt ab, die Blätter fallen ab. Der Herbstwind kommt, Schneeflocken fallen usw. Die Blume geht wieder schlafen und kuschelt sich als Samenkorn in die Erde.

Eins sein

Material: Eine Decke

Ablauf: Das Kind liegt auf der Decke und richtet seine Aufmerksamkeit auf die einzelnen Körperteile, die benannt werden. Danach werden diese erspürt, d.h. sie werden nacheinander fest auf die Unterlage gedrückt und wieder gelockert. Dabei das Atmen nicht vergessen.

Riesen und Zwerge

Material: Keines

Ablauf: Die Kinder stehen fest und mit leicht gegrätschten Beinen auf dem Boden. Die Riesen strecken sich immer höher und die Zwerge sacken langsam in sich zusammen. Beim Recken tief durch die Nase einatmen und beim Zusammensinken durch den Mund ausatmen.

Körperteile anspannen

Material: Keines

Ablauf: Die Kinder stehen mit leicht gespreizten Beinen. Die Fußsohlen haben festen Kontakt zum Boden. Die Kinder konzentrieren sich auf ihren Körper und beugen und strecken sich in alle Richtungen. Nun spannen sie auf Anweisung die einzelnen Körperteile an, wie Arme, Finger, Beine und zum Schluss den ganzen Körper.

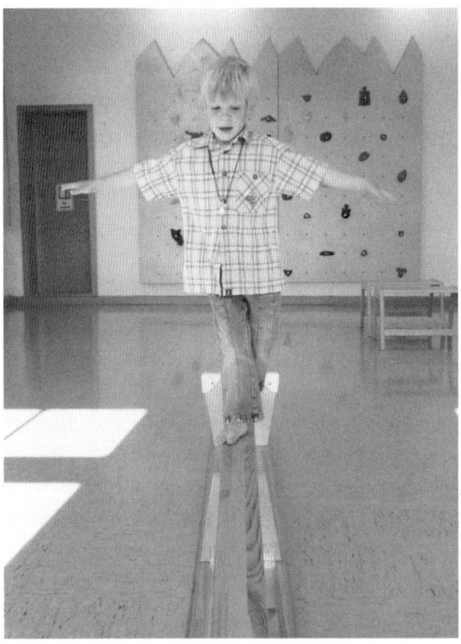

Abb. 7: Balancieren auf der Langbank

Abb. 8: Balancieren mit einem Gegenstand

Gleichgewicht

Langbankturnen

Material: Langbänke, Hindernisse: Reigen, Bälle, Keulen, Ringe, Sprossenwand

Ablauf: Das Kind darf zuerst über die breite Seite der Bank balancieren. Ist sich das Kind sicher so darf es über die schmale Seite der Bank balancieren (Abb. 7).

Variante A: Ich lege Hindernisse auf die Bank. Das Kind darf darüber balancieren, evtl. auch einen Richtungswechsel vornehmen.

Variante B: Mit einem Gegenstand, z.B. einem Ball in der Hand balancieren (Abb. 8).

Variante C: Die Bank durch Einhängen in die Ringe vorsichtig zum Wackeln bringen. Das Kind darf darüber balancieren. Achtung: Die wackelige Bank zusätzlich mit den Händen stützen.

Eisschollen springen

Material: Bierfilze, Tastmatten …

Ablauf: Tastmatten stellen Eisschollen dar. Sie werden in verschiedenen Abständen auf den Boden gelegt. Das Kind darf nun versuchen, von einer Scholle zur anderen zu springen.

Variante: Die Abstände der Tastmatten werden immer größer, das Springen immer schwieriger.

Balancieren über eine Leiter

Material: Liegende Leiter

Ablauf: Das Kind darf über die liegende Leiter balancieren. Ist das Kind noch unsicher, so kann es seine Hände zur Unterstützung dazu nehmen.

Seiltanz

Material: Verschieden starke Seile, Pfosten zum Verspannen des Seiles

Ablauf: Die verschiedenen Seile werden auf den Fußboden gelegt. Das Kind balanciert über die Seile.

Variante: Das Seil an zwei gegenüberliegenden Halterungen befestigen. Das Kind kann sich auf das gespannte Seil setzen und schaukeln.

Abb. 9: Das Kind balanciert über die liegende Leiter.

Luftballonlaufen

Material: Feste Luftballone, eine Matte

Ablauf: Die Luftballone werden aufgeblasen und unter die Matte gelegt. Das Kind muss nun vorsichtig über die wackelige Brücke gehen. Diese Übung eignet sich gut als Gruppenspiel.

Variante: Das Kind darf sich auf die wackelige Matte legen. Anschließend darf es versuchen aufzustehen. Diese Übung eignet sich auch sehr gut als Partnerübung.

Regenschirm

Material: Regenschirm, Schleuderhorn, Schaumstofffrisbee

Ablauf: Das Kind balanciert mit dem aufgespannten „Regenschirm" über Hindernisse, wie z. B. Seile, Bälle, Tücher.

Variante: Das Kind geht mit dem Schleuderhorn in der Hand (das Frisbee liegt auf dem Schleuderhorn) durch den Raum und steigt über Hindernisse.

Schlittschuhlaufen

Material: Teppichfliesen

Ablauf: Das Kind darf mit Teppichfliesen auf einem glatten Boden durch den Raum schlittern.

Schaukeln auf der Therapieschaukel

Material: Therapieschaukel

Ablauf: Das Kind und die Heilpädagogin schaukeln gemeinsam auf der Therapieschaukel. Dies kann in verschiedenen Positionen, im Stehen, im Sitzen etc. stattfinden.

Lastentragen

Material: Sandsäckchen, Gummiringe, Plastikteller …

Ablauf: Das Kind darf verschiedene Gegenstände auf dem Kopf durch den Raum tragen.

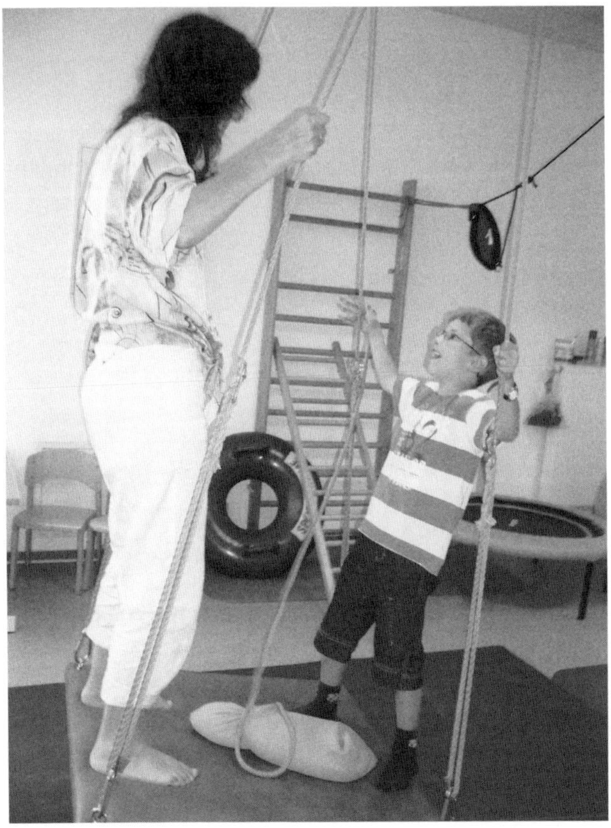

Abb. 10: Gemeinsames Schaukeln auf der Therapieschaukel

Variante: Das Kind macht mit der „Last" auf dem Kopf verschiedene Übungen: Es kniet sich hin, hebt etwas auf oder überwindet Hindernisse.

Baum sein

Material: Keines

Ablauf: Wir stehen mit leicht gespreizten Beinen auf dem Boden. Nun gehen wir in den Einbeinstand und legen das andere Bein mit der Fußsohle seitlich auf das Knie des anderen Beines. Dabei das Ein- und Ausatmen nicht vergessen.

Der Frosch

Material: Keines

Ablauf: Wir sitzen mit gegrätschten Beinen in der Hocke und stützen die Hände am Boden ab. Die Fußsohlen berühren möglichst ganz den Boden. Sind wir im Gleichgewicht, so lösen wir die Hände vom Boden und legen sie vor der Brust übereinander. Mit gehobenem Kopf das Ein- und Ausatmen nicht vergessen.

Decken ziehen

Material: Eine Decke

Ablauf: Das Kind sitzt auf der Decke und wird von der Heilpädagogin durch den Raum gezogen (Abb. 11).

Variante: Das Kind liegt auf dem Bauch, auf dem Rücken oder kniet auf der Decke. Hier geht es um das Halten des Gleichgewichtes auf der Decke.

Weitere Übungen im Freien sind:

- Kästchenhüpfspiele
- Hängebrücken auf Spielplätzen
- in einer Tonne den Hang herunterrollen
- Schlittenfahren
- Schaukeln und Wippen

Weitere Spiel-, Material- und Buchvorschläge

- Meine fünf Sinne (Noris Spiele)
- Blinde Kuh (Ravensburger)
- Grabbelsack (Schmidt-Spiele)
- Ohren ziehen (Haba)
- Asociacion + Tactil (Goula)
- s. auch Kap. 7.1

Abb. 11:
Das Kind wird durch den Raum gezogen.

- Bannenberg, T. (2005): Yoga für Kinder. 4. Aufl. Gräfe & Unzer, München
- Dennison, P. E., Dennison, G. E. (2009): Brain-Gym. 19. Aufl. VAK-Verlag, Kirchzarten
- Friedrich, S., Friebel, V. (2002): Entspannung für Kinder. 2. Aufl. Rowohlt, Reinbek

4.2 Visuelle Wahrnehmung

Das Auge ist das Sinnesorgan für die visuelle Wahrnehmung. Es ermöglicht uns, Dinge in der Nähe und der Ferne zu sehen, Tiefen sowie Farben und Formen zu unterscheiden. Die verschiedenen Augenmuskeln halten die Augen in der richtigen Position. Die Seheindrücke beider Augen verschmelzen im Gehirn zu einem Bild.

Unter dem Begriff „visuelle Wahrnehmung" versteht man die Fähigkeit, visuelle Reize zu erkennen, zu unterscheiden und sie durch Vergleichen mit früheren Erfahrungen zu interpretieren. Diese Interpretation des visuellen Reizes erfolgt im Gehirn, nicht durch die Augen. Eine gut funktionierende visuelle Wahrnehmung ist für das Erlernen von Lesen, Schreiben, Rechnen und allen anderen Fertigkeiten, die für den Schulerfolg notwendig sind, von großer Bedeutung.

In unserem Alltag begegnen wir immer wieder Kindern, die mit der visuellen Wahrnehmung noch Schwierigkeiten haben. Da die visuelle Wahrnehmung ein umfassender Bereich ist, werden wir zum besseren Verständnis vier grundlegende Wahrnehmungsleistungen erläutern:

- die visuomotorische Koordination
- die Figur-Grund-Wahrnehmung
- die Wahrnehmungskonstanz
- die Raumlage-Wahrnehmung

visumotorische Koordination

Hat ein Kind Schwierigkeiten in der visuomotorischen Koordination, so kann es sich tollpatschig, ungelenk, unsicher und zurückhaltend zeigen. Bewegungen wie Treppen steigen, Rutschen, Schaukeln und Klettern werden eher gemieden oder mit großer Angst und Vorsicht ausgeführt. Des Weiteren werden graphomotorische Aktivitäten wie Malen, Schneiden, Puzzle-Legen und der Umgang mit konstruktivem Material häufig gemieden. Ihnen kann es passieren, dass sie häufig daneben greifen und Richtungskorrekturen vornehmen.

Figur-Grund-Wahrnehmung

Haben Kinder eher mit der Figur-Grund-Wahrnehmung ihre Schwierigkeiten, so fällt es ihnen schwer, Figuren/Formen aus einem komplexeren Hintergrund heraus zu filtern. Sie können schlecht fokussieren. Häufig zeigen sich Konzentrationsprobleme und eine schnellere Ermüdbarkeit.

Wahrnehmungskonstanz

Mithilfe der Wahrnehmungskonstanz sind wir in der Lage, geometrische Figuren unabhängig von Größe, Farbe oder Lage zu erkennen. Wir können Buchstaben und später Wörter, die wir gelernt haben, auch in einem fremden Text oder in verschiedenen Schriftarten wiedererkennen. Kindern, die darin Schwierigkeiten haben, fällt es schwer, Paare zu finden, geometrische Formen zu erkennen und Buchstaben wiederzuerkennen.

Raumlage

Die Raumlage ist ein weiterer Bereich der visuellen Wahrnehmung. Ist ein Kind hierbei noch unsicher, so kann es sein, dass es sich in bekannter Umgebung schwer zurechtfindet. Das Kind zeigt sich unsicher bei der Umsetzung von Arbeitsblättern. Auch kann es passieren, dass es Zahlen und Buchstaben verdreht (9 und 6, 7 und 4, d und b). In unserer Praxis zeigt sich immer wieder, dass Kinder mit Begriffen wie oben, unten, hinten, vorne etc. noch Schwierigkeiten haben. Sie zeigen sich unsicher bei rhythmischen Abläufen und beim Gebrauch von Präpositionen.

Visuomotorische Koordination

Die visuomotorische Koordination ist die Fähigkeit, Bewegungen des Körpers oder Bewegungen von Körperteilen (z.B. der Hand) mit dem Sehen zu koordinieren. Wenn ein Sehender nach etwas greift, werden seine Hände durch seinen Sehsinn geleitet. Die problemlose Durchführung beinahe jeder Handlungsfolge hängt von einer ungestörten Koordination von den Augen und Motorik ab.

Gießen durch einen Trichter

Material: Eine leere Plastik- oder Glasflasche, eine mit Sand gefüllte gleich große Plastik- oder Glasflasche, Trichter

Ablauf: Diese Übung findet am Tisch statt. Das Kind darf den Trichter auf die leere Flasche setzen und Sand eingießen, umfüllen, hin und her schütten. Die Kinder werden hierbei meist selbst sehr kreativ.

Variante A:

Material: Tablett, Krug, mehrere kleine Flaschen, Trichter, der in kleine Flaschenhälse passt; ausreichend Sand, damit alle Flaschen damit gefüllt werden können

Ablauf: Das Kind darf die unterschiedlichen Flaschen befüllen. Es muss rechtzeitig stoppen, wenn die Flaschen voll sind, damit sie nicht überlaufen.

Variante B:

Material: Sand mit Wasser ersetzen

Schöpfen

Material: Eine große und eine kleine Schüssel, ein Sieb, schwimmende Gegenstände wie z.B. Tischtennisbälle, Styroporflocken, Krug mit Wasser

Ablauf: Das Kind darf in die große Schüssel Wasser gießen. Dazu kommen die schwimmenden Gegenstände. Das Kind darf sie nun mit dem Sieb herausfischen und in der anderen Schüssel ablegen.

Genaues Schöpfen

Material: Siehe Schöpfen und zusätzlich verschieden große Schöpflöffel

Ablauf: Wie beim Schöpfen, nun wird aber versucht, möglichst nur einen Gegenstand auf dem Schöpflöffel zu halten. Anschließend soll das Wasser so ablaufen, dass die Gegenstände im Schöpflöffel zurück bleiben.

Abb. 12: Wasserschöpfen

Wasser schöpfen

Material: Eine Glasflasche, eine Schüssel, Trichter, Tablett, Schöpflöffel

Ablauf: Das Kind darf möglichst viel Wasser von der Schüssel durch den Trichter in die Flasche schöpfen.

Wasser gießen 1

Material: Tablett, mehrere kleine Fläschchen, ein kleiner Krug mit Wasser, Trichter, der in die kleinen Flaschenhälse passt

Ablauf: Wir füllen das Wasser in den kleinen Krug. Das Kind darf nun das Wasser durch den Trichter in die kleinen Fläschchen gießen. Achtung: das Wasser soll nicht überlaufen.

Pinzettenspiel 1

Material: Pinzette, Tablett, kleine Holzkugeln, ein Stern mit Noppen (für die Dusche)

Ablauf: Das Kind darf mithilfe der Pinzette die Kugeln auf die Noppen legen, bis alle Noppen belegt sind. Achtung: die Perlen sollen nicht davon hüpfen.

Pipettenspiel

Material: Tablett, Fisch mit Noppen, Pipette mit Wasser

Ablauf: Das Kind darf mit der Pipette Wasser ansaugen und anschließend auf die Noppen geben. Je nach Gespür können die Wasserkugeln unterschiedlich groß sein. Kommt zuviel Wasser aus der Pipette, so platzen die Wasserkugeln. Diese Übungen setzt eine gute Tiefenwahrnehmung voraus.

Abb. 13: Material zum Greifen der Holzkugeln mit der Pinzette

Abb. 14: Material zum Dosieren des Wassers mit der Pipette

Steckspiele

Material: Holzsteckspiel

Ablauf: Alle Teile aus dem Steckrahmen nehmen. Das Kind darf die richtige Form in das passende Fach einordnen.

Variante: Wenn das Kind die Formen gut kennt, kann es die Formen mit geschlossenen Augen ertasten und bestimmen, in welches Fach sie eingeordnet werden müssen.

Abb. 15: Blindes Formenerraten

Sticken

Material: Ein Stück Karton, eine stumpfe Nadel, Wolle, Stift, Nagel

Ablauf: Auf den Karton eine oder mehrere geometrische Figuren zeichnen. Mit dem Nagel die Löcher im Abstand von 1 cm einstechen. Das Kind darf die Löcher mit der Wolle nachsticken.

Variante: Die Formen gehen ineinander über. Das Kind soll jeweils eine Form mit einer anderen Farbe sticken (Figur-Grund-Wahrnehmung)

Fädelspiele

Material: Bunte Kugeln in verschiedenen Formen, lange Schnürsenkel

Ablauf: Das Kind darf sich daraus eine Kette fädeln.

Variante: Dem Kind wird eine bestimmte Kette vorgegeben (rote Kugel, gelber Würfel, blaues Rechteck). Das Kind soll nun auf Farbe und Form achten und diese Kette fädeln, indem es die Reihenfolge beachtet.

Spritztechnik

Material: Papier, Wasserfarben, Sieb, eine alte Zahnbürste, verschiedene, gepresste Blattarten vom Laubbaum

Ablauf: Die gepressten Blattarten auf das Papier legen oder so befestigen, dass sie nicht verrutschen können. Mit der Zahnbürste eine oder verschiedene Wasserfarben anrühren und anschließend mithilfe des Siebes über das Blatt spritzen.

Rolltechnik

Material: Backblech, Papier, das genau in das Backblech passt, Fingermalfarbe, Schälchen, Murmeln

Ablauf: Die Fingermalfarbe in Schälchen vorbereiten. Das Kind darf nun die Murmeln in die Farbe tauchen. Anschließend wird die Murmel auf das Papier im Backblech gelegt. Das Kind darf durch Kippen des Backblechs die Murmel darin tanzen lassen. So entsteht ein schönes Muster auf dem Papier. Dieses kann als Geschenkpapier verwendet werden.

Drucktechnik

Material: Fingermalfarben, Papier oder Stoff, Pinsel, Wasser, Korken, Schwämme, Kartoffeln, Moosgummi

Ablauf: Die Korken, Schwämme und Kartoffeln können zu Beginn in verschiedene Formen geschnitten werden. Anschließend werden die Formen mit Farbe bemalt und auf das Blatt oder den Stoff gedruckt. So kann schönes Geschenkpapier oder eine schöne Tischdecke selbst hergestellt werden.

Papierkügelchenbilder

Material: Ein leeres Blatt, buntes Krepppapier, Klebstoff

Ablauf: Aus kleinen Stücken Krepppapier werden in der Handfläche kleine runde Kügelchen gerollt. Aus diesen Kügelchen wird dann ein Bild gestaltet, z.B. ein Schneemann, ein Schmetterling oder eine Sonne. Die Kugeln werden dann mithilfe von Klebstoff auf das Blatt geklebt und das Bild entsteht.

Roll Kugel roll

Material: Gymnastikreifen, eine große Kugel aus Glas

Ablauf: Das Kind darf die Kugel im Reifen rollen, und zwar so, dass die Kugel am Rand entlang rollt. Das Kind soll nun die Kugel mit den Augen verfolgen, bis die Kugel von selbst aufhört zu rollen und sie anschließend erneut anschubsen.

Variante: Das Kind darf erneut die Kugel im Gymnastikreifen anschubsen. Es darf sich so lange dazu bewegen, bis die Kugel zum Stillstand kommt. Diese Übung kann gut in einer Gruppe durchgeführt werden. Welche Kugel rollt am längsten?

Luftballonspiel 1

Material: Zwei kurze Federballschläger, ein Luftballon

Ablauf: Wir stellen uns mit etwas Abstand gegenüber im Turnraum auf und schießen den Luftballon abwechselnd hin und her. Der Luftballon soll so wenig wie möglich den Boden berühren. Ältere Kinder können dazu die Punkte zählen.

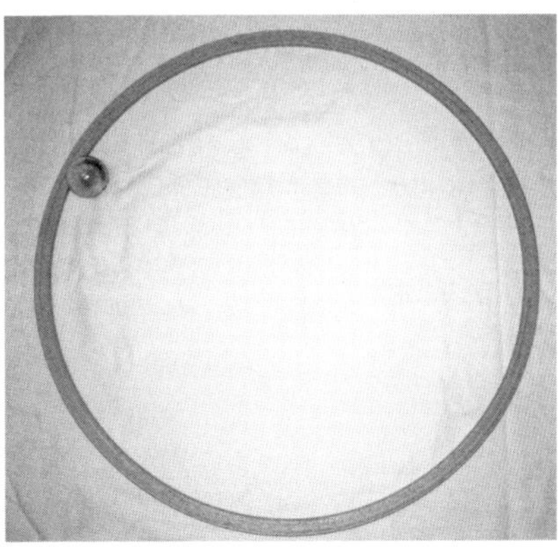

Abb. 16: Eine Kugel rollt im Gymnastikreifen.

Variante: Den Luftballon über Hindernisse schießen, z.B. ein gespanntes Seil, Wesco-Bausteine etc. Dies stellt dann ein abgegrenztes Spielfeld dar.

Dosenwerfen

Material: 10 leere Blechdosen, Tennisbälle

Ablauf: Die Blechdosen werden auf einem Tisch aufgebaut. In der untersten Reihe stehen vier nebeneinander, darauf drei nebeneinander, darauf wieder zwei nebeneinander und ganz oben dann eine Dose. Das Kind darf nun versuchen, aus einem ihm entsprechenden Abstand die Dosen vom Tisch zu schießen. Hat das Kind darin Übung bekommen, so kann der Abstand zu den Dosen vergrößert werden.

Zeitungsschlacht

Material: 100 tennisballgroße Papierbälle geknüllt aus alter Zeitung, eine Langbank, Stoppuhr

Ablauf: Es werden zwei Mannschaften gebildet. Die Langbank dient als Raumteiler. Auf jeder Seite befinden sich eine Mannschaft und je 50 Papierbälle. Mit einem Signal geht es los. Alle müssen so schnell wie möglich die Papierbälle zur gegnerischen Mannschaft werfen. Nach 1 Minute wird gestoppt und ausgewertet. Gewonnen hat die Mannschaft, die am wenigsten Zeitungsbälle auf ihrer Seite hat.

Fang das Licht

Material: Taschenlampe

Ablauf: Im abgedunkelten Raum wird der Strahl der Taschenlampe auf eine Wand oder den Boden geworfen. Die Kinder dürfen nun versuchen, das Licht zu fangen. Hier eignet sich vor allem eine Turnhalle ohne Hindernisse.

Toilettenpapierrollen

Material: Stab, leere Toilettenpapierrollen

Ablauf: In der Mitte sitzt ein Kind, in der Hand hält es möglichst am unteren Ende einen Stab. Die anderen Kinder laufen im Kreis herum und stecken im Laufen die leeren Toilettenpapierrollen auf den Stab. Diese Übung kann auch gut mit Instrumenten durchgeführt werden. Die Kinder laufen, so lange sie den Klang der Trommel hören.

Sprung über das Seil

Material: Ein langes Seil

Ablauf: In der Mitte steht ein Kind und fasst das Seil an einem Ende an. Damit dreht es sich um die eigene Achse. Die anderen Kinder versuchen nun über das gedrehte Seil zu springen, ohne es zu berühren.

Variante: Die Kinder können auf einem Bein oder rückwärts springen.

Fang den Gummiring

Material: Mehrere Gummiringe

Ablauf: Das Kind steht fest und sicher auf dem Boden. Die Heilpädagogin wirft dem Kind einen Ring zu. Das Kind soll den Ring mit den Händen fangen und anschließend zurückwerfen.

Variante: Das Kind darf den Ring mit einem Stab fangen.

Farben suchen

Material: CD-Spieler mit Musik

Ablauf: Alle Kinder bewegen sich zur Musik frei im Raum. Wenn die Musik ausgeschaltet ist, sagt der Spielleiter eine Farbe. Die Kinder müssen dann im Raum je einen Gegenstand in dieser Farbe berühren.

Variante: Noch lustiger wird es, wenn die Kinder den Gegenstand mit verschiedenen Körperteilen, zum Beispiel dem Fuß, dem Po oder der Nase berühren sollen.

Weitere Spiel- und Materialvorschläge

- Schloss Schlotterstein (Haba)
- Tolle Torte (Haba)
- Eiger Nordwand (Bartl)
- Bandolo (Edition Bücherbär)
- Angelspiel (Schmidt Spiele)
- Das verrückte Labyrinth (Ravensburger)
- Make'n'Break (Ravensburger)

Figur-Grund-Wahrnehmung

Die Figur-Grund-Wahrnehmung ist die Fähigkeit, versteckte und sich überkreuzende Figuren zu erkennen. Das Kind lernt durch Übungen in diesem Bereich, sich auf wichtige Stimuli zu konzentrieren, durch Unterscheiden von Details diese als Figur zu sehen und sie von ihrem Hintergrund abzuheben. Diese Fähigkeit ist besonders wichtig zum Erlernen des Lesens. Die Figur-Grund-Wahrnehmung ist weiterhin für die Mathematik bedeutsam beim simultanen Erkennen von Mengen und bei der Unterscheidung von wichtigen und unwichtigen Bestandteilen eines Bildes oder einer Aufgabe.

Kastanienkobolde

Material: Eine Kiste gefüllt mit Kastanien, darin 10 Kastanienkobolde (die Kastanien haben ein aufgeklebtes Gesicht)

Ablauf: Das Kind darf nun versuchen, unter all den Kastanien die 10 Kastanienkobolde herauszusuchen.

Ich sehe was, was du nicht siehst

Material: Wimmelbücher, z.B. von Ali Mitgutsch oder von Rotraut Susanne Berner

Ablauf: Die Heilpädagogin wählt eine Seite aus dem Buch aus. Sie beginnt, damit, dass das Kind den Satz hört, mit dem die beiden spielen wollen. Die Heilpädagogin sucht sich eine Person auf der Seite aus und sagt: „Ich sehe was, was du nicht siehst und das ist z.B. ein Mann, der gerade Fahrrad fährt." Das Kind darf nach dem Fahrradfahrer suchen. Anschließend ist das Kind an der Reihe. Es darf sich eine neue Handlung einer Person aussuchen.

Wimmelbuch – Was macht …?

Material: Wimmelbuch von Rotraut Susanne Berner

Ablauf: Wir wählen auf der Rückseite des Buches eine Person aus. Beim Betrachten des Buches werden wir auf jeder Seite genau schauen, was diese Person in diesem Buch macht. Anschließend kann das Kind die Geschichte dieser Person mit eigenen Worten wiedergeben.

Sandfischen

Material: Eine Kiste gefüllt mit Sand, Muscheln, Muggelsteinen und Plastikfischen

Abb. 17: Sandkiste zum Fischen

Ablauf: Das Kind bekommt einen Auftrag, nach was es in der Kiste suchen soll, z.B. nach zwei Muscheln oder einem Fisch und einer Muschel. Dieser Auftrag kann auch auf Kärtchen in Bildern dargestellt sein. So kann das Kind dieses Spiel auch selbstständig spielen.

Schatzsuche im Bällebad

Material: Bällebad, 10 Bälle einer anderen markanten Farbe, die nicht im Bällebad vertreten ist, z.B. lila (Abb. 18)

Ablauf: Das Kind darf ins Bällebad steigen. Dort erhält das Kind den Auftrag, nach den lilafarbenen Bällen zu suchen. Wie viele findet das Kind?

Variante: Es können auch andere Gegenstände, z.B. Sandsäckchen im Bällebad versteckt werden.

Seifenblasen fangen

Material: Seifenblasenspiel (Pustefix)

Ablauf: Diese Übung kann im Freien oder in der Turnhalle stattfinden. Die Heilpädagogin pustet Seifenblasen. Das Kind darf so viele wie möglich fangen und platzen lassen.

Weitere Spiel-, Material- und Buchvorschläge

- Differix (Ravensburger)
- Greif zu (Selecta)

Abb. 18: Das Kind fischt Sandsäckchen aus dem Bällebad.

- Nikitin (Logo Lernspiel Verlag)
- Memory (Ravensburger)
- Das Kindergartenspiel (Heinevetter)
- Mini LÜK (Westermann Lernspiel)
- Bandolo (Edition Bücherbär)

- Berner, R. S. (2004): Frühlings-Wimmelbuch. Gerstenberg.
- Wick, W., Marzollo, J. (2008): Ich sehe was … Kosmos, Stuttgart

Wahrnehmungskonstanz

Wahrnehmungskonstanz bedeutet die Fähigkeit, Gegenstände in verschiedenen Größen, Lagen, Anordnungen und mit kleinen Änderungen wiederzuerkennen und von den anderen Gegenständen zu unterscheiden.

Aufgrund der Wahrnehmungskonstanz ist es uns möglich, bestimmte Eigenschaften eines Gegenstandes unter verschiedenen Blickwinkeln trotz unterschiedlichen Sinneseindruckes im Auge unverändert wahrzunehmen.

Sie ist eine wichtige Voraussetzung, um geometrische Formen unabhängig von Größe, Farbe oder Lage zu erkennen und später Buchstaben, auch wenn sie in einem anderen Wort vorkommen oder in einer anderen Schrift geschrieben sind.

Rosa Turm

Material: Rosa Turm, Teppich

Ablauf: Alle 10 Teile des rosa Turms auf dem Teppich verteilen. Die Heilpädagogin sucht nach dem Größten und platziert ihn vor sich. Dann platziert sie den nächstgrößeren Kubus darauf, bis alle aufeinander stehen. Anschließend steht sie auf und geht einmal um den Turm, danach nimmt die Heilpädagogin langsam jeden einzelnen wieder ab. Dann darf das Kind diesen Vorgang wiederholen. Hierbei ist es wichtig, dass das Kind jeden einzelnen Kubus mit den Händen umfasst, denn hierbei geht es vor allem um die Erfahrung der Größe.

Variante A: Das Kind darf die Kuben von groß nach klein nebeneinander sortieren.

Variante B: Die Kuben liegen durcheinander auf dem Teppich. Die Heilpädagogin entfernt einen und versteckt ihn. Das Kind darf raten welcher fehlt.

Variante C: Das Kind darf den Turm in die Höhe bauen. Bei dieser Variante dürfen die Kuben so aufeinander gebaut werden, dass jeder zweite mit der Ecke über die Kante des darunter liegenden gebaut wird.

Variante D: Das Kind darf die Grundflächen der einzelnen Kuben mit dem Stift auf einem Papier umfahren, ausschneiden und zu den originalen ordnen.

Braune Treppe

Material: 10 Teile der Braunen Treppe, Teppich

Ablauf: Alle 10 Teile auf dem Teppich verteilen. Die Heilpädagogin nimmt den dicksten und legt ihn vor sich auf den Teppich. Sie probiert aus, welcher der nächstgrößte ist und legt ihn daneben. Anschließend sortiert sie alle von dick nach dünn. Als Fehlerkontrolle dient der Dünnste. Bei allen ist der Abstand zum nächstdickeren gleich groß. (Wichtig ist, die einzelnen Teile mit den Händen zu umfassen, hier geht es um die Erfahrung dick – dünn). Die Heilpädagogin löst die Treppe auf und fordert das Kind auf, die Aufgabe zu wiederholen.

Variante: Das Kind darf eine Murmel oder verschieden schwere Murmeln über die Treppe rollen lassen.

Einsatzzylinder

Material: Einsatzzylinder, Teppich

Ablauf: Die Heilpädagogin nimmt alle Zylinder aus dem Einsatz und legt sie daneben. Anschließend versucht sie, sie wieder richtig einzusortieren. Bei der Einführung nimmt das Kind die Rolle des Beobachters ein. Die Heilpäd-

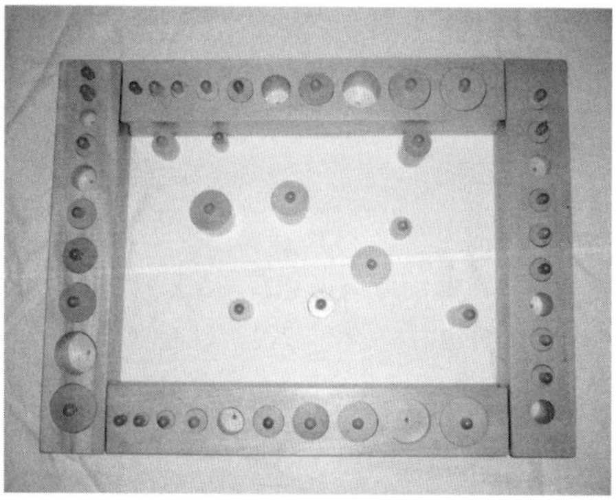

Abb. 19:
Einsatzzylinder

agogin fordert das Kind nun auf, die Übung zu wiederholen. Diese Übung sollte zu Beginn mit nur einem Einsatzzylinder durchgeführt werden, später mit allen vieren.

Variante: Alle vier Einsatzzylinder werden benutzt.

Ablauf: Das Kind darf alle Zylinder herausnehmen und diese in die Mitte legen (s. Abb. 19). Wie viele Paar gibt es?

Weitere Spiel- und Materialvorschläge zum Hantieren, Bauen und Gestalten

- Lego, Duplo, Baufix, Noppen
- Eisenbahn
- Bausteine
- Kugelbahn zum Zusammenbauen
- Wesco-Bausteine (große Schaumstoffklötze) zum Bauen im Raum

Wahrnehmung der Raumlage/Raumorientierung

Im Lauf seiner Entwicklung erwirbt das Kind die Erkenntnis, dass es selbst (räumlich gesehen) der Mittelpunkt seiner eigenen Welt ist. Es nimmt Gegenstände als hinter, vor, über, unter, neben sich wahr. Bezugsystem zur Bestimmung der Raumlage sind die eigenen Körperachsen, die nach außen projiziert werden. Die Überwindung der Schwerkraft (oben/unten) ermöglicht die Orientierung in der Vertikalen, das Bewusstsein beider Körperhälften (rechts/links) ermöglicht die Orientierung in der Horizontalen. Und das Bewusstsein von vorne/hinten ermöglicht die Orientierung in die Tiefe. Die Wahrnehmung der Raumlage und die Orientierung im Raum sind vor allem wichtig bei simultaner Mengenerfassung, der Vorstellung von Zahlen, beim Entschlüsseln von Gleichungen und Erlernen von schriftlichen Rechenverfahren.

Zurück zum Haus

Material: Gymnastikreifen

Ablauf: Jedes Kind sucht sich mit seinem Gymnastikreifen einen Platz im Raum und legt den Reifen (welcher ein Haus darstellt) ab. Zu Trommelbegleitung oder Musik laufen die Kinder aus ihren Häusern und gehen auf Reise. Auf ein Zeichen suchen die Kinder ihr Haus und setzen sich hinein. Zur Hilfestellung des Wiederfindens kann man zu Beginn einen persönlichen Gegenstand ins Haus legen.

Variante A: Für jeweils zwei Kinder ist nur ein Haus vorhanden.

Variante B: Das Signal Trommel bedeutet vorwärts, das Signal eines Glockenspiels bedeutet rückwärts zu laufen.

Rette sich, wer kann

Material: Tisch, Stühle, Matten, Reifen, Trommel

Ablauf: Die Kinder laufen zu Trommelschlägen im Raum umher, die Heilpädagogin unterbricht die Trommelschläge und ruft: „Rette sich wer kann (z.B. unter die Tische, auf die Stühle, in den Reifen etc.).“ Die Kinder suchen so schnell wie möglich den entsprechenden Platz. Nach kurzem Halt geht das Spiel mit einer neuen Aufgabe weiter.

Blind im Raum bewegen

Material: Tücher zum Verbinden der Augen

Ablauf: Den Kindern werden in einem bekannten Raum die Augen verbunden. Auf Anweisung gehen sie durch den Raum, z.B. zwei Schritte vor, vier nach links, drei zurück usw.

Springen auf dem Trampolin

Material: Trampolin; um das Trampolin Matten, Decken und Kissen zum Sichern

Ablauf: Das Kind darf auf dem Trampolin in eigenem Tempo hüpfen, dabei soll es versuchen im Rhythmus zu bleiben und seinen Körper zu kontrollieren. Ist das Kind schon sicher im Umgang mit dem Trampolin, so kann es auch weitere Hüpfmöglichkeiten ausprobieren.

Sandsäcke werfen

Material: Verschieden schwere Sandsäckchen, ein Korb

Ablauf: Aus ca. 2 Metern Abstand sollen die unterschiedlich schweren Sandsäckchen in den Korb geworfen werden.

Figurenlauf

Material: Tafel, Kreide

Ablauf: Die Heilpädagogin malt auf die Tafel eine Form, z.B. einen Kreis, ein Dreieck, eine Schlange usw. Das Kind/die Kinder dürfen nun die Form im Raum gehen.

Figurenspiel

Material: Tafel, Kreide, Seil

Ablauf: Die Heilpädagogin zeichnet mit der Kreide geometrische Formen oder Buchstaben an die Tafel. Das Kind darf nun mit dem Seil die vorgegebene Figur auf dem Boden nachlegen.

Zauberschnur

Material: Zauberschnur aus Wolle

Ablauf: Die Zauberschnur wird von zwei Kindern zu Beginn in Kopfhöhe gehalten. Alle Kinder dürfen unter der Schnur hindurch auf die andere Seite laufen. Nach und nach wird das Seil tiefer gehalten, so dass die Kinder sich ganz tief bücken oder hindurchkrabbeln müssen.

Formen legen

Material: Bildkarten mit Formen, Strohhalmabschnitte (diese sollen gleich lang sein)

Ablauf: Die Heilpädagogin legt verschiedene Bildkarten vor das Kind. Das Kind darf mithilfe der Strohhalmabschnitte die Form nachlegen.

Oben oder unten?

Material: Eine Murmel

Ablauf: Das Kind versteckt die Murmel in einer Faust. Dann hält es die eine Faust über der anderen und fragt ein anderes Kind: „Ist die Murmel oben oder unten?" Das andere Kind muss nun raten und die Begriffe oben und unten nennen.

Abb. 20: Das Kind legt verschiedene Formen mit Strohhalmabschnitten nach.

Weitere Spiel- und Materialvorschläge

- Make'n'Break (Ravensburger)
- Nikitin (Logo Lernspiel Verlag)
- Cambio (Schubi Verlag)
- Wackelturm (Ravensburger)
- Packesel (Schmidt Spiele)
- Puzzles
- Mini LÜK (Westermann Lernspielverlag)
- s. auch Kap. 7.2.4

4.3 Auditive Wahrnehmung

Lautlokalisation, -differenzierung, -interpretation

Mit der auditiven Wahrnehmung ist nicht nur das Hören an sich gemeint, sondern die Erfassung des Gehörten und dessen Verarbeitung im Kopf. Von einer auditiven Wahrnehmungsschwäche spricht man, wenn *trotz organisch gesundem Gehör* akustische Informationen, wie Sprache oder Töne, nicht über das Gehör aufgenommen bzw. schlecht verarbeitet werden können. Die Schwierigkeiten können die Lautlokalisation betreffen, d. h. das Kind hat Probleme zu lokalisieren, woher der Ton kommt. Es kann die Lautdifferenzierung betreffen, z. B. zwischen „Bein" und „Beim" zu differenzieren. Die

Lautinterpretation kann Schwierigkeiten bereiten, d. h. höre ich eine Glocke oder ein Telefon klingeln? Es kann aber auch die *Speicherung* betroffen sein, d. h. die Kinder haben Schwierigkeiten sich mehrere akustische Zeichen oder verbale Anweisungen zu merken. Außerdem kann das rhythmische Empfinden betroffen sein, d. h. Rhythmus und Bewegung stehen in engem Zusammenhang und mithilfe des Rhythmus können wir unsere Bewegungen auf unterschiedliche Situationen einstellen.

rhythmisches Empfinden

Hinweise auf Wahrnehmungsschwäche

Folgende Beobachtungen, die uns bei der Arbeit mit den Vorschulkindern auffallen, können auf eine auditive Wahrnehmungsschwäche hinweisen:

- Das Kind vergisst gestellte Aufgaben.
- Das Kind zeigt wenig Interesse an Versen, Reimen und Geschichten.
- Das Nacherzählen von Erlebnissen oder Geschichten fällt dem Kind schwer.
- Es bereitet ihm Schwierigkeiten, Laute herauszuhören.
- Das Kind kann ähnlich klingende Konsonanten nicht genau voneinander unterscheiden.
- Das Kind hat Schwierigkeiten, sich Zahlenfolgen zu merken.
- Einfache Anweisungen werden falsch verstanden und können nicht ausgeführt werden.
- Es lässt sich von Nebengeräuschen leicht ablenken.
- Es vermeidet Lärm, ist geräuschempfindlich.
- Das Kind ermüdet leicht, bzw. kann sich schwer konzentrieren.
- Das rhythmische Mitklatschen gelingt nicht.

Unterstützungsmöglichkeiten

Kinder können im häuslichen Umfeld und im Kindergartenalltag unterstützt werden, indem

- häufige Nebengeräusche vermieden werden,
- ruhige Plätze zum Arbeiten/Spielen angeboten werden,
- die Aufmerksamkeit des Kindes vor Beginn der zu vermittelnden verbalen Information auf sich gelenkt wird (Blick oder Körperkontakt bzw. beides),
- die Anzahl der Aufträge auf max. zwei bis drei beschränkt werden,
- einfache klare Anweisungen gegeben werden,
- Aufträge wiederholt werden,
- mit Gedächtnisstützen und „Eselsbrücken“ gearbeitet wird und
- zunächst über mehrere Sinneskanäle gelernt wird.

Lautlokalisation

Wecker suchen

Material: Wecker, der laut tickt

Ablauf: Die Heilpädagogin versteckt den tickenden Wecker im Raum. Das Kind darf den versteckten Wecker suchen. Wo hört es das Ticken?

Schallquellen folgen

Material: Klingelball, Triangel, Glockenspiel, Trommel ...

Ablauf: Die Heilpädagogin geht mit einem Klingelball langsam durch den Raum. Das Kind folgt mit verbundenen Augen der Geräuschquelle.

Dosen rollen lassen

Material: Geräuschdose

Ablauf: Das Kind hat die Augen verbunden und lässt die Geräuschdose fallen. Es soll hörend feststellen, wohin die Dose rollt.

Hörst du das Kind?

Material: Tuch zum Verbinden der Augen

Ablauf: Einem Kind werden die Augen verbunden. Ein anderes Kind sucht sich eine Stelle im Raum aus und gibt ein Geräusch von sich. Das Kind mit den verbundenen Augen soll sich nun auf die Geräuschquelle zu bewegen.

Welchen Namen rufe ich?

Material: Tücher

Ablauf: Die Kinder bekommen mit den Tüchern die Augen verbunden und setzen sich im Kreis auf den Boden. Die Heilpädagogin flüstert nun ganz leise den Namen eines Kindes. Das gerufene Kind steht langsam auf und geht so leise wie möglich in die Richtung der Heilpädagogin.

Schatzhüter

Material: Ein Tuch zum Verbinden der Augen, verschiedene Gegenstände für den Schatz (z. B. ein Schlüsselbund, Glöckchen, Muggelsteine ...)

Ablauf: Ein Kind sitzt mit verbundenen Augen auf einer Matte in der Mitte des Raumes. Ebenfalls auf der Matte befinden sich die „Schätze". Die Mitspieler schleichen zu dem „Schatzwächter“ und müssen versuchen, den „Schatz“ zu stehlen. Hört dieser ein Geräusch, zeigt er auf die Geräuschquelle und die Kinder müssen zurück zum Platz gehen. Das Spiel endet, wenn der Schatz gestohlen ist.

Akustisches Versteckspiel

Material: Ein Gegenstand, Glockenspiel

Ablauf: Ein Gegenstand wird im Raum versteckt. Während das Kind sucht, wird es auf dem Glockenspiel begleitet. Tönt das Glockenspiel leise, so ist das Kind noch weit vom Versteck entfernt. Je lauter aber das Glockenspiel wird, umso näher ist das Kind am Versteck dran.

Lautdifferenzierung

Rätselspiel

Material: Gegenstände im Raum

Ablauf: „Ich sehe was, was du nicht siehst und das beginnt mit dem Buchstaben M.“ Das Kind muss erraten, welcher Gegenstand gemeint ist und darf anschließend einen Gegenstand aussuchen, den die Heilpädagogin erraten muss.

Falsche Lautverbindungen erkennen

Material: Keines

Ablauf: Dem Kind werden kurze Sätze vorgesprochen. In den Wörtern hat sich ein falscher Laut versteckt. Das Kind hört hin und klopft auf den Tisch, wenn es einen Fehler hört und spricht das Wort bzw. den Satz richtig nach. Beispiel: „Der Fisch ist gedeckt – Der Tisch ist gedeckt.“

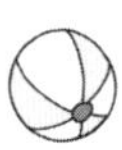

Körpergeräusche

Material: Keines

Ablauf: Es werden Körpergeräusche ausprobiert. Einer macht ein Körpergeräusch vor, z. B. stampfen, klatschen, schnipsen etc. und der andere muss es nachmachen.

Regenmacher

Material: Regenmacher

Ablauf: Das Kind darf nun durch Hantieren mit dem Regenmacher Geräusche erzeugen. Wie lange höre ich etwas? Kann es schnell oder langsam regnen?

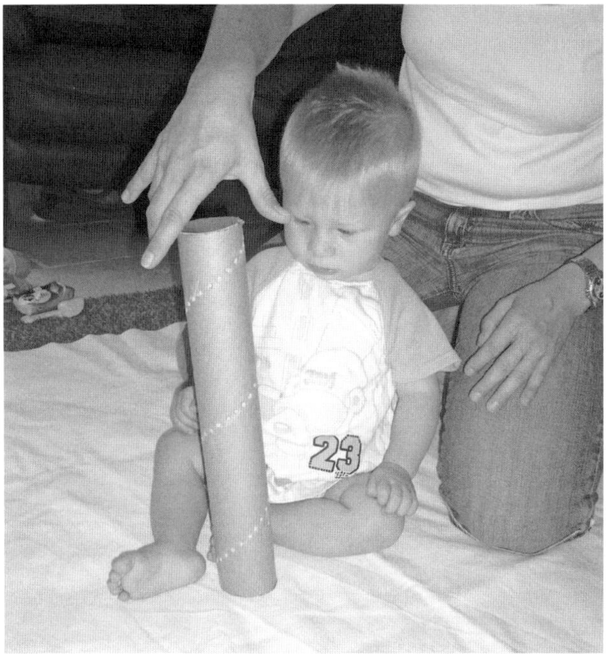

Abb. 21: Das Kind lernt den Regenmacher kennen.

Geräusche erzeugen

Material: Alltagsmaterialien wie Joghurtbecher, Flaschen usw.

Ablauf: Die Kinder dürfen die Materialien ausprobieren und Geräusche machen.

Variante: Instrumente selbst herstellen.

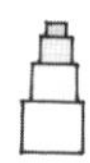

Geräuschdosen

Material: Montessori-Geräuschdosen, zwei Kästen je sechs Dosen in rot und blau

Ablauf: Die roten Geräuschdosen werden getrennt von den blauen Geräuschdosen in einer Reihe auf den Tisch gestellt. Nun nimmt man aus der roten Serie eine Dose und schüttelt sie und hört aufmerksam das Geräusch. Dann nimmt man aus der blauen Serie eine Dose hinzu und vergleicht das Geräusch. Sind die Geräusche identisch, so stellt man das Paar in die Mitte. Sind sie nicht identisch, so stellt man eine der Dosen an den Schluss ihrer Reihe und sucht erneut. Ziel ist es, dass jede Dose einen identischen Partner findet.

Variante A: Geräuschememory: Ist man an der Reihe, so darf man von jeder Farbe eine Dose schütteln, findet man die passenden Dosen, so darf man sie zu sich nehmen. Wenn nicht, ist der nächste an der Reihe.

Variante B: Die roten Geräuschdosen werden an sechs Kinder verteilt. Die Heilpädagogin schüttelt eine Dose der blauen Serie. Das Kind, das die geräuschgleiche Dose hat, darf zur Heilpädagogin kommen.

Variante C: Alle zwölf Dosen werden an zwölf Kinder verteilt. Jedes Kind hört sich zuerst das Geräusch seiner Dose an. Es versucht nun das Kind zu finden, das dasselbe Geräusch hat.

Variante D: Das Kind darf aus einer Serie eine Lautstraße bilden. Sortiert von laut bis leise.

Variante E: Die Dosen einer Serie werden im Raum verteilt. Die Heilpädagogin schüttelt nun eine Dose. Das Kind soll nun die Dose holen, die lauter, leiser oder gleich laut ist.

Variante F: Die Dosen werden an sechs Kinder verteilt. Alle stellen ihr Geräusch vor. Das Kind mit dem lautesten Geräusch stellt sich hin. Das Kind mit dem etwas leiseren Geräusch stellt sich daneben. Die Übung wir fortgeführt, bis die Graduierungsreihe gebildet ist.

Lautinterpretation

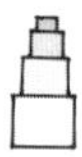

Glöckchentüte

Material: Gefrierbeutel (1 Liter), verschiedenes Füllmaterial wie z. B. Nudeln, Glöckchen, Tischtennisball, Knisterfolie, Korken, Murmeln etc.

Ablauf: Mit der Rascheltüte gibt es allerhand zu ertasten und auszuprobieren. Was ist da alles drin? Wie fühlt es sich an? Macht ein Gegenstand irgendein Geräusch?

Was ist heruntergefallen?

Material: Alltagsgegenstände, z. B. Schlüssel, Bleistift, Papier, Ball etc.

Ablauf: Auf dem Tisch liegen verschiedene Gegenstände. Das Kind schließt nach dem Betrachten der Gegenstände die Augen. Die Heilpädagogin lässt einen Gegenstand auf den Boden fallen. Das Kind errät anhand des Geräusches, welcher Gegenstand zu Boden gefallen ist.

Papierspiel

Material: Verschiedene Papiere

Ablauf: Die Heilpädagogin zerknüllt, zerschneidet, zerreißt usw. Papier. Das Kind muss erraten, was mit dem Papier gemacht wurde.

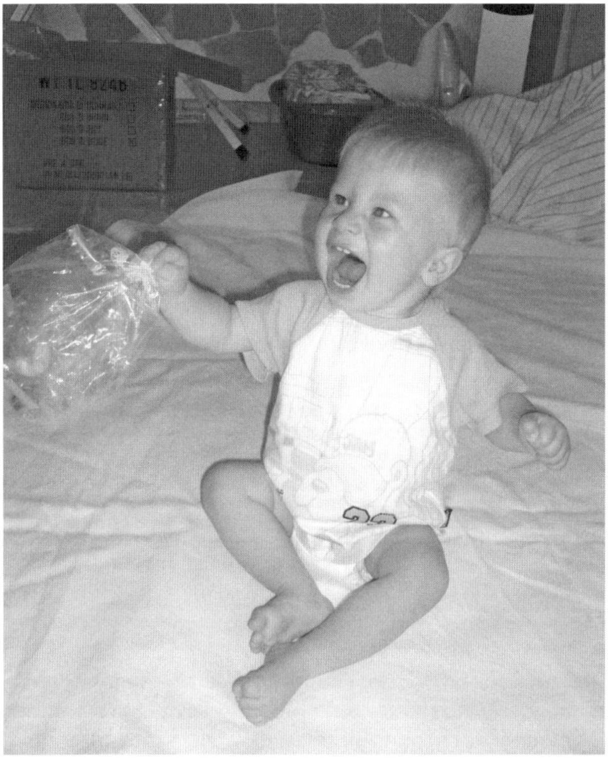

Abb. 22: Das Kind hantiert mit der Glöckchentüte.

Instrumente raten

Material: Verschiedene Instrumente

Ablauf: Das Kind darf die Augen schließen und die Heilpädagogin spielt dem Kind ein Instrument vor. Das Kind darf raten, welches es war und dann findet ein Rollentausch statt.

Variante: Aus drei nacheinander erklingenden Schallereignissen wählt das Kind das schnellste, das lauteste usw. aus.

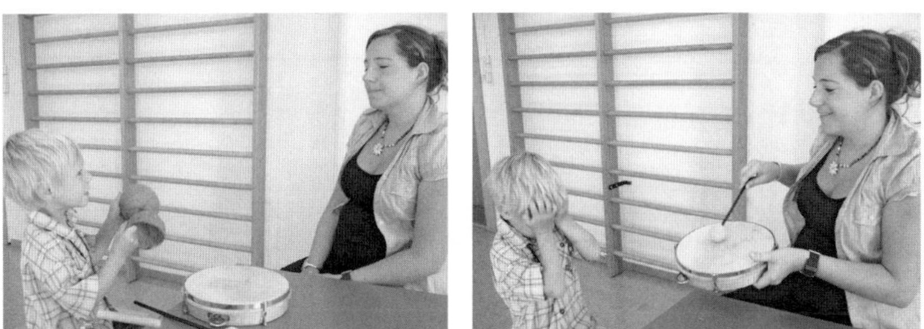

Abb. 23: Wir raten Instrumente.

Nach Signal klopfen

Material: Keines

Ablauf: Das Kind klopft beidhändig auf den Tisch. Ruft die Heilpädagogin rechts, hebt das Kind die rechte Hand usw.

Variante: Das Signal ausbauen, z. B. dreimal rechts, zweimal links usw.

Ein Ton verklingt

Material: Glockenspiel oder Xylophon

Ablauf: Das Kind sitzt mit geschlossenen Augen am Boden. Die Heilpädagogin schlägt auf das Glockenspiel. Das Kind muss die Augen solange geschlossen halten, bis der Ton verklungen ist.

Das Vogelnest

Material: Tastmaterialien, Rhythmusinstrument, Tastsäcke, Kissen, Decken …

Ablauf: In der Mitte des Raumes ist ein Vogelnest aus Kissen, Decken, Säckchen usw. aufgebaut. Verschiedene Taststraßen führen zum Vogelnest, z. B. Seile, Sandsäckchen, Bierfilze etc. Die Kinder fliegen zur Musik wie Vögel durch den Raum. Hört die Musik auf, lauert Gefahr für die Vögel und sie müssen über die Taststraßen zum Vogelnest gelangen. Dies ist auch eine sehr gute taktile Übung, wenn die Kinder barfuß laufen.

Speicherung

Verbale Aufträge erteilen

Material: Keines

Ablauf: Im Haus, beim Spazierengehen etc. Gegenstände, Handlungen, oder Aufträge nennen, die das Kind holen, wiederholen oder ausführen muss. Zum Beispiel: „Suche einen Stein, steig auf die Bank und komm hüpfend zu mir zurück.“ Eine gute Übung zur Schulung von Präpositionen.

Rucksackspiel

Material: Keines

Ablauf: Wir nennen nacheinander Gegenstände, die man z. B. für eine Wanderung benötigt. Die Aufgabe ist, die laufend länger werdende Wortreihe aufzuzählen und stetig ein neues Wort zu finden.

Sequenzen von Zahlen/Wörtern/Farben merken

Material: Keines

Ablauf: Das Kind muss versuchen, sich Sequenzen, die die Heilpädagogin vorspricht, wie z. B. 3 7 9, zu merken und nachzusprechen. Achtung: Mit zwei, höchstens drei Zahlen beginnen und dem Kind Erfolgserlebnisse verschaffen.

Buschtrommeln

Material: Pro Kind eine Trommel

Ablauf: Ein Kind oder die Heilpädagogin beginnt, eine Nachricht zu trommeln. Diese Nachricht wird von einem Kind zum anderen weitergegeben. Dabei ist es wichtig, dass die vorgegebene Sequenz nachgetrommelt wird.

Was ist vom Tisch gefallen?

Material: Gegenstände wie z. B. Plastikbecher, Papier, Büroklammern, Stifte, Schlüssel, Nägel, Münzen, Steine etc.

Ablauf: Das Kind schließt die Augen oder es dreht sich um. Die Heilpädagogin wirft nacheinander Gegenstände vom Tisch. Anschließend öffnet das Kind die Augen und nennt die Gegenstände, die fallen gelassen worden sind.

Variante: Das Kind soll die Gegenstände in der richtigen Reihenfolge nennen. Zu Beginn müssen es allerdings weniger sein.

Zoobesuch

Material: CD mit Tierstimmen

Ablauf: Die Heilpädagogin spielt dem Kind je nach Alter mehrere Tierstimmen auf CD vor. Das Kind darf die Tierstimmen benennen, später auch die Reihenfolge, in der die Stimmen zu hören waren.

Variante: Zu den Tierstimmen werden Bilder dieser Tiere benötigt. Die Heilpädagogin spielt dem Kind je nach Alter mehrere Tierstimmen vor. Das Kind darf nun die Bilder der gehörten Tierstimmen in die richtige Reihenfolge legen. Anschließend kann es durch das nochmalige Anhören überprüft werden.

Konzertprobe

Material: Verschiedene Instrumente

Ablauf: Die Heilpädagogin spielt dem Kind einzelne Geräusche/Klänge vor. Das Kind versucht, die Einzelgeräusche, später auch die Klangreihenfolgen, wiederzugeben. Dazu kann das Kind je nach Alter die Augen offen oder geschlossen halten.

Zaubersprache

Material: Teddy oder Puppe

Ablauf: Die Heilpädagogin gibt dem Kind geheime Zauberwörter weiter, z.B. Diddeldiddeldatsch. Das Kind gibt diese dem Teddy/der Puppe weiter. Rollentausch.

Einkaufen im Ausland

Material: Kaufladen oder verschiedene Gegenstände

Ablauf: Die Heilpädagogin kauft mit sinnfreien Wörtern bestimmte Waren vom Kind ein. Das Kind wiederholt dabei diese Wörter – Rollenwechsel.

Summe das Lied nach

Material: Melodien von bekannten Kinderliedern

Ablauf: Die Heilpädagogin summt dem Kind Teile von bekannten Kinderliedern vor. Das Kind summt das Gehörte nach – Rollentausch.

Was muss über den Fluss?

Material: Blaues Tuch als Fluss, Boot oder etwas, das ein Boot darstellt, verschiedene Gegenstände/Tiere

Ablauf: Der Bootsführer bekommt den Auftrag, bestimmte Gegenstände/Tiere über den Fluss zu transportieren. Am anderen Ende kann mithilfe von Bildkarten kontrolliert werden, ob der Bootsführer die richtige Ware an Bord hatte.

Rhythmisches Empfinden

Nonsenswörter vorsprechen

Material: Keines

Ablauf: Dem Kind werden Wortpaare, z.B. Schaum–Baum, Haus–Maus, vorgesprochen. Das Kind sagt, ob die Wörter gleich klingen oder nicht.

Roboter-Sprache

Material: Keines

Ablauf: Die Heilpädagogin gibt ein Wort in der Robotersprache vor, indem jeder einzelne Buchstabe betont wird. Das Kind muss das Wort als Ganzes erkennen und nachsprechen.

Wörterschlange

Material: Keines

Ablauf: Mit einem zusammengesetzten Wort, wie z.B. Federball wird begonnen. Das Kind sucht zu Ball ein zusammengesetztes Namenwort, z.B. Ballspiel usw.

Suchspiel: Reimwörter

Material: Keines oder Bilder

Ablauf: Die Heilpädagogin sagt ein Wort oder zeigt ein Bild und das Kind sucht möglichst viele Reimwörter dazu.

Wie weit darf ich reisen?

Material: Keines

Ablauf: Das Kind fragt: „Wie weit darf ich reisen?“ und die Heilpädagogin nennt ein Wort. Für jede Silbe darf das Kind einen Schritt gehen.

Kindernamen raten

Material: Ball

Ablauf: Einen Namen Silbenweise nennen, z.B. Ra-mo-na und dem Kind den Ball zuwerfen. Das Kind sagt den Namen und wirft den Ball zurück. Es darf ebenfalls einen Namen in Silben zerlegen.

Taktgefühl

Material: Keines

Ablauf: Alle Kinder sitzen am Tisch und klopfen gemeinsam einen Takt, etwa A B C. Zu jedem Schlag zählen die Kinder laut mit und beginnen nach dem C wieder mit A. Sind alle Kinder sicher und können den Takt gleichmäßig halten, betont die Heilpädagogin einen bestimmten Schlag viel lauter als die anderen. Alle ahmen den Schlag nach, bis wieder alle den Takt halten.

Gläserkonzert

Material: Gläser, Flaschen, Löffel, Wasser, Trichter

Ablauf: Die Gläser und Flaschen werden mithilfe des Trichters mit unterschiedlichen Mengen Wasser befüllt. Durch das Anspielen mit dem Löffel erklingen die Gefäße in verschiedenen Tönen.

Abb. 24: Gläserkonzert

Variante: Die Gefäße nach der Höhe der Töne ordnen. Es kann eine kleine Musiksequenz eingeübt werden.

Rhythmisches Gehen

Material: Trommel

Ablauf: Die Heilpädagogin spielt einen Rhythmus auf der Trommel vor. Die Kinder gehen nach dem Takt der Trommel im Raum.

Variante: Der Hase hüpft, die Schlange kriecht etc.

Autofahren nach Trommelschlägen

Material: Für jedes Kind einen Reifen, eine Trommel

Ablauf: Die Kinder dürfen in die Reifen steigen und diese wie Lenkräder festhalten. Die Autos fahren im Rhythmus der Trommelschläge durch den Raum. Hört die Trommel auf, müssen die Autos an Ort und Stelle parken.

Musik lauschen und entspannen

Material: Klassische Musik, Entspannungsmusik, CD`s mit Naturklängen wie Meeresrauschen, Vogelgezwitscher, CD-Player, Decken als Unterlage und zum Zudecken, Kissen

Ablauf: Die Kinder sitzen, liegen oder stehen mit offenen oder geschlossenen Augen, hören auf die Musik und lassen sie wirken.

Variante: Die Kinder bewegen sich nach der Musik im Raum.

Klänge hören und ausprobieren

Material: Klangschale, Didgeridoo, Ocean-Drum, Klangröhre, Orff-Instrumente, Naturmaterialien; Achtung: Das jeweilige Instrument soll dem Kind bekannt sein, oder es soll dem Kind vorher vertraut gemacht werden.

Ablauf: Das Kind liegt entspannt auf einer Decke und darf die Augen schließen oder offen lassen. Es bekommt die Anweisung: „Atme ruhig und gleichmäßig, spüre deinen Atem, wie er in den Körper strömt und den ganzen Bauch ausfüllt und beim Ausatmen, lass die ganze Luft aus dem Bauch über die Nase oder den Mund ausströmen." Das Kind wird immer ruhiger und hört den Klängen entspannt zu.

Variante A: Das Kind bewegt sich zu den Klängen.

Variante B: Das Kind experimentiert mit den Instrumenten.

Variante C: Die Heilpädagogin gibt Anweisung: „Schnell, langsam, laut, leise."

Freie oder vorgegebene Tänze

Material: CD-Player mit afrikanischer Trommelmusik (Paul Simon, The Rhythm of the Saints und Mamady Keita, nankama), Kreistänze, Partnertänze, Sonnentanz (Musik: Bach, J. S.: Konzert für Flöte – Adagio in F-Moll, BWV 1056)

Ablauf: Wir tanzen frei nach der Musik oder die Kinder lernen einen vorgegebenen Tanz.

Sonnentanz (Quelle unbekannt): Die Kinder stehen im Kreis um die gestaltete Mitte und fassen sich an den Händen. Mit dem rechten Bein einen Schritt zurück – mit dem linken Bein einen Schritt zurück. Nach vorne rechts wiegen – nach hinten links wiegen. Mit dem rechten Bein einen Schritt vorwärts – mit dem linken Bein einen Schritt vorwärts. Mit dem rechten Bein einen Schritt nach rechts – das linke Bein an das rechte heranstellen.

Lieder lernen 1

Material: Geräuschquellen aus dem Zimmer: Tür, Vorhang, Schrank ..., Lied: „Ja unser Zimmer ..." (Bächli, G.: Zirkus Zottelbär, Pan 107, Sibellina-Arts AG/ Pan Verlag, Baden/CH)

Ablauf: Wir lernen gemeinsam das Lied und die Bewegungen dazu.

Abb. 25:
Malen nach Musik

Lieder lernen 2

Material: Ein Stuhl und ein Kissen als Thron, ein Gong, Lied: „König Tinizong" (Bächli, G.: Der Tausendfüssler. Musikverlag zum Pelikan. Hug & Co. Musikverlage, Zürich)

Ablauf: Der „König Tinizong" sitzt auf seinem Thron und hält den Zaubergong in der Hand. Die „Untertanen" singen das Lied vor und der „König" befiehlt am Ende des Liedes, was die „Untertanen" tun müssen. Solange der „König" auf seinen Gong schlägt, müssen die „Untertanen" gehorchen.

Malen nach Musik (an der Wand)

Material: Blätter im DIN A3 Format, Klassische Musik, Wachsmalkreiden, ein Klebeband

Ablauf: Die Blätter werden an die Wand geklebt. Jedes Kind bekommt zwei Wachsmalkreiden. Eine Kreide in die rechte und die andere in die linke Hand. Zunächst dirigieren wir im Rhythmus der Musik ein unsichtbares Orchester. Danach malen wir beidhändig solange in Kreisbewegungen auf die Blätter, bis die Musik endet.

Weitere Spiel-, Material- und Buchvorschläge

- Biermann, I., Rarisch, I. (2010): Spiele zur Wahrnehmungsförderung. Herder, Freiburg
- Burger-Gartner, J., Heber, D. (2006): Auditive Verarbeitungs- und Wahrnehmungsleistungen bei Vorschulkindern. 2. Aufl. verlag modernes lernen, Dortmund

- Zimmer, R. (2005): Handbuch der Sinneswahrnehmung. Grundlagen einer ganzheitlichen Erziehung. Herder, Freiburg

- Lernspiel: „Ratz Fatz“ (Haba)
- Lotto sonore, Lotto des situations sonores (Nathan Verlag)
- Soundtracks Animals (Living und Learning)
- Live Sound 3D (Schubi)
- Detektiv Langohr (Trialogo)
- Tierstimmenmemory (Ravensburger)
- Hörmemory, Glockenspiel, Anlautspiele (Montessori-Material)
- s. auch Kap. 7.1.1

4.4 Olfaktorische und gustatorische Wahrnehmung

Olfaktorische Wahrnehmung

Die olfaktorische Wahrnehmung oder der Geruchsinn bezeichnet die Wahrnehmung von Gerüchen und Düften. Der Geruchsinn gehört zu den sogenannten „Nah-Sinnen“, ebenso wie der Tast- und der Geschmacksinn. Der Geruchsinn ist bei Geburt schon ziemlich ausgereift.

Das Riechen ist eine Funktion der Nase und spielt in unserem täglichen Leben eine wichtige Rolle. Ohne das Riechen könnten wir leckere Speisen nicht so genießen. Das Riechsystem stellt aber auch ein Warnsystem dar. Es signalisiert uns den Geruch von Feuer oder eines verbrannten Schnitzels.

Für das Riechen ist ein guter Luftstrom innerhalb der Nase erforderlich. Die Duftstoffe in der Luft kommen beim Einatmen in die Nase in Kontakt mit der Riechschleimhaut. Dieser Eindruck wird zum Gehirn weitergeleitet und löst eine Empfindung aus.

Aus verschiedenen Gründen kann es zu Riechstörungen (Anosmie) kommen. Die häufigsten Ursachen sind Erkrankungen der Polypen, eine Naseninfektion oder eine Nasenscheidewandverkrümmung. In seltenen Fällen kann eine Riechstörung durch einen Unfall, z. B. durch einen Schlag auf den Kopf verursacht sein (Beers 2005).

In unserer Arbeit in der Frühförderung begegnen uns eher selten Kinder, die davon betroffen sind. Folgende Übungen dienen weniger zur Therapie einer Anosmie, sonder eher zur besseren Schulung der olfaktorischen Wahrnehmung und zur allgemeinen Bereicherung der Frühförderung.

Abb. 26: Wir schnuppern an Riechdosen.

Was riecht denn da?

Material: Blüten, Parfüm, Gewürze, Holz, Gras etc.

Ablauf: Es werden Paare gebildet. Ein Spieler darf die Augen schließen und wird von seinem Partner zu einer ausgesuchten Stelle geführt, an dem ein Duft aufgebaut ist. Dort soll er anhand des Geruches erraten, was es ist. Rollentausch.

Welcher Duft liegt in der Luft?

Material: Filmdöschen gefüllt mit verschiedenen Gewürzen, z.B. Zimt, Zucker, Curry, Vanille etc.

Ablauf: Auf dem Tisch stehen die verschlossenen Gewürzfilmdosen. Diese sehen alle gleich aus. Das Kind darf zuerst an allen Dosen riechen, dazu wird der Name des Gewürzes genannt. Nun werden die Dosen gemischt. Das Kind darf nun erneut an den Dosen riechen und den Duft benennen (Abb. 26).

Variante: Zu den passenden Gewürzen ein passendes Bild vorbereiten. Wir legen die Bilder in eine bestimmte Reihenfolge. Das Kind darf nun erneut riechen und muss versuchen, die Dosen den Bildern zuzuordnen.

Schnuppermemory

Material: Stoffreste, ätherische Öle

Ablauf: Gleich große Stoffstücke zuschneiden. Diese werden paarweise mit unterschiedlichen ätherischen Ölen getränkt. Diese Duftpaare werden durcheinander in die Mitte des Tisches gelegt. Einer beginnt, nimmt einen Stoff und schnuppert daran. Anschließend holt er sich ein zweites. Ist es ein Duftpaar, so dürfen beide Stoffe behalten werden. Ist dies nicht der Fall, so müssen sie wieder in die Mitte gelegt werden. Gewinner ist der, der die meisten Geruchspaare gesammelt hat.

Die duftende Fährte

Material: Duftlampe, Stoffe, die mit ätherischen Ölen getränkt wurden etc., Tuch zum Verbinden der Augen

Ablauf: Im Raum werden stark riechende Duftquellen versteckt. Das Kind darf mit verbundenen Augen, am besten kriechend die Duftquellen suchen.

Brötchen raten

Material: Brötchen mit verschiedenem Belag, z. B. Schinken, Salami, Leberkäse, Emmentaler, Bismarck, Schnittlauch, Tüten

Ablauf: Die Brötchen werden in verschiedene Tüten verpackt. Durch Riechen sollen die Kinder ihre Lieblingsbrote herausfinden. Anschließend können die Brote gemeinsam gegessen werden. Die Anforderungen werden erheblich gesteigert, wenn die Brötchen mit Salat oder Kräutern garniert werden.

So riecht der Wald

Material: Leere Gefäße mit Deckel, wasserfester Stift

Ablauf: Bei einem Waldspaziergang dürfen die Kinder unterschiedliche Dinge sammeln, z. B. Tannenzapfen, Moos, Steine, Baumrinde. Diese Dinge werden in die Gläser gefüllt, beschriftet und gut verschlossen. Anschließend kann das Kind erraten, was in den einzelnen Gläsern ist.

Duftkissen basteln

Material: Lavendelblüten, vorbereitete Stoffsäckchen, bunte Schnürsenkel, Stofffarbe

Ablauf: Wir sammeln mit den Kindern Lavendelblüten. Diese werden zu kleinen Sträußen gebunden und zum Trocknen an eine Schnur gehängt. Nach ca. zwei Tagen können wir die Blüten in kleine Teile zerpflücken und in die Stoffsäckchen füllen, die vorher von den Kindern bemalt wurden. Mit den Schnürsenkeln binden wir die Säckchen zu.

Teenasen

Material: Verschiedene Sorten Tee, wie Kamille, Pfefferminz, Salbei, Zitrone, Hibiskus ...

Ablauf: Die Kinder dürfen mit verbundenen Augen an den verschiedenen Teesorten riechen und die Teesorten erraten. Danach bereiten wir die Tees zu und lassen sie uns schmecken.

Gustatorische Wahrnehmung

Die gustatorische Wahrnehmung oder auch Geschmacksinn genannt gehört zu der Gruppe der „Nah-Sinne". Der Geschmacksinn dient der Kontrolle der aufgenommenen Nahrung. Der Geschmack wird über vier Geschmacksqualitäten erkannt: süß, sauer, bitter und salzig. Die Zunge verfügt aber auch über einen Tast- und Temperatursinn. Zusammen mit dem Geruchsinn wird ein umfassendes Geschmackserleben möglich.

In der Medizin wird eine Geschmacksstörung oder Schmeckstörung als Dysgeusie bezeichnet. Den Ausfall der Geschmackswahrnehmung nennt man Ageusie. Die häufigsten Ursachen sind ein zu trockener Mund, starkes Rauchen sowie eine Strahlentherapie im Kopf- und Halsbereich. Auch Nebenwirkungen von Medikamenten bei Krebserkrankungen und Depressionen können dazu führen. Verbrennungen der Zunge können vorübergehend die Geschmacksknospen zerstören (Beers 2005).

In unserer Arbeit begegnen uns immer wieder Kinder, die den Geschmack von verschiedenen Obst- und Gemüsesorten nicht kennen. Das liegt aber weniger daran, dass der Geschmacksinn gestört ist, sondern eher, dass diese Kinder das Obst und Gemüse nicht kennen und aus verschiedenen Gründen nie probieren konnten.

In den folgenden Fördermöglichkeiten geht es weniger um die Förderung einer gestörten gustatorischen Wahrnehmung, sondern um eine genauere Schulung des Geschmacksinns, bzw. um das Kennenlernen und Differenzieren der verschiedenen Geschmacksrichtungen. Ebenfalls dienen diese Übungen zur Bereicherung im Allgemeinen.

Geschmacks–Kim

Material: Augenbinde, verschiedene kleine Mengen Speisen, z.B. Zucker, Salz, Ketchup, Senf, Honig, Milch, Apfelmus, Gemüse, Obst, Nüsse

Ablauf: Die Speisen werden auf den Tisch gestellt. Dem Kind die Augenbinde aufsetzen. Anschließend lässt die Heilpädagogin das Kind eine Speise kosten. Das Kind nimmt die Augenbinde ab und zeigt der Heilpädagogin, wovon es gekostet hat.

Variante A: Das Kind soll wiederum mit verbundenen Augen die Speise kosten und ohne visuelle Unterstützung der Speisen benennen, was es gerade gekostet hat.

Variante B: Die Heilpädagogin gibt dem Kind nacheinander drei Proben. Es soll sich die Proben merken und zum Schluss in der richtigen Reihenfolge benennen.

Errate das Obst

Material: Verschiedene Obstsorten in mundgerechte Stücke schneiden (Apfel, Kiwi, Banane etc.), Papier, Buntstifte

Ablauf: Das Kind darf die Augen schließen. Die Heilpädagogin gibt dem Kind ein Stück Obst in dem Mund. Das Kind darf es in Ruhe essen und anschließend soll es das auf das Papier malen, was es probiert hat. Diese Übung kann auch mit anderen Speisen gemacht werden.

Geschmacksverwirrung

Material: Verschiedene Getränke, die sich mischen lassen (Säfte, Buttermilch, Wasser), mehrere Gläser

Ablauf: Mehrere Becher werden mit derselben Flüssigkeit gefüllt, beispielsweise Apfelsaft. Das Kind schließt die Augen, während die Heilpädagogin in einen der Becher einen Schuss von einem anderen Getränk gibt. Das Kind soll nun herausfinden, welcher Becher anders schmeckt.

Variante A: Mehrere Becher werden mit einem anderen Getränk gemischt.

Variante B: Das Kind darf raten, mit welchem Getränk es gemischt wurde.

Geschmacksraten mit der Gruppe

Material: Verschiedene Obst- und Gemüsesorten in mundgerechte Stücke schneiden

Ablauf: Die Gruppe sitzt im Kreis. Ein Kind darf zu der Heilpädagogin kommen. Sie gibt dem Kind ein Stück zum Probieren. Keines der Kinder darf sehen, was es war. Nun darf das Kind, das gerade probiert hat, beschreiben wie es schmeckt. Die anderen Kinder dürfen raten. Kommen die Kinder nicht darauf, so kann das Kind weitere Hilfestellung geben, z.B. die Frucht ist innen grün und die Schale ist außen braun (Kiwi).

Zitronenlimonade zubereiten

Material: Zitronen, eine Handsaftpresse, Zucker, Mineralwasser, Eiswürfel, ein Krug und einige Blätter Zitronenmelisse

Ablauf: Die Kinder drücken die Zitronen aus, vermengen den Saft mit Zucker und schenken Wasser auf das Saft-Zuckergemisch. Danach legen wir noch einige Eiswürfel in die Zitronenlimonade und garnieren das Ganze mit den Blättern der Zitronenmelisse.

4.5 Sinnesbehinderung

Fernsinne

Nahsinne

Die Sinneswahrnehmung kann man einteilen in Fern- und Nahsinne. Fernsinne sind der Sehsinn, also die Augen (das visuelle System) und der Hörsinn (das auditive System). Da sie über die unmittelbare Körpergrenze hinausgehen, werden diese als Fernsinne bezeichnet. Sie sind vor allem zur Informationsaufnahme von besonderer Bedeutung. Zu den Nahsinnen gehören der Tastsinn, der Gleichgewichtssinn, der Bewegungssinn, der Geschmacksinn und der Riechsinn (das olfaktorische System). Hierbei spielen die Haut, das taktile System, das Labyrinth des Innenohres, das vestibuläre System und die Muskeln, Sehnen und Gelenke, genannt das propriozeptive oder kinästhetische System bzw. die Tiefensensibilität eine wichtige Rolle.

Da die Reize dieser Sinne nur über direkten Körperkontakt erfahren werden können, werden sie den Nahsinnen zugeordnet. Alle Sinne sind miteinander verschmolzen. Dies nennt man sensorische Integration.

Von Sinnesbehinderungen spricht man bei:

- Hörbehinderungen/Gehörlosigkeit,
- Sehbehinderungen/Blindheit,
- Taubblindheit.

Im Rahmen der interdisziplinären Frühförderung werden durchaus Kinder mit Hörproblemen oder Sehschwierigkeiten betreut. Meist jedoch stehen andere Störungsbilder, wie z. B. eine geistige oder körperliche Behinderung im Vordergrund.

Für Kinder mit einer isolierten Sinnesbehinderung gibt es spezielle Fördereinrichtungen, an die wir gehörlose, blinde oder taubblinde Kinder gerne verweisen (z. B. Förderzentrum für Hörgeschädigte). In diesen Fördereinrichtungen sind wichtige technische Hilfsmittel vorhanden, ebenfalls spezifisch geschultes Personal. Für Kinder mit Schwierigkeiten in der Sinneswahrnehmung stehen in diesem Kapitel viele Anregungen zur Verfügung.

5 Motorik

Unter dem Begriff Motorik versteht man die Fähigkeit des Körpers, sich zu bewegen. Für die Motorik benötigen wir ein aufeinander abgestimmtes Zusammenspiel bestimmter Muskeln, Nerven und deren Steuerung, wie z. B. beim Greifen, Krabbeln, Gehen oder Stehen. Die Motorik entwickelt sich durch ein Zusammenspiel von Reifungs- und Lernprozessen.

„Bewegung ist das Tor zum Lernen", denn die Welt erschließt sich dem Kind über Bewegung. Beim Säugling schon sind bis zur Geburt alle Nervenzellen ausgebildet, es kommen keine weiteren mehr hinzu. Was sich aber weiterentwickelt und dadurch positiv beeinflusst werden kann, ist die Verknüpfung der einzelnen Nervenbahnen im Gehirn, auch Synapsen genannt (Koneberg/Förder 2005, 25f). Die Entwicklung der Synapsen wird vor allem innerhalb der ersten drei Lebensjahre durch Bewegung und Sinnesanregung angebahnt.

Körperschema

Das Kind erprobt seinen Körper, es lernt, mit ihm umzugehen, ihn einzuschätzen, seine Signale zu beachten. Durch verschiedene Bewegungs- und Körpererfahrungen baut sich das Kind ein schematisches Bild vom eigenen Körper auf, das so genannte Körperschema. Es ist das geistig verinnerlichte, räumliche Strukturbild des menschlichen Körpers. Körperberührung und Körperkontakt, Körpererfahrung in Raum und Lage sowie der Gleichgewichtssinn haben daran großen Anteil.

Gründe für Entwicklungsverzögerungen

Es kann unterschiedliche Gründe geben, warum sich ein Kind in seiner motorischen Entwicklung nicht altersentsprechend entwickeln kann:

- fehlendes Bewegungsangebot
- fehlende Sinnesanregungen
- Übergewicht
- geringer Muskeltonus
- körperliche Einschränkungen, Behinderungen
- Krankheiten

Damit sich das Kind durch aktives Handeln mit der Umwelt auseinandersetzen kann, müssen die Bewegungsorgane von den ersten Lebenswochen an gefördert werden. Nur so ist es dem Kind möglich, Gegenstände oder Situationen seiner Umwelt umfassend zu begreifen.

5.1 Grobmotorik

Es wird unterschieden zwischen der Grobmotorik und der Feinmotorik. Der meist benutzte Begriff „Grobmotorik" scheint irreführend, denn auch Bewegungsabfolgen im Großen, bei denen der ganze Körper mit einbezogen ist, wie beispielsweise beim Gehen, Laufen, Springen, Schwimmen sind alles andere als „grob". Unter dem Begriff „Grobmotorik" versteht man also die Bewegungen, die von großen Muskelpartien ausgeführt werden.

Entwicklung

Mit zunehmender Kontrolle der großen Muskelgruppen erlangt das Kind Kraft und Stabilität, die es für die Entwicklung kleiner Muskelgruppen benötigt. Erst Ellenbogen und Knie, dann Hand und Fußgelenk, schließlich Hände, Füße und Zunge. Das Kind lernt vom Groben zum Feinen.

Für die Bewegungsentwicklung gibt es keine starren Normen. Ein Kind muss nicht mit 12 Monaten laufen oder mit zwei Jahren Treppen steigen können. Die Zeitspanne, in der gesunde Kinder eine neue motorische Fähigkeit erwerben, umfasst in der Klein- und Kindergartenzeit immer mehrere Monate. Die nachfolgenden Grenzsteine zeigen, dass die Entwicklung variabel verlaufen kann. Der Begriff „Grenzsteine" kann wie der besser bekannte Begriff „Meilensteine" verstanden werden. Grenzsteine in der kindlichen Entwicklung dienen zur Orientierung, wann welche neuen Entwicklungsschritte erreicht werden sollen, bzw. dass bei Nichterreichen oder stark verzögertem Erreichen der Grenzsteine eine Unterstützung und Förderung notwendig wird. Bestimmte Grenzsteine sind für die Entwicklung der Motorik notwendig, beispielsweise eine sichere Kontrolle des Kopfes, das Durchlaufen einer Krabbelphase allerdings nicht. Grenzsteine sind wichtig, um eine Entwicklungsretardierung nicht zu übersehen. Die Angaben in Tab. 1 beziehen sich auf das Ende des angegebenen Zeitraumes.

Grenzsteine

Liegt bei einem Kind ein Entwicklungsrückstand (s. Tab. 1) um mehrere Monate vor, oder zeigen sich mögliche Auffälligkeiten im Kindergarten- und Vorschulalter, so muss eine Diagnostik durchgeführt werden. Beispielsweise:

Auffälligkeiten

- ist das Kind sehr ungeschickt, stößt viel um, fällt häufig über die eigenen Füße,
- zerbricht es häufig Dinge, hat öfter Unfälle als andere Kinder,

Tab. 1: Grenzsteine der Bewegungsentwicklung

Alter	Körpermotorik
3 Monate	Dem Kind gelingt das sichere Kopfheben in der Bauchlage, Abstützen auf die Unterarme
6 Monate	Beim langsamen Hochziehen zum Sitzen beugt das Kind die Arme, der Kopf wird in Rumpfebene gehalten
9 Monate	Sicheres, zeitlich nicht beschränktes Sitzen mit geradem Rücken und guter Kopfkontrolle
12 Monate	Dem Kind gelingt sicher das Stehen mit Festhalten an Möbeln oder Wänden
15 Monate	Dem Kind gelingt das Gehen mit Festhalten an Händen durch Erwachsene oder an Möbeln, Wänden
18 Monate	Freies Gehen mit sicherer Gleichgewichtskontrolle
2 Jahre	Das Kind rennt sicher und umsteuert dabei Hindernisse
3 Jahre	Beidbeiniges Abhüpfen von einer untersten Treppenstufe
4 Jahre	Wohlkoordiniertes Treten und Steuern eines Dreirades oder eines ähnlichen Fahrzeugs
5 Jahre	Treppen werden beim Auf- und Abgehen freihändig und mit Beinwechsel ohne Schwierigkeiten bewältigt

- hat das Kind Ängste, traut sich wenig sich zu bewegen, meidet Höhe, meidet Bewegungsspiele mit Geschwindigkeit,
- zeigt das Kind sich waghalsig, es kann Gefahren wenig einschätzen, z.B. springt es aus extremer Höhe, fährt viel zu schnell Fahrrad, ohne auf das Umfeld zu achten,
- hat das Kind Schwierigkeiten beim Erlernen des Radfahrens ohne Hilfsräder,
- ist das Kind unsicher im Gleichgewicht, seiner Balancesicherheit und seiner Koordination,
- hat das Kind Schwierigkeiten in der visuellen oder auditiven Wahrnehmung,
- ist das Kind taktil über- oder unterempfindlich, wird schnell ängstlich oder wütend wenn andere Menschen es berühren oder es sucht feste klare Reize und Begrenzungen für den Körper,
- kann das Kind Temperaturen nicht adäquat einschätzen, z.B. warmes Badewasser empfindet das Kind als viel zu heiß,
- hat das Kind beim Überkreuzen der Körpermittellinie noch Schwierigkeiten,
- hat das Kind bis kurz vor dem Schuleintritt noch immer Schwierigkeiten mit der Stifthaltung, dem Schneiden und Malen,

- malt das Kind im Vorschulalter noch wenig gegenständlich, ein Männchen ist noch wenig differenziert,
- hat das Kind bis kurz vor dem Schuleintritt noch immer keine dominierende Lateralität.

In diesen Fällen liegt höchstwahrscheinlich eine Wahrnehmungsverarbeitungsschwäche der verschiedenen Sinnesorgane, ein wenig ausgeprägtes Körperschema, eine Dyspraxie oder eine Integrationsschwäche beider Körperhälften vor. Bei allen Auffälligkeiten ist es ratsam, den Kinderarzt aufzusuchen und gemeinsam mit der Frühförderung eine Entwicklungsdiagnostik durchzuführen.

Förderung der Motorik vom 0.–3. Lebensjahr

Nach der Geburt muss sich der Säugling an die veränderten Umweltbedingungen anpassen. Er muss sich mit dem neuen Phänomen der Schwerkraft auseinandersetzen. Dadurch ist er gezwungen, motorische Eigenaktivität zu entwickeln, um sich bewegen und aufrichten zu können. Die Entwicklung der motorischen Fähigkeiten verläuft vom Kopf zu den Füßen, das Kind lernt seine Muskeln von oben nach unten zu beherrschen. So ist es als erstes zur muskulären Kopfkontrolle fähig, bevor es Schultern, Arme und Hände willentlich benutzen kann. Weiter schreitet die Entwicklung über Rumpf, Rücken und Hüften zu den Beinen, bis das Kind dann schließlich frei laufen kann.

Allgemeine Tipps für den motorischen Umgang mit einem Kleinkind

- Bringen Sie ein Mobile über dem Kinderbett an.
- Bringen Sie ein Spielzeug am Kinderwagen (über dem Kopf) an.
- Platzieren Sie häufig das Kind im Wachzustand in der Bauchlage, so kann es schneller grobmotorische Fähigkeiten entwickeln. Legen Sie interessantes Spielzeug in geringer Entfernung vor und seitlich vor seinen Kopf.
- Helfen Sie anfänglich dem Kind, sein Körpergewicht auf den Ellenbogen zu stützen, indem Sie den Oberarm umklammern. So kann das Kind besser nach einem Spielzeug greifen. Üben Sie es auch auf der anderen Seite.
- Ermuntern Sie das Kind, in seitlicher Lage zu spielen.
- Legen Sie ihr Kind auf den Rücken, fassen Sie seine Oberschenkel und schieben Sie die Knie in Richtung Brust, bis das Kind nach den Füßen greifen kann.
- Legen Sie das Kind in Bauchlage auf den Tisch. Setzen Sie sich davor und machen mit einer Rassel Geräusche, um das Baby zu ermutigen, den Kopf zu drehen und Sie anzusehen.

- Legen Sie das Baby mit dem Bauch auf den Wasserball und benutzen Sie wie oben beschrieben eine Rassel. Rollen Sie vorsichtig den Ball von Seite zu Seite.
- Legen Sie das Kind bäuchlings auf Ihre Knie und rufen das Kind bei seinem Namen.
- Legen Sie das Kind auf eine harte Matratze oder Unterlage, damit es sich besser abstützen kann.
- Platzieren Sie Spielsachen so, dass das Baby die Spielsachen ansehen kann. So wird es animiert danach zu greifen.
- Tragen Sie das Baby so, dass es möglichst seinen Kopf selber hält.
- Sprechen und singen Sie mit ihrem Baby. Bewegen Sie dabei Ihren Kopf langsam und ein wenig von Seite zu Seite. Sollte das Gesicht Ihres Kindes noch zu stark wackeln, bringen sie Ihr Gesicht wieder genau vor sein Gesicht und warten Sie, bis das Baby wieder Kontrolle über seine Kopfbewegung erlangt hat. Das Kind sollte diese Fertigkeit häufig zu jeder Gelegenheit, aber nur für kurze Dauer üben.
- Legen Sie Ihr Kind in Rückenlage und platzieren Sie seine Spielsachen seitlich, so dass es seinen Kopf drehen muss, um schließlich herum zu rollen.

vom Rollen zum Sitzen

Hat das Kind sich damit angefreundet, sich zur Seite zu rollen, ist es nun möglich, ins Sitzen zu gelangen.

- Sitzt das Baby auf dem Schoss, neigen Sie es langsam nach hinten und wieder nach vorn. Anschließend zur Seite und wieder zurück. Das Baby sollte in der Lage sein, seine Kopfstellung jeder Position anzupassen.
- Setzen Sie das Baby auf einen großen Wasserball und legen Sie seine Hände auf die Knie, die Beine müssen geschlossen sein. Rollen Sie nun vorsichtig den Ball von Seite zu Seite sowie nach hinten und nach vorne. Die Übung dient zur Schulung des Gleichgewichts.

Schaukeln des Kindes

Material: Wiege oder Wolldecke

Ablauf: Die Heilpädagogin legt das Kind in eine Wiege. Falls zwei Erwachsene da sind, kann das Kind auch in eine Wolldecke gelegt werden. Das Kind sanft hin und her wiegen. Wer möchte kann dazu singen. Schaukeln im Säuglingsalter dient der vestibulären Stimulation (Abb. 27).

Baden mit einer Luftmatratze

Material: Schwimmbad, Luftmatratze

Ablauf: Das Kind auf eine Luftmatratze legen oder setzen, durch das Wasser ziehen. Ein älteres Kind kann versuchen, auf der Luftmatratze in den Vierfüßlerstand oder zum Stehen zu kommen.

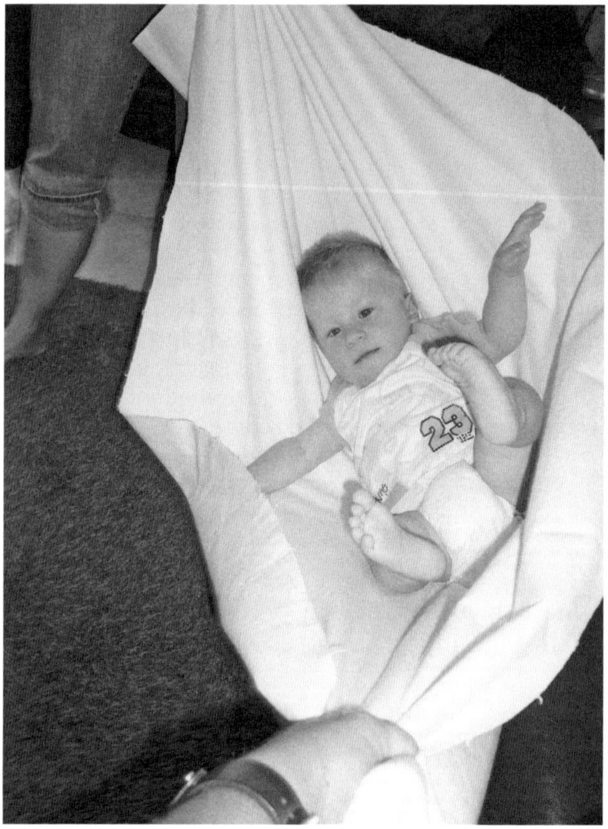

Abb. 27: Das Kind in der Decke schaukeln

Luftballonmatratze

Material: Je nach Größe Kopfkissen- oder Bettbezug, viele Luftballons

Ablauf: Die aufgeblasenen Luftballons in den Bezug füllen und gut verschließen. Das Kind kann sich selbst vorsichtig darauf legen oder wird vorsichtig darauf gelegt. Die Luftballons leicht hin und her bewegen. Die Bauchlage hilft bei dieser Übung, das Krabbeln zu fördern (Abb. 28).

Fahren in einem Karton

Material: Nicht allzu großer, leerer Karton

Ablauf: Das Kind darf sich in den Karton setzen. Die Heilpädagogin zieht den Karton vorsichtig durch den Raum in verschiedenen Richtungen und in verschiedenem Tempo. Das Kind versucht darin sein Gleichgewicht zu halten (Abb. 29).

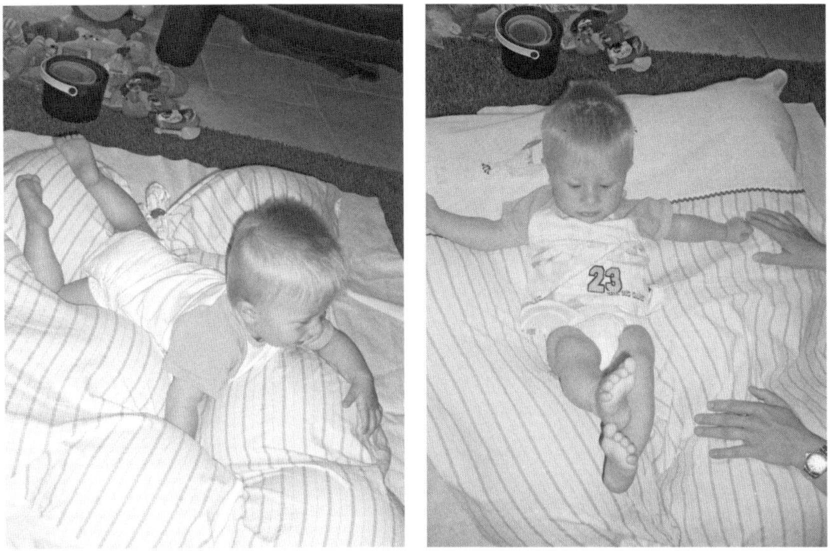

Abb. 28: Das Kind in Bauch- und Rückenlage auf dem Luftballonkissen

Weitere Möglichkeiten zur Förderung des vestibulären Systems im Kleinkindalter sind:

- Hängematte
- Wippe
- Schaukelstuhl
- Schaukel in verschiedenen Größen
- Hüpfburg, Hüpfsack, Hüpfball, Trampolin
- mit dem Kind Huckepack laufen, es hochwerfen, wie ein Flugzeug drehen, wie ein Uhrpendel schwingen, wie ein Fass rollen
- Spielplatz: Karussell, Schaukel, Wippe, Kletternetz, Hängebrücke, Rutsche, Drehscheibe
- auf einem Pferd oder Esel reiten

Abb. 29: Das Kind in einem Karton ziehen

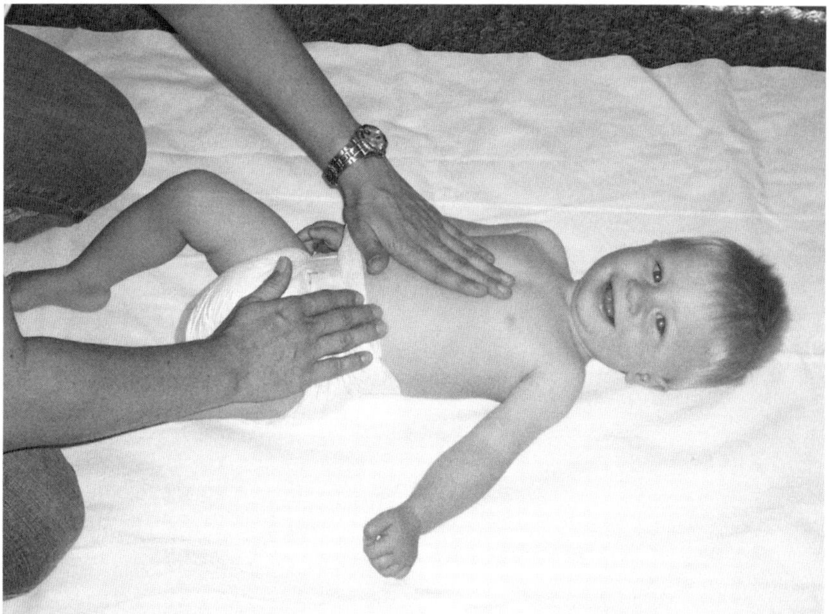

Abb. 30: Diagonales Massieren des Kindes

Babymassage

Material: Wolldecke, Massageöl

Hilfreiches:

- Massieren Sie das Baby nicht, wenn es krank ist und Fieber hat.
- Wärmen Sie den Raum, das Öl und Ihre Hände ausreichend an.
- Sorgen Sie für eine entspannte Atmosphäre.
- Massieren Sie das Baby nur wenn Sie Lust und Zeit haben.
- Das Baby sollte weder hungrig noch müde sein.

Ablauf: Der Kopf: Die Massage beginnt mit dem Ausstreichen des Gesichtes. Langsam und gleichmäßig gleiten beide Hände von der Nase über die Wangen. Dann wird mit beiden Händen von der Stirn über die Schläfen gestrichen.

Die Rückenlage: Abwechselnd wird mit einer Hand von der Schulter über die Brust und den Bauch bis zum gegenüberliegenden Bein gestrichen (von linker Schulter zum rechten Bein und umgekehrt). So streicht man abwechselnd mit beiden Händen kreuzweise über den ganzen Körper. Anschließend massiert die Heilpädagogin die Brust mit den Handflächen. Sie streicht sanft von der Mitte nach außen. Dann wird der Bauch mit kreisenden Bewegungen um den Bauchnabel herum massiert (Achtung: in Verdauungsrichtung massieren). Die linke und rechte Hand wechseln sich dabei ab.

Bauchlage: Beginnend streicht man langsam mit beiden Händen quer über den gesamten Rücken entlang. Danach wird beginnend beim Nacken über den gesamten Rücken und die Beine bis zu den Füßen gestrichen.

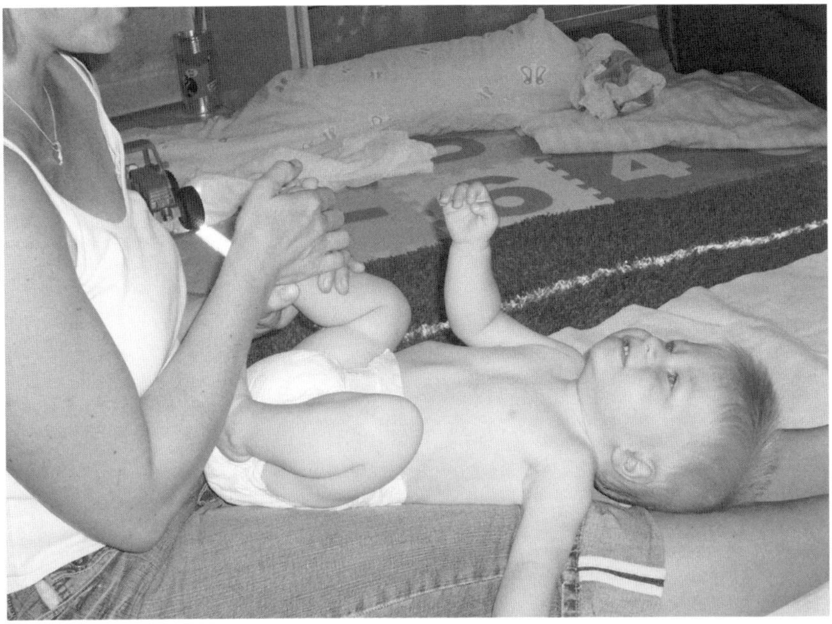

Abb. 31: Fußmassage

Arme und Beine: Das Baby liegt auf dem Rücken. Mit einer Hand wird der Oberarm oder Oberschenkel umfasst. Anschließend zieht man die Hand langsam bis zu den Fingern oder Zehen vor. Anschließend Seite wechseln. Tipp: immer eine Hand am Baby lassen.

Hände: Die Heilpädagogin massiert die Handfläche mit dem Daumen in kleinen kreisenden Bewegungen.

Füße: Die Heilpädagogin massiert die Fußsohlen mit dem Daumen in kleinen kreisenden Bewegungen.

Wasserspiele

Material: Babybadewanne oder Planschbecken, Waschlappen, Gefäße, Schwamm, verschiedene Bürsten, kleine Becher deren Boden mit Löchern versehen ist

Ablauf: Die Heilpädagogin gibt lauwarmes Wasser in die Badewanne. Sie massiert den ganzen Körper des Babys mit einem Waschlappen, begießt es zwischendurch mit Wasser, drückt Wasser aus einem Schwamm und lässt es über den Körper laufen. Außerdem lässt sie Wasser aus den kleinen Bechern über verschiedene Körperteile laufen und lässt es mit den Händen auf den Körper tröpfeln.

Wassererfahrungen im tiefen Wasser

Material: Schwimmhilfe z. B. Schwimmflügel, Segelweste, Schwimmreifen

Ablauf: Das Getragenwerden durch Wasser erleben, das Kind auf dem Rücken oder Bauch durch das Wasser ziehen (Achtung: Kopfkontrolle), das Kind in gerader Linie oder im Kreis bewegen, das Kind aus dem Wasser heben und anschließend wieder ins Wasser gleiten lassen.

Sandspiele

Material: Feiner Sand im Sandkasten oder in einer Sandwanne, Badebekleidung

Ablauf: Das Kind in den Sand legen oder setzen, vorsichtig etwas Sand auf Arme und Beine rieseln lassen, mit den Händen darüber streichen. Arme, Beine, und Füße ganz mit Sand bedecken und wieder aus dem Sand herausziehen. Den ganzen Körper vorsichtig mit Sand abreiben, sich im Sand leicht hin und herbewegen. Eine Kuhle in den Sand graben, das Kind hineinlegen und ganz mit Sand bedecken, bis nur noch der Kopf herausschaut.

Sandwanne

Material: Sandwanne auf dem Tisch, sollte geeignet sein für Wasser-Sand-Spiele, Schaufel, Behälter, Siebe, Förmchen

Ablauf: Aus verschiedenen Behältern oder Sieben den Sand über Arme und Hände rieseln lassen.

Variante A: Mit Fingern Löcher in den Sand bohren.

Variante B: Die Heilpädagogin verändert den Tasteindruck des Sandes durch Zugabe von Wasser. Das Kind soll den feuchten Sand fühlen und greifen, das Gewicht in der Hand spüren, den feuchten Sand mit beiden Händen festklopfen.

Variante C: Den feuchten Sand in Förmchen füllen, diese anschließend stürzen.

Variante D: Durch die Zugabe von viel Wasser ein Gemisch herstellen, Hände darin bewegen.

Variante E: Die Arme und Hände mit feuchtem Sand bestreichen.

Variante F: Mit den Fingern Spuren und Muster in den Sand malen, diese wieder wegzaubern (die Spuren von links nach rechts oder umgekehrt malen, eine gute Übung für das Überkreuzen der Mittellinie).

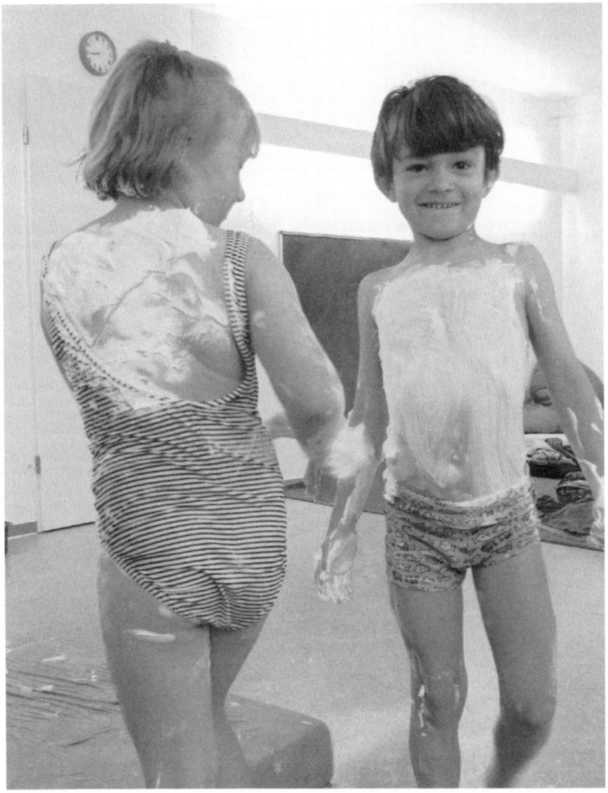

Abb. 32: Experimentieren mit dem Rasierschaum

Erfahrungen mit dem Rasierschaum

Material: Rasierschaum aus der Dose, Badebekleidung, Handtücher, evtl. großer Spiegel

Ablauf: Achtung: Dem Kind zuerst einen kleinen Klecks Rasierschaum auf die Hand geben. Zeigen sich allergische Reaktionen, das Angebot beenden. Dem Kind einen kleinen Klecks Rasierschaum auf die Handfläche geben. Das Kind kann spüren wie er sich anfühlt.

Variante A: Rasierschaum über die Arme und Hände geben und dort großflächig verteilen. Zeigt das Kind Gefallen, so kann es sich ganz damit eincremen.

Variante B: Die Heilpädagogin stellt vor das Kind einen großen Spiegel, anschließend sprüht sie ein wenig Rasierschaum darauf. Das Kind darf nun darauf malen, den Schaum verschmieren, etwas hinschreiben oder malen. Anschließend kann der Schaum mit Schwämmen wieder entfernt werden.

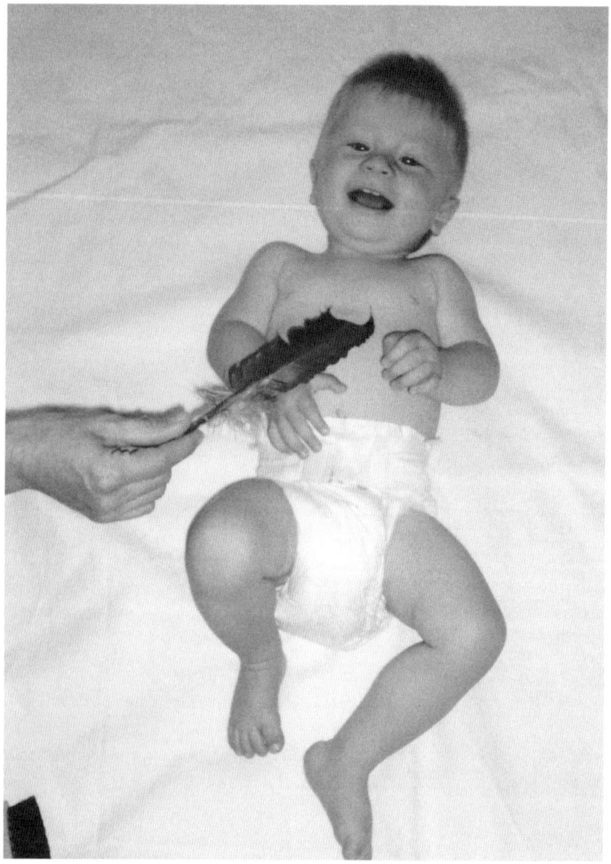

Abb. 33: Das Kind mit der Feder kitzeln

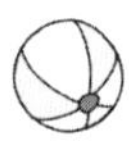

Kitzeln mit der Feder

Material: Eine lange stabile Feder, Wolldecke

Ablauf: In einem angenehm temperierten Raum darf sich das Kind bis zur Unterwäsche ausziehen. Das Kind legt sich nun auf die Wolldecke. Die Heilpädagogin streichelt das Kind mit der Feder an den verschiedenen Körperstellen.

Weitere Möglichkeiten zur Förderung des taktilen Systems im Kleinkindalter

- Tastspiele: Kisten mit Kastanien, Erbsen, Linsen, Knöpfen, Bällebad; darin wühlen, baden, Kisten umschütten, darin Dinge verstecken
- Massagen: mit den Händen, dem Igelball, Massagegerät, Massageroller massieren
- Fühlgeschichten: Diese können auf dem Rücken durch streicheln, klopfen, kneten, drücken usw. erzählt werden.

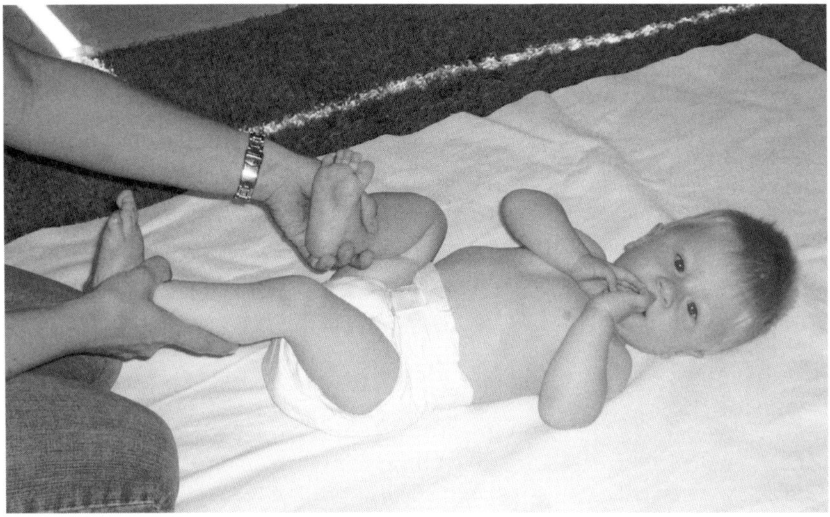

Abb. 34: Radfahren mit den Beinen des Kindes

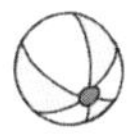

Rad fahren

Material: Wolldecke

Ablauf: Die Heilpädagogin legt das Baby auf den Rücken und fährt mit seinen Beinchen Rad.

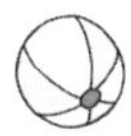

Schneebesenrassel

Material: Schneebesen, Tischtennisball in den Schneebesen schieben

Ablauf: Das Kind darf mit dem Schneebesen hantieren und ausprobieren, was man damit machen kann. Wie klingt die Rassel am Besten?

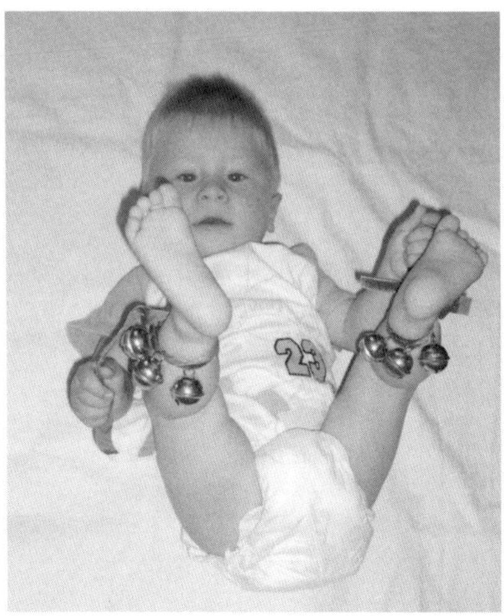

Abb. 35: Das Kind hantiert mit dem Schneebesen.

Abb. 36: Glöckchen an den Beinen

Glöckchen an den Beinen

Material: An jedes der zwei Bänder ca. drei kleine Glöckchen anbringen

Ablauf: Die Glöckchenbänder an die Unterschenkel des Kindes mit einer Schleife anbinden. Bewegt das Kind nun seine Beine, klingen die Glöckchen. Diese Übung dient zur motorischen Bewegungsanregung. Das Kind kann damit im Liegen, beim Krabbeln und beim Laufen ausprobieren, wie die Glöckchen in den verschiedenen Positionen klingen.

Ich verstecke mich unter einem Tuch

Material: Ein oder mehrere Chiffontücher

Ablauf: Die Heilpädagogin lässt sanft über den Körper des Kindes ein Chiffontuch gleiten, so dass der ganze Körper damit bedeckt ist. Das Kind kann spüren, wie sich das Tuch auf seiner Haut anfühlt und wie es durch das Tuch sieht. Anschließend darf sich das Kind aus dem Tuch befreien.

Der Frosch im Gefäß

Material: Ein leeres Gefäß aus Plastik oder Glas, Wasser, Gummitier, z.B. Frosch

Ablauf: Das Gummitier mit etwas Wasser in das Gefäß geben und fest verschließen. Das Kind kann nun mit dem Gefäß hantieren. Es kann geschüttelt, aber auch durch den Raum gerollt werden. Diese Übung dient zur Bewegungsanregung, aber auch zur Schulung der Auge-Hand-Koordination.

Abb. 37: Das Kind ist unter dem Chiffontuch.

Abb. 38: Das Kind hantiert mit dem Gefäß.

Spiele mit dem Ball

Material: Schaumstoffball

Ablauf: Dem Kind den Ball zurollen, das Kind auffordern, den Ball zurückzurollen oder zu werfen.

Krabbeln mit dem Bohnensäckchen

Material: Ein oder mehrere Bohnensäckchen, ca. 10 x 15 cm groß

Ablauf: Krabbelt das Kind, so kann das Bohnensäckchen dem Kind auf den Rücken gelegt werden. Es soll so lange wie möglich nicht herunter fallen.

Variante A: Ein leichtes Bohnensäckchen auf den Kopf oder in den Nacken legen.

Variante B: Läuft das Kind, so kann es mehrere Säckchen auf einmal transportieren. Auf der Schulter, auf den angewinkelten Ellenbogen, zwischen die Beine geklemmt, auf dem Rist. Als Steigerung kann das Kind rückwärts laufen.

Variante C: Das Kind läuft im Krabbengang und transportiert das Säckchen auf dem Bauch.

Übungen mit dem Ball

Material: Verschiedene Bälle

Ablauf: Den Ball von unten hochwerfen und wieder fangen. Bälle gegen aufgetürmten Karton werfen, bis er umfällt.

Variante A: In der Mitte des Raumes liegt ein Karton. Alle Bälle aus verschiedenen Abständen in den Karton werfen. Oder in der Raummitte liegt eine Kiste mit vielen Bällen. Die Heilpädagogin steht neben der Kiste und wirft die Bälle aus der Kiste in den Raum. Die Kinder versuchen nun, die Bälle so schnell wie möglich wieder in die Kiste zu befördern, so dass die Heilpädagogin mit dem Ausräumen nicht nachkommt.

Variante B: Das Kind darf den Ball durch die gegrätschten Beine der Heilpädagogin hindurch rollen.

Variante C: Im Sitzen, mit gegrätschten Beinen den Ball von einer Hand zur anderen rollen.

Turnen mit Papprollen

Material: Pro Kind drei leere Toilettenpapier- oder Küchenpapierrollen

Ablauf: Die Rollen im Raum verteilen. Alle Kinder laufen um die Rollen herum, ohne sie umzuwerfen.

Variante A: Aus je drei Rollen ein Hindernistor bauen.

Wer kann am schnellsten über drei Rollen springen? Dabei laut mitzählen. Zuerst im Schrittsprung, dann mit geschlossenen Beinen springen.

Variante B: Wir setzen uns auf den Boden, die Beine sind geschlossen. Eine Rolle liegt auf dem Fußgelenk. Wir heben nun die Beine gestreckt an, bis die Rolle auf den Bauch rollt. Was muss man tun, damit sie wieder zurückrollt?

Turnen mit dem Bettlaken

Material: Altes Bettlaken, kleiner Ball

Ablauf: Das Kind und die Heilpädagogin halten an je einem Ende das Bettlaken. Der Ball ist auf dem Laken. Sie bewegen das Bettlaken hin und her, der Ball soll aber nicht herunter fallen.

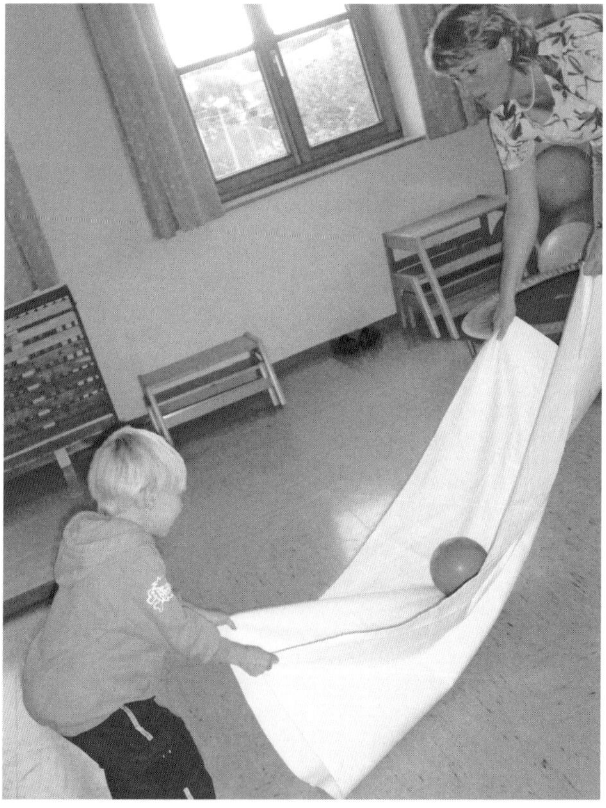

Abb. 39: Wir schwingen das Bettlaken.

Variante A: Das Bettlaken wird auf die halbe Breite zusammengefaltet. Das Kind legt sich auf eine Schmalseite. Langsam wird das Kind in das Bettlaken ein- und anschließend wieder ausgewickelt.

Variante B: Das Kind liegt auf der Mitte des Bettlakens. Es kommt ein Wind auf und das Bettlaken wird von der Heilpädagogin und ggf. einer zweiten Person leicht geschüttelt.

Weitere Möglichkeiten zur Förderung der Motorik im Kleinkindalter

- Turnen mit dem Seil
- Turnen mit Reifen
- Turnen mit Zeitungen
- Turnen mit Kissen
- Turnen mit einer Matratze
- Turnen mit dem Schwungtuch

Förderung der Motorik vom 3.–6. Lebensjahr

Die Vorschulzeit (drei bis sechs Jahre) ist gekennzeichnet durch ein beschleunigtes Muskelwachstum, woraus sich eine Zunahme von Kraft und Ausdauer ergibt. Die tapsigen Bewegungen des Kleinkindes verschwinden, das Kind wird geschickt und wendig. In dieser Zeit sind Bewegungs- und Geschicklichkeitsspiele besonders beliebt. Mit etwa vier bis fünf Jahren ist der Gleichgewichtssinn so ausgeprägt, dass das Kind Roller oder Fahrrad fahren kann. Ziel der Bewegungsförderung im Vorschulalter ist vor allem:

Ziele

- Sammeln von Bewegungserfahrungen und Befriedigen von elementaren Bedürfnissen
- Erproben und Verfeinern von motorischen und koordinativen Fähigkeiten und Fertigkeiten (Grob- und Feinmotorik, Kraft, Schnelligkeit, Koordinationsfähigkeit, Reaktion, Raumorientierung, Rhythmus, Gleichgewicht, Differenzierung)
- Erweiterung der Ausdauer und Kondition
- Erkennen der eigenen körperlichen Grenzen, diese durch Üben erweitern
- Entwickeln von Körpergefühl und Körperbewusstsein
- Finden eines bewussten Zugangs zu sich selbst
- Steigern von Selbstwertgefühl durch mehr Bewegungssicherheit
- Entwickeln von Freude am Zusammenspiel in einer Gruppe
- (vgl. Bayerisches Staatsministerium für Arbeit und Sozialordnung, Familie und Frauen 2006, 356)

Luftballonspiel 2

Material: Zwei Federballschläger, zwei aufgeblasene Luftballons

Ablauf: Das Kind und die Heilpädagogin bekommen je einen Federballschläger und einen Luftballon. Sie probieren aus, wie sie den Ball in der Luft halten können. Ältere Kinder können mitzählen.

Variante: Wir spielen mit einem Luftballon hin und her. Er soll möglichst lange nicht auf den Boden fallen.

Steigerung: Wir legen in die Mitte oder spannen eine Schnur als Mittellinie. Über diese soll gespielt werden.

Kartoffellauf

Material: Löffel, mittelgroße Kartoffeln

Ablauf: Das Kind bekommt einen Löffel und eine Kartoffel. Diese wird auf den Löffel gelegt. Das Kind darf nun einen Weg mit Hindernissen gehen, ohne die Kartoffel zu verlieren. Diese Übung kann auch als Wettspiel gespielt werden.

Sackhüpfen

Material: Mehrere Rupfensäcke, Straßenhütchen

Ablauf: Vor Beginn wird eine Strecke festgelegt, am Ende befindet sich ein Straßenhütchen. Jedes Kind bekommt einen Rupfensack, in den es hineinsteigen darf. Auf ein bestimmtes Signal hin geht das Wetthüpfen los. Das Kind, welches am schnellsten wieder da ist, hat gewonnen.

Hürdenlauf

Material: Laufdosen, Reifen, Seile, Kästen, Kegel

Ablauf: Eine Slalomstrecke mit Hürden aus Reifen, Seilen, Kästen und Kegeln wird aufgebaut. Das Kind/die Kinder muss/müssen nun versuchen, auf den Laufdosen die Slalomstrecke zu durchlaufen.

Zugmaschine

Material: Rollbrett, Pedalo

Ablauf: Das Kind liegt mit dem Bauch auf dem Rollbrett. Vor ihm am Boden steht in Fahrtrichtung das Pedalo. Mit den Armen wird das Pedalo betrieben, so dass das Kind fahren kann.

Variante A: Die Position auf dem Rollbrett kann verändert werden. Sitzen, Knien etc.

Variante B: Das Kind kann einen Auftrag bekommen. „Fahre zum Fenster und hole mir ein Sandsäckchen." Das muss es dann noch zusätzlich transportieren.

Blindenführer

Material: Augenbinde, Hindernisse, verschiedene Untergründe, z. B. Weichbodenmatte, Stoffe, Langbank, Materialkisten zum Hineinsteigen etc.

Ablauf: Dem Kind werden die Augen verbunden. Die Heilpädagogin führt das Kind über/durch die Hindernisse im Raum. Der „Blinde" kann an der Hand oder Schulter geführt werden.

Zusammengebundene Kinder

Material: Seil

Ablauf: Immer zwei Kinder werden an den Knöcheln zusammengebunden. Gemeinsam dürfen sie sich nun durch den Raum bewegen, sich hinsetzen, aufstehen etc.

Wolldeckenrutschbahn

Material: Mehrere Wolldecken, Turnraum

Ablauf: Auf dem Boden ausgebreitete Wolldecken machen Parkett- oder Kunststoffboden zu einer Rutschbahn. Das Kind kann Anlauf nehmen, auf die Decke springen und auf ihr durch den ganzen Raum rutschen. Achtung: Gefahren beseitigen.

Turnen mit Bierdeckeln

Material: Bierdeckel

Ablauf: Der Bierdeckel ist ein Lenkrad. Wir fahren in wechselnder Geschwindigkeit durch den Raum. Motorengeräusch nicht vergessen.

Variante A: Aus Bierdeckeln eine Straße legen. Abstand ca. 10–15 cm. Die Kinder dürfen die Straße entlang gehen, ohne neben die Bierdeckel zu treten (Abb. 40).

Variante B: Die Kinder dürfen im Slalom durch die Bierdeckel laufen.

Variante C: Die Kinder dürfen auf jeden zweiten Bierdeckel treten.

Variante D: Auf jeder Handinnenfläche liegt ein Bierdeckel. Das Kind soll mit ihnen laufen, ohne sie zu verlieren (Abb. 41).

Variante E: Den Bierdeckel auf dem Kopf balancieren, eingeklemmt zwischen Ober- und Unterarm, im Vierfüßlergang, im Krabbengang.

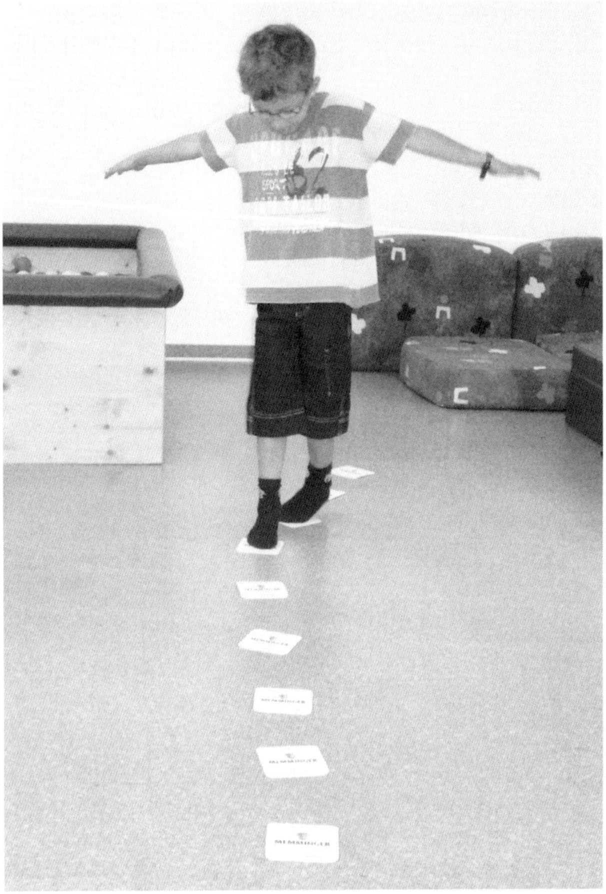

Abb. 40: Das Kind balanciert auf Bierdeckeln.

Abb. 41: Sich mit den Bierdeckeln auf dem Körper vorsichtig bewegen

Schaumrutsche

Material: Große Weichbodenmatte, Badekleidung, Rasierschaum

Ablauf: Die große Weichbodenmatte so im Raum befestigen und etwas unterlegen, dass eine schiefe Ebene entsteht. Rundum am Boden sollten Matten wegen der Sturzgefahr liegen. Das Kind/die Kinder darf/dürfen sich nun in Badekleidung mit Rasierschaum einseifen. Die Matte wird ebenfalls eingeseift. Die Kinder können so die Matte herunterrutschen.

Weitere Möglichkeiten zur Förderung der Motorik im Vorschulkindalter sind im Kapitel 4.1 beschrieben.

5.2 Feinmotorik

Unter dem Begriff Feinmotorik verstehen wir Aktivitäten, bei denen vor allem die „Körperenden“ wie Hände, Füße, Augen und Mund beteiligt sind. Diese sind schon von der anatomischen Seite am feinsten ausgebildet. Nachfolgend möchten wir einen kurzen Überblick aufzeigen, wie sich die Feinmotorik entwickelt.

Entwicklung

Babys kommen mit einem bestehenden Greifreflex zur Welt. Meist sind die Hände gefaustet, das Kind hantiert eher zufällig damit. Nach und nach werden die Hände immer öfter geöffnet, die Babys greifen nach Spielsachen, führen diese auch zum Mund (Hand-Mund-Koordination). Das Baby entdeckt, die Hände zusammenzuführen (Hand-Hand-Koordination). Später beginnen Babys, Spielsachen und Gegenstände vermehrt zu entdecken. Sie greifen gezielt danach (Auge-Hand-Koordination). Schon jetzt nehmen sie unterschiedliche Tasteindrücke mit den Fingern wahr. Sie hantieren immer mehr mit den Händen, machen „Winke-Winke“-Spiele oder blättern Pappbilderbücher mit dem Spitz- oder Pinzettengriff um. Kinder beginnen mit den Händen zu essen, trinken aus einer Tasse, ziehen Schubladen auf, ziehen Schuhe und Strümpfe alleine aus, versuchen mit dem Löffel zu essen und stapeln Bausteine aufeinander. Das Material verändert sich. Sie spielen mit Formenboxen, Steckpyramiden, Bausteinen und beginnen mit in der Faust gehaltenen Stiften zu malen. Mit ca. zweieinhalb Jahren wird meist deutlich, mit welcher Hand das Kind bevorzugt handelt. Hierbei ist es sehr wichtig, dass bei einer erkennbaren Linkshändigkeit das Kind auf keinen Fall umerzogen werden darf.

Nun beginnen Kinder Deckel zu öffnen und zu schließen, sie öffnen Knöpfe und Reißverschlüsse, beginnen mit der Schere Schnipsel zu schneiden, malen Kreise, Linien und Kreuze. Später verändert sich die Stifthaltung zu einem gezielten Greifen mit immer weniger Fingern am Stift bis hin zum Drei-Punktegriff. Es werden nun schräge Dächer gemalt und Begrenzungen beim Malen werden eingehalten. Die Kinder können Perlen auffädeln und Bälle sicher fangen. Im letzten Kindergartenjahr werden Bilder immer differenzierter und bunter. Die Kinder lernen ihren Namen zu schreiben, können am Strich entlang etwas ausschneiden und ihre Schuhe selbst binden.

Die Grenzsteine der Feinmotorik (Tab. 2) dienen zur zeitlichen Orientierung. Die Angaben beziehen sich auf das Ende des Zeitraumes.

Eine gut differenzierte Feinmotorik ist die Voraussetzung, um später so eine komplexe Leistung wie das Schreiben zu erlernen. Hat

Tab. 2: Grenzsteine der Feinmotorik

Alter	Feinmotorik
3 Monate	Das Kind bringt Hände und Finger über der Körpermitte zusammen
6 Monate	Das Kind transferiert Gegenstände von einer Hand in die andere, radiales Greifen mit der ganzen Hand
9 Monate	Gegenstände werden in einer oder in beiden Händen gehalten, taktil intensiv exploriert
12 Monate	Das Kind greift mit dem Pinzettengriff, mit Daumen und Zeigefinger
15 Monate	Das Kind kann zwei Klötzchen nach Aufforderung und Zeigen aufeinander setzen.
18 Monate	Gegenstände werden vom Kind in der Hand gehalten, auf Aufforderung hergegeben, in ein Gefäß getan oder von dort herausgeholt
2 Jahre	Buchseiten werden einzeln umgeblättert, Bonbons geschickt aus der Verpackung gewickelt
3 Jahre	Ganz präzise werden kleine Gegenstände mit den Fingerspitzen ergriffen und an einer anderen Stelle wieder auf– oder eingesetzt
4 Jahre	Das Kind hält den Malstift korrekt zwischen den ersten drei Fingern der Hand
5 Jahre	Das Kind kann die Kinderschere benutzen, Kleben und einfaches Basteln ist möglich, Vorlagen werden sauber ausgemalt

das Kind aus verschiedenen Gründen die oben aufgeführten Grenzsteine nicht erreicht, so raten wir in jedem Fall zu einer motorischen Diagnostik, um zu erkennen, woran gearbeitet werden muss. Dazu sollten folgende Bereiche überprüft werden:

Auffälligkeiten

- Überprüfung der Motorik: Ist das Kind noch instabil im Rumpf? Hat das Kind Verspannungen im Schultergürtel? Zeigt sich das Kind hyper- oder hypoton? Hat das Kind noch Schwierigkeiten mit der Tiefenwahrnehmung?
- Überprüfung der Stifthaltung: Ist die Stifthaltung gefestigt? Wie hält das Kind den Stift? Klammergriff? Faustgriff?
- Überprüfen der Lateralität: Hat das Kind schon eine Handdominanz entwickelt? Ist es noch unsicher? Wechselt es beim Malen, Schneiden oder Schreiben noch die Händigkeit?
- Überprüfen der visuellen Wahrnehmung: Zeigen sich Auffälligkeiten in der visuellen Wahrnehmung? Gelingt dem Kind das Erkennen und Unterscheiden von Formen? Ist die Auge-Hand-Koordination gut entwickelt? Kann das Kind mit den Augen Linien fließend verfolgen? Kann es die Figur vom Hintergrund unterscheiden?
- Überprüfen der Sitzhaltung: Wie sitzt das Kind? Überkreuzt es die Körpermittellinie? Dreht es beim Malen den ganzen Körper oder das Papier mit?

Je nachdem in welchem Bereich das Kind noch Schwierigkeiten hat, können die Übungen im folgenden Kapitel in die Förderung eingebaut werden.

Förderung der Feinmotorik

Rascheltüte

Material: Gefrierbeutel (1 Liter), verschiedenes Füllmaterial, wie z. B. Nudeln, Tischtennisball, Knisterfolie, Korken, Murmeln etc.

Ablauf: Mit der Rascheltüte gibt es allerhand zu ertasten und auszuprobieren. Was ist da alles drin? Wie fühlt es sich an? Macht ein Gegenstand irgendein Geräusch?

Variante: Die Heilpädagogin befüllt zwei Gefrierbeutel mit Wasser, einen mit warmem Wasser und einen mit kaltem Wasser. Achtung: den Gefrierbeutel gut verknoten.

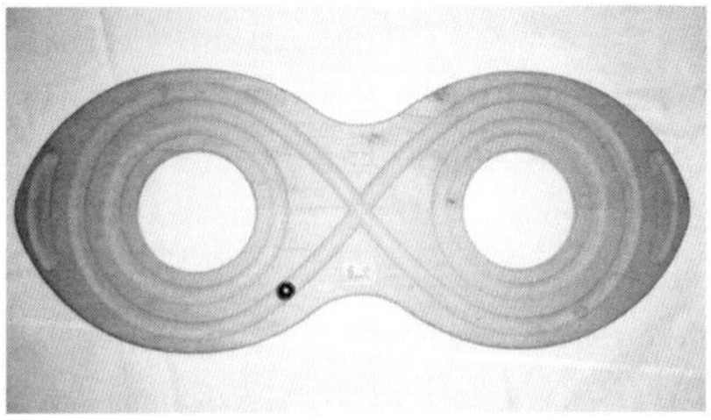

Abb. 42: Liegende Acht aus Holz

Die liegende Acht aus Holz

Material: Liegende Acht, Glasmurmel

Ablauf: Die Murmel wird in die Bahn gelegt. Anschließend wird mit beiden Händen die liegende Acht an den waagrechten Enden gehalten und so leicht hin und hergekippt, dass die Murmel ins Rollen kommt. Sie soll nicht herunter fallen.

Pipettenspiel

Beschreibung der Übung im Kapitel 5.2, „Pipettenspiel“.

Pinzettenspiel 2

Material: Tablett, Anti-Rutsch-Figuren aus der Dusche, (wir benötigen die Rückseite, die Noppen), Pinzette und passende kleine Holzkugeln in einem kleinen Schälchen

Abb. 43: Das Kind sortiert Perlen mit der Pinzette.

Ablauf: Das Kind sitzt am Tisch, vor ihm steht das Tablett mit den Figuren und Kugeln. Die Heilpädagogin nimmt mit der Pinzette eine kleine Kugel auf und legt sie auf einen leeren Noppen, wo sie losgelassen wird. Dies kann das Kind so lange machen, bis alle Noppen eine Kugel bekommen haben. Anschließend kann es die Kugeln mit derselben Technik wieder ins Schälchen räumen.

Paillettenspiel mit Plüschkissen

Material: Tablett, Plüschkissen, Pailletten (verschiedene Formen, wie Blumen, Fische ...), Stecknadeln mit Kopf

Ablauf: Das Kind sitzt am Tisch, vor ihm steht das Tablett mit dem Plüschkissen sowie den Pailletten und Stecknadeln. Das Kind kann in Ruhe oder zur Entspannungsmusik ein schönes Bild stecken. Dies ist eine sehr meditative Arbeit.

Tasttücher – Tastmemory

Material: Verschiedene Tücher aus verschiedenem Material ca. 10 x 10 cm groß, von jedem Tuch sollten zwei vorhanden sein

Ablauf: Wir fühlen gemeinsam, wie sich die unterschiedlichen Tücher anfühlen. Wir versuchen die unterschiedliche Struktur zu benennen (weich, rau, grob, flauschig ...). Anschließend stecken wir immer eines jeder Sorte in einen Beutel. Das Kind greift hinein und fühlt. Mit der anderen Hand fühlt es bei den anderen Stoffen, welcher sich gleich anfühlt. Ist es sich sicher, so darf es den Stoff aus dem Beutel holen.

Abb. 44: Plüschkissen mit Pailletten bestecken

Abb. 45: Schüttspiele

Schüttspiele

Material: Feiner Grieß, Linsen, leere hohe Flasche, leeres Gurkenglas, Trichter, Löffel, Sieb, Tablett

Ablauf: Das Kind sitzt am Tisch, vor ihm steht das Tablett mit den Schüttutensilien. Es kann in Ruhe oder zur Entspannungsmusik damit schütten, sieben, umfüllen, messen und experimentieren. Hat es dazu wenige Ideen, so muss ihm gezeigt werden, was es mit diesem Material alles machen kann.

Nägel im Salzstreuer

Material: Salzstreuer aus Glas (die Löcher im Deckel sollten so groß sein, dass kleine Nägel hindurchpassen), Pinzette, kleine Nägel (z.B. vom Hammerspiel), Tablett

Ablauf: Das Kind sitzt am Tisch, vor ihm steht das Tablett mit den Utensilien. Das Kind darf mit der Pinzette immer einen Nagel nehmen und ihn durch die Öffnung am Salzstreuer fallen lassen. Sollen die Nägel wieder heraus, muss der Salzstreuer aufgeschraubt werden. Dies ist eine sehr meditative Arbeit.

Der hungrige Bär

Material: Leere Kaffeedose (auf die Dose ein Gesicht von einem Bären in passender Größe kleben, der Mund muss ausgeschnitten sein), verschieden große Fische aus Moosgummi

Ablauf: Das Kind darf die Moosgummifische an den Bären verfüttern. Dazu können Geräusche wie „nam nam nam“ gemacht werden.

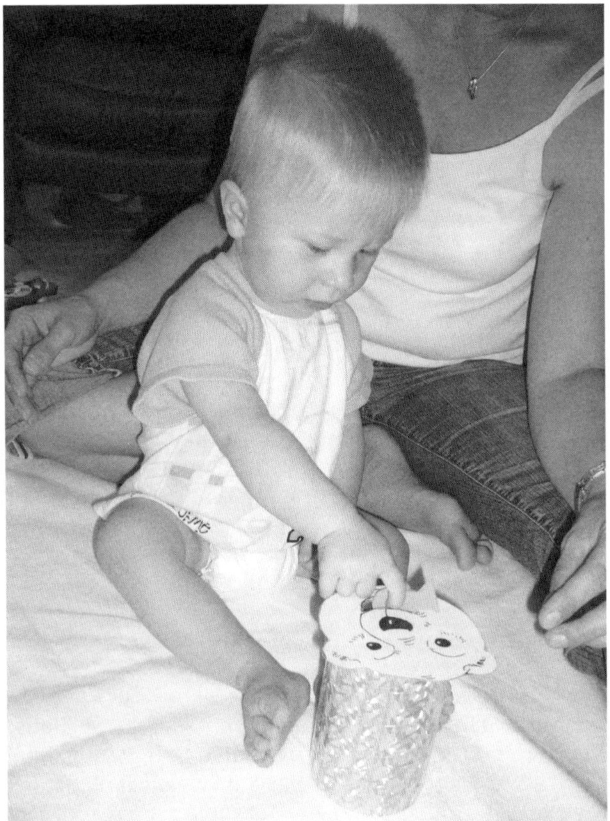

Abb. 46: Das Kind füttert den Bären mit Fischen.

Steckübungen mit Muggelsteinen

Material: Eine Plastikdose mit Deckel aus Weichplastik, verschieden große Muggelsteine

Ablauf: In den Deckel wird ein kleiner Schlitz geschnitten, so dass alle Muggelsteine hindurchpassen, die größeren mit mehr Mühe und die kleineren Steine mit weniger Mühe. Das Kind darf nun mit dem Pinzettengriff die Muggelsteine in die Dose werfen. Dazu können Geräusche gemacht werden.

Flechten mit Seilen

Material: Drei verschiedenfarbige Gymnastikseile gleicher Länge, Teppich, Klammer

Ablauf: Die Darbietung findet auf dem Teppich am Boden statt. Die drei Seile werden an einem Ende zusammengeknotet und mit der Klammer am Teppich befestigt. Die drei Enden liegen locker auf dem Teppich, eines links, eines rechts und eines mittig. Nun führt die Heilpädagogin die Darbietung

Abb. 47: Das Kind flicht einen Zopf mit Seilen.

einmal vor. Sie nimmt das rechte Seil mit der linken Hand und legt es über die Mitte ganz dicht rechts neben das linke Seil, anschließend nimmt sie mit der rechten Hand das linke Seil und legt es ganz dicht links neben das rechte Seil. Nun schiebt sie das Seil, welches rechts liegt, noch weiter nach rechts, damit die drei Seile wieder in Ausgangsposition liegen. Diesen Vorgang so lange wiederholen, bis ein schöner Zopf entsteht und das Kind das Legeprinzip verstanden hat. Etwa nach der Hälfte sagt die Heilpädagogin zum Kind: „Nun zeig mir, wie du es kannst."

Variante: Ist sich das Kind im Flechten sicher, so können die Seile mit Wolle ersetzt werden.

Kastanienketten

Material: Selbst gesammelte Kastanien, Nadel, feste und nicht allzu dicke Schnur

Ablauf: Durch die Kastanien ein Loch bohren. Das Kind kann anschließend mit Nadel und Faden eine Kastanienkette fädeln.

Nähen und Sticken

Material: Karton, stumpfe Nadel, Wolle, die zur Nadel passt, Stift, Nagel

Ablauf: Auf den Karton eine geometrische Figur zeichnen (Kreis, Viereck, Dreieck). Den Karton anschließend auf eine nicht allzu feste Unterlage legen und mit dem Nagel Löcher im Abstand von 1 cm einstechen. Das Kind kann nun die Löcher einzeln oder doppelt nachsticken.

Steigerung: Die Formen ineinander zeichnen, so wird die Figur-Grund-Wahrnehmung ebenfalls gefördert.

Gummibretter

Material: Quadratisches Brett ca. 20 cm, auf diesem befinden sich viele angeordnete Nägel (s. Abb. 48), die noch um ca. 2 cm herausstehen, große Gummiringe

Ablauf: Die Heilpädagogin nimmt einen Gummiring beidhändig mit dem Pinzettengriff und zieht den Gummi zuerst auseinander und lässt dann wieder locker. Anschließend hängt sie erst mit einer Hand den Gummi über einen Nagel, dann mit der zweiten Hand. Mit den vielen Gummis kann man tolle Muster spannen. Das Abnehmen erfolgt ebenfalls sehr sorgfältig. Immer der oberste Gummi muss zuerst abgenommen werden. Jeweils der oberste Gummi wird durch eine Hand vom Nagel weggezogen, während die andere Hand den Gummi am zweiten Nagel sichert, um ihn nicht hochschnellen zu lassen.

Variante: Die Heilpädagogin gibt dem Kind ein Muster vor, das es nachspannen muss. Dieses zeichnet sie vorher auf Papier auf.

Abb. 48: Gummibrettspiel

Hantieren mit Sicherheitsnadeln

Material: Tablett, ein Stück locker gewebter Stoff (ca. 20 x 20 cm groß), Sicherheitsnadeln in verschiedenen Größen

Ablauf: Bei manchen Sicherheitsnadeln ist es hilfreich, die Spitze mit Schleifpapier zu glätten, damit keine Verletzungsgefahr besteht. Die Heilpädagogin legt das Tablett mit dem Stoff vor sich. Sie nimmt zuerst eine etwas größere Sicherheitsnadel und öffnet diese. Dann sticht sie die Nadel durch den Stoff von oben nach unten und wieder auf die Oberseite. Durch das Zusammendrücken der Nadeln schließt die Heilpädagogin sie anschließend. Dann fordert sie das Kind auf, eine weitere Sicherheitsnadel in den Stoff zu stechen.

Schraubverschlüsse

Material: Tablett, verschiedene Schraubgefäße mit Gewinde und Deckel (Flaschen, Cremedosen etc.) aus verschiedenem Material und in verschiedenen Größen

Ablauf: Die Heilpädagogin öffnet alle Gefäße und stellt sie vor sich ab, die Deckel legt sie rechts neben sich ab. Nun nimmt sie den ersten Deckel und sucht das passende Gefäß. Passt der Deckel, so nickt sie, passt er nicht, so schüttelt sie den Kopf, legt das Gefäß zurück und versucht es erneut mit einem anderen Gefäß.

Variante: Die Heilpädagogin gibt die Deckel in einen dunklen Beutel, so dass man die Deckel nicht sehen kann. Das Kind greift herein, ertastet sich einen Deckel und überlegt nun, auf welches Gefäß dieser Deckel passt.

Welcher Schlüssel passt?

Material: Vorhängeschlösser verschiedener Art (kleine, große, mit flachem Schlüssel oder Hohlschlüssel), Tablett

Ablauf: Die Heilpädagogin legt das Tablett mit den Schlössern vor sich ab. Die Schlösser sind alle geschlossen und die Schlüssel liegen daneben. Nun nimmt sie den ersten Schlüssel und probiert, in welches Schloss dieser passt. Springt das Schloss auf, legt sie dieses Pärchen zur Seite und macht weiter. Passt der Schlüssel nicht, schüttelt die Heilpädagogin den Kopf, legt den Schlüssel zurück und versucht es erneut mit einem anderen.

Variante: Die Heilpädagogin gibt die Schlüssel in einen dunklen Beutel, so dass man die Schlüssel nicht sehen kann. Das Kind greift herein, ertastet sich einen Schlüssel und überlegt nun, zu welchem Schloss dieser Schlüssel passt.

Wir schreiben deinen Namen

Material: Sandpapierbuchstaben des Namens, z.B. LUKAS, Tafel, Kreide, Teppich

Ablauf: Die Durchführung findet auf dem Teppich am Fußboden statt. Die Heilpädagogin nimmt das L und legt es vor sich ab. Mit ihrem rechten Zeigefinger fährt sie den Buchstaben nach, von links oben beginnend. *1. Stufe*: Sie fährt nach und sagt: „Das ist ein L." Sie gibt es dem Kind weiter und sagt: „Jetzt bist du an der Reihe." Das Kind fährt den Buchstaben nach und sagt: „L". (So werden alle fünf Buchstaben eingeführt.) *2. Stufe*: Die Heilpädagogin sagt: „Zeige mir das K, oder zeige mir das A." Das Kind zeigt es ihr und sie kann überprüfen, ob das Kind die Buchstaben verinnerlicht hat. *3. Stufe*: Die Heilpädagogin zeigt auf einen Buchstaben und fragt: „Was ist das?" Das Kind antwortet: „Das ist ein S." Kann das Kind mit diesen Buchstaben sicher umgehen, so wird das Spiel fortgesetzt.

Variante A: Entfernungsspiel: Die Heilpädagogin erteilt Aufträge: „Lege bitte das A auf das Fensterbrett", „Lege bitte das S unter den Tisch", „Hole mir bitte das U" usw.

Variante B: Lege den Namen bitte in die richtige Reihenfolge. L-U-K-A-S. Schreibe nun deinen Namen auf die Tafel.

Wir kneten deinen Namen

Material: Sandpapierbuchstaben des Namens, z.B. LUKAS, Knetmasse

Ablauf: Die Heilpädagogin legt die Sandpapierbuchstaben vor dem Kind am Tisch ab. Das Kind soll die Buchstaben in die richtige Reihenfolge bringen. Sie fordert das Kind auf, die Knetmasse in so viele gleich große Teile zu teilen, wie sein Name Buchstaben hat. In diesem Fall fünf Teile. Nun soll das Kind aus dem ersten Teil eine lange Wurst rollen. Diese soll so lang sein, dass sie genau auf die einzelnen Sandpapierbuchstaben passt (siehe 10.1 für Rezepte für Knetmasse).

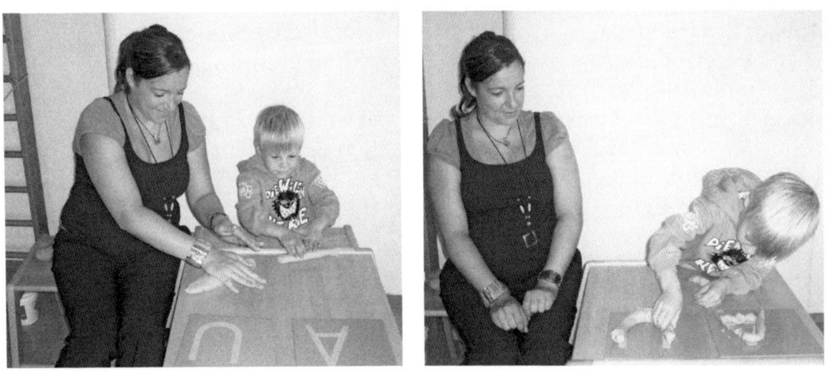

Abb. 49: Das Kind formt mit der Knetmasse Buchstaben.

Abb. 50: Das Kind schreibt seinen Namen in den Sand.

Namen in den Sand schreiben

Material: Holzrahmen, gefüllt mit feinem Sand

Ablauf: Das Kind sitzt am Tisch und vor ihm steht der Holzrahmen. Nun darf das Kind seinen Namen in den Sand schreiben. Ist sich das Kind mit den Buchstaben noch unsicher, kann als Vorübung die Einführung mit den Sandpapierbuchstaben stattfinden.

Wir zaubern deinen Namen herbei

Material: Papier, flüssiger Klebstoff in der Handflasche, Wanne mit feinem Sand

Ablauf: Die Heilpädagogin erklärt dem Kind: „Heute wollen wir deinen Namen herbei zaubern.“ Sie nimmt ein leeres Papier und schreibt den Namen des Kindes mit Klebstoff auf das Papier. Anschließend drückt sie das Blatt mit der Seite des Klebstoffes in den Sand und sagt: „Abrakadabra dreimal schwarzer Kater, ene mene Tamen auf dem Blatt steht jetzt dein Namen, Hex Hex.“ Und siehe da, auf dem Blatt steht nun ein Sandname. Nun ist das Kind an der Reihe.

Bohnentopf

Material: Großer verschließbarer Plastikbehälter, z. B. leere Cappuccinodose (mit einem Loch im Deckel, nur so groß wie getrocknete Kidneybohnen)

Ablauf: Zuerst werden die Bohnen ausgeleert, anschließend darf das Kind mit dem Pinzettengriff die Bohnen in die Dose werfen.

Schütten von Flüssigkeit

Material: Kleine Plastikfläschchen, Plastikschüssel

Ablauf: Das Kind darf beim Baden oder beim Spielen mit Wasser verschieden große Plastikfläschchen mit Wasser füllen und diese anschließend in eine Plastikschüssel umfüllen.

Korkenkarton

Material: Schuhkarton, Weinflaschenkorken

Ablauf: In den Schuhkarton werden verschieden große runde Löcher geschnitten, gerade passende, aber auch größere und kleinere. Das Kind darf nun die Weinflaschenkorken durch die passenden Löcher drücken.

Puzzles aus Holz mit angebrachten Griffen

Material: Puzzles aus Holz mit angebrachten Griffen

Ablauf: Das Kind darf alle Teile aus dem Holzrahmen nehmen. Anschließend kann es die Teile mit dem Pinzettengriff wieder einsortieren.

Steck die Zylinder ins Brett

Material: Quadratische Holzplatte mit runden Öffnungen für verschieden hohe Holzzylinder (erhältlich in verschiedenen Farben und Längen)

Ablauf: Das Kind darf alle Holzzylinder aus der Platte nehmen. Nach und nach kann es die Zylinder nun wieder einsortieren.

Formen Steckspiel

Material: Formensteckspiel

Ablauf: Das Kind darf alle Formen aus dem Spiel nehmen. Es darf damit hantieren und ausprobieren, wie es wieder zusammengehört. Dazu können die Begriffe der Formen mit eingeführt werden. Hat das Kind Übung darin, so kommt der nächste Schritt.

Variante A: Wir tasten, wie sich die verschiedenen Formen anfühlen. Die Heilpädagogin fährt mit ihrem Zeigefinger innen die Form ab und sagt dazu den Namen der Form: „Das ist ein Kreis." Sie fordert anschließend das Kind auf, den Vorgang zu wiederholen.

Variante B: Die Heilpädagogin bittet das Kind, die Augen zu schließen und die Hand zu ihr zu strecken. Das Kind darf nun mit geschlossenen Augen die Form ertasten. Weiß das Kind die Begriffe schon, so kann es sagen: „Ich fühle ein Viereck." Kennt das Kind die Begriffe noch nicht, so soll das Kind der Heilpädagogin den Platz für die Form im Spielbrett zeigen. Sie wiederholt dann: „Ja, du hast recht, das ist ein Kreis."

Variante C: Das Kind bekommt zwei Formen in die Hand und ertastet diese mit geschlossenen Augen.

Variante D: Das Kind darf mit geschlossenen Augen die Form ertasten und der Heilpädagogin die Form wiedergeben. Das Kind darf nun die ertastete Form auf ein Blatt malen, anschließend vergleichen wir, ob es dieselbe Form ist. Hat das Kind noch Schwierigkeiten beim Wiedergeben der Grundformen auf Papier, so kann die nächste Übung „Wir malen die Grundformen" durchgeführt werden.

Wir malen die Grundformen

Material: Metallene Einsatzfiguren: Viereck, Dreieck, Rechteck, Kreis; Papier, Stifte, Teppich

Ablauf: Das Kind und die Heilpädagogin sitzen am Tisch, die vier metallenen Grundformen liegen vor ihnen. Die Heilpädagogin nimmt die erste Grundform am Griff mit der *linken Hand* und legt sie ohne loszulassen vor sich ab. Dann überkreuzt sie mit der rechten Hand die Form und beginnt links unten mit dem Umfahren der Form. Auf diese Weise muss beim Umfahren der Form die Hand oder der Stift nicht abgesetzt werden, es kann die Form in einem Zug umfahren werden. Achtung: Ist das Kind Linkshänder, so muss die Darbietung anders herum eingeführt werden!
1. Stufe: Nach dem Umfahren sagt die Heilpädagogin: „Das ist ein Viereck." Nun ist das Kind an der Reihe. Es umfährt die Form und nennt den Namen der Form. Alle vier Formen werden eingeführt.
2. Stufe: Die Heilpädagogin sagt zum Kind: „Zeige mir das Rechteck" usw.
3. Stufe: Die Heilpädagogin zeigt auf eine Form und fragt: „Was ist das?" Das Kind antwortet: „Das ist ein Kreis." Ist sich das Kind in den Grundformen sicher, so kann mit Variante A weitergemacht werden. Ist sich das Kind noch unsicher, so muss zu einem späteren Zeitpunkt die Darbietung wiederholt werden.

Variante A: Entfernungsspiele: Die Heilpädagogin erteilt den Auftrag: „Lege das Dreieck vor die Türe, oder lege den Kreis auf den Tisch, oder hole mir das Viereck." Das Kind holt eine Form und sie fragt: „Was hast du mir gebracht?" Das Kind nennt den Begriff. Ist die Form falsch, sagt sie: „Das ist das Dreieck, ich wollte das Viereck, bring es zurück und hole das Viereck."

Abb. 51: Das Kind umfährt die Grundform mit dem Finger.

Abb. 52: Das Kind umfährt die Grundform mit dem Stift.

Variante B: Kann das Kind flüssig mit dem Finger die Form umfahren, beginnen wir mit dem Umfahren der Form mit dem Stift. Das Kind sitzt am Tisch, vor ihm liegt ein Blatt Papier. Das Kind soll sich den Platz so einteilen, dass alle vier Formen darauf Platz haben.

Achtung: Fällt es dem Kind noch schwer, während des Umfahrens gerade auf dem Stuhl zu sitzen oder dreht es sich mit, so hat es wahrscheinlich mit dem Überkreuzen noch Schwierigkeiten. Hierbei können Übungen aus der pädagogischen Kinesiologie (s. Kap. 7.2.4) hilfreich sein.

Eiswürfelbehälter

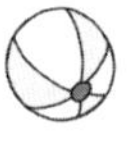

Material: Eiswürfelbehälter, kleine Gegenstände, z.B. Gummibärchen

Ablauf: Die Heilpädagogin sortiert die kleinen Gegenstände in den Eiswürfelbehälter hinein. Das Kind kann nun mithilfe des Pinzettengriffs die kleinen Gegenstände herausholen.

Malen mit Wachsmalblöcken

Material: Papier, Wachsmalstifte in rechteckiger Blockform

Ablauf: Das Kind darf mit den Wachsmalblöcken auf dem Papier experimentieren. Ist das noch zu schwer, so können Malmäuse hilfreich sein. Ist das Kind darin geübt, können die Stifte immer dünner werden.

Malen mit Fingermalfarben

Material: Fingermalfarben, Papier, Malerkittel

Ablauf: Das Kind darf mit Fingermalfarben auf dem Papier experimentieren. Es kann Farben mischen, mit den Fingern oder mit der ganzen Hand malen.

Variante: Das Kind darf an ein Zimmerfenster ein Bild malen, am besten ein Bild zur Jahreszeit oder zu einem bestimmten Thema. Bei dieser Übung soll das Kind aus dem ganzen Arm heraus malen. Dies ist eine gute Übung für die Beweglichkeit im Arm-Schulterbereich.

Reißnagelspiel

Material: Alte Pinnwand bemalt mit einem Blatt, Baum etc., Würfel: mit den Farben rot, blau, gelb, grün, einem schwarzen Feld als Aussetzen und einem Smiley als Joker; 20 Reißnägel (5 rote, 5 blaue, 5 gelbe und 5 grüne) mit einem Gesicht bemalt, 20 Reißnägel (5 rote, 5 blaue, 5 gelbe und 5 grüne) als Käfermotiv bemalt

Ablauf: Ein Mitspieler bekommt alle Käfer, der andere die Gesichter. Es wird abwechselnd gewürfelt. Je nach Würfelbild darf der entsprechende Reißnagel auf die Pinnwand gedrückt werden. Zeigt der Würfel schwarz, so muss ausgesetzt werden. Zeigt der Würfel den Smiley, so darf eine Farbe nach Wahl genommen werden. Sieger ist der, welcher als erster alle seine Reißnägel auf das Spielfeld gedrückt hat.

Weitere Spiel- und Materialvorschläge

- Tolle Torte (Haba)
- Eiger Nordwand (Bartl)
- Drops & Co (Haba)
- Packesel (Schmidt Spiele)
- Jenga (MB)
- Motorikschleife (Beluga)
- Hammerspiel (Noris Spiele)
- Origami-Falttechnik
- Moringa Fädelbaum (Beleduc)
- Malen mit Straßenkreide
- Mikado (Hasbro)
- Magnet Rallye (Dusyma)
- Spitz pass auf (Schmidt Spiele)
- Bügelperlen (Ministeck)
- Perlen auffädeln
- Steckspiele

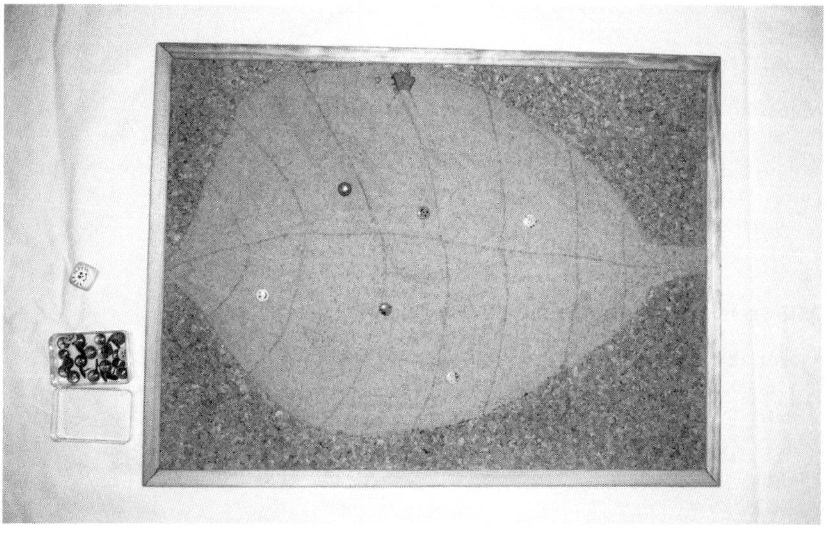

Abb. 53: Reißnagelspiel

5.3 Körperliche Behinderung

Als körperbehindert wird bezeichnet, wer angeborene oder erworbene, vollständige oder teilweise, vorübergehende oder anhaltende Beeinträchtigungen körperlicher Funktionen aufweist, sei es durch Schädigung des Stütz- und Bewegungsapparates oder anderer Organsysteme des Körpers. Sowohl die Ursachen der körperlichen Behinderung als auch die daraus entstehenden Folgen können für das betroffene Kind sehr unterschiedlich sein.

Ursachen

Eine Körperbehinderung kann sich aufgrund genetischer Erbinformationen, durch schädliche Einflüsse während der Schwangerschaft (Infektionen, Toxine u. a.), durch Sauerstoffmangel bei der Geburt, durch Infektionen oder durch Unfälle im Laufe des Lebens manifestieren. Entscheidend jedoch sind der Zeitpunkt und das Ausmaß der Schädigung. Somit zeigt sich, dass eine Schädigung des Zentralnervensystems eine andere Symptomatik nach sich zieht als eine Schädigung der Gliedmaßen.

Mischformen

Eine Körperbehinderung kann isoliert auftreten, häufiger jedoch werden Mischformen festgestellt. In den meisten Fällen geht eine Körperbehinderung mit einer anderen Beeinträchtigung einher. Nachfolgend möchten wir heilpädagogische Fördermöglichkeiten aufzeigen, die für Kinder mit körperlichen Beeinträchtigungen hilfreich sein können. Es versteht sich von selbst, dass die nachfolgenden Ideen auf jedes Individuum abgewandelt, verkürzt oder verändert werden müssen.

Fördermöglichkeiten zur Körperwahrnehmung

Ziel

Das Hauptziel ist grundsätzlich die Erweiterung der Handlungsfähigkeit (Kesper/Hottinger 2007, 129). Dies bedeutet, dass das Kind ein größeres Handlungsrepertoire an Handlungs- und Reaktionsmöglichkeiten auf die Anforderungen der Umwelt erhalten soll. Somit wird das Kind autonomer und kann besser über seinen Körper verfügen. Es geht vor allem darum, dem kindlichen Körper positive Erlebnisse zu vermitteln. So kann es seinen Körper besser kennen lernen, Einschränkungen besser akzeptieren und den eigenen Körper besser annehmen. Unserer Meinung nach stellt das Erreichen der Selbstständigkeit einen wichtigen Aspekt dar. Denn Kinder mit körperlichen Einschränkungen haben oft nicht die Möglichkeit, selbstständig über ihre Handlungen und Bewegungen zu bestimmen. Sehr oft sind sie auf Unterstützung von Erwachsenen oder Hilfsmitteln, z. B. einem Rollstuhl, Schienen u. a. angewiesen, die ihnen Bewegung ermöglichen. Für die Förderung der Kinder mit Körperbehinderungen ist eine genaue Kenntnis des Behinderungsbildes unbedingt erforderlich.

Zusammenarbeit mit anderen Disziplinen

Das Konzept der interdisziplinären Frühförderung ermöglicht eine enge Zusammenarbeit mit den medizinischen Nachbardisziplinen, wie der Physio- und Ergotherapie. Gerade bei einer Körperbehinderung ist diese Zusammenarbeit unbedingt notwendig. Nur gemeinsam kann es gelingen, eine intensive Förderung der verschiedenen Schwerpunkte zu gewährleisten.

Taktile Körperwahrnehmung

taktile Reize

Kinder mit Körperbehinderungen können sich viele Reize aufgrund ihrer eingeschränkten Bewegungsfähigkeit nicht selbstständig zuführen. Deshalb ist es sehr wichtig, dass ihnen bestimmte taktile Reize angeboten werden, z. B. das Fühlen mit den Händen und Füßen sowie mit der ganzen Hautoberfläche:

- Körperkontakt zu anderen Kindern ermöglichen
- Spüren von verschiedenen Oberflächen wie z. B. harte/weiche Unterlagen
- „Massagen" mit Tennisbällen, Igelbällen, Pezzibällen, Pinsel, Bürsten, Schwämmen, Federn (Abb. 54)
- „Einwickeln/Einrollen" in Tücher, Stoffe, Teppiche, Seile, Decken
- „Eincremen" mit Creme, Hautöl, Rasierschaum, Körperlotion
- „Temperaturreize" mit gekühlten oder erwärmten Dinkelkissen, mit einem Fön, Eisbeutel oder einer Wärmflasche
- „Gewichtsreize" mit Sandsäckchen, Trinkhalmen, Styroporkugeln, Tüchern, Watte, Steinen
- Matschen mit verschiedenen Materialien wie Kleister, nasser Sand, Rasierschaum

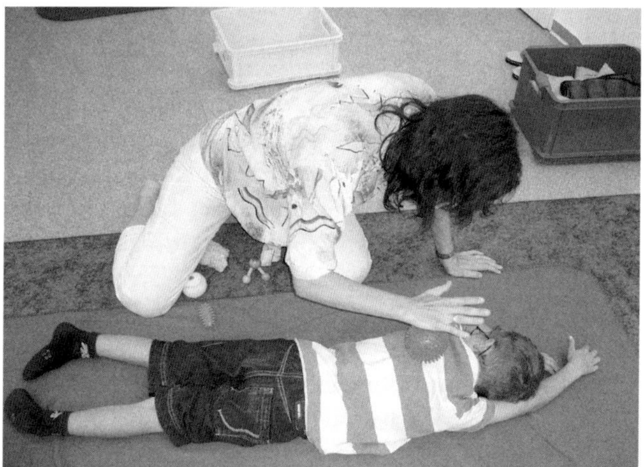

Abb. 54: Igelballmassage

Vestibuläre Wahrnehmung

Die vestibuläre Wahrnehmung über den Gleichgewichtssinn kann als Stimulation und/oder als Ausgleichsbewegung gefördert werden. Hierbei ist jedoch besondere Vorsicht geboten. Bei zu intensiven Reizen kann es zu Schwindel und Übelkeit kommen – auch erst später im Laufe des Tages (vgl. Hachmeister 2006, 114).

Fördermöglichkeiten

Beispiele für Fördermöglichkeiten im Bereich der vestibulären Wahrnehmung sind:

- Schaukelbewegungen vorwärts, rückwärts, seitwärts, drehen u.a.
- Schaukelbewegungen auf einer Schaukel, Hängematte oder einem Schaukelbrett
- Hüpfen auf einem Trampolin, auf Matten
- Balancieren über Langbänke, Seile, Reifen
- Laufen mit Laufdosen/Stelzen
- auf dem Pezziball verschiedene Positionen einnehmen/ggf. darauf verändern
- auf mehrere Pezzibälle eine Weichbodenmatte legen, darauf verschiedene Positionen einnehmen/ggf. auch verändern
- Fahren mit dem Pedalo
- Liegen auf dem Luftballonbett (einen Bettüberzug mit Luftballons füllen, darauf liegen)
- Fahren auf dem Rollbrett, auch in verschiedenen Positionen, z.B. Schneidersitz, Kniesitz, Kniestand
- Fahren mit dem Roller, Laufrad

Kinästhetische Wahrnehmung

Kinästhetische Wahrnehmung kann durch Druck und Zug auf den Körper gezielt gefördert werden. Beispiele für starken Zug auf den Körper sind:

Zug

- Tauziehen,
- Hängen und Schwingen mit Turnringen, auch über Hindernisse,
- Heraufziehen mit der Handfläche auf einer schief gestellten Langbank (Abb. 55),
- Heraufziehen auf einer schiefen Ebene mit einem Seil,
- Klettern,
- Rollbrettfahren, das Kind mit einem Seil auf dem Rollbrett ziehen (im Raum und im Kreis),
- Ziehen von schweren Sandsäckchen (Abb. 56).

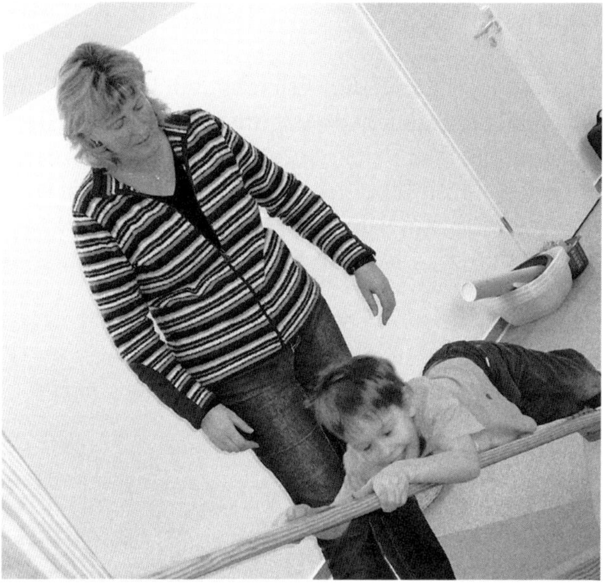

Abb. 55: Das Kind zieht sich die Langbank hoch.

Druck

Beispiele für starken Druck auf den Körper sind:

- Massagen mit verschiedenen Materialien (Igelball, Pezziball, Medizinball),
- Auflegen von Sandsäckchen, Gewichten auf den ganzen Körper (Abb. 57),
- gegenseitiges Drücken (die Handinnenflächen zweier Personen berühren sich), gegenseitiges Wegdrücken,
- Springen/Hüpfen auf einer Matte, Matratze,
- Auflegen von Turnmatten, ggf. diese noch beschweren,
- Lokalisieren von Steinen auf Körperregionen,
- Schreiben von Formen, Buchstaben oder Zahlen auf den Rücken des Kindes. Das Kind kann raten, welche Form, Zahl oder welcher Buchstabe gezeichnet wurde. Achtung: Viele Kinder brauchen bei dieser Übung noch visuelle Unterstützung. Diese kann gezeichnet und vor das Kind gelegt werden.

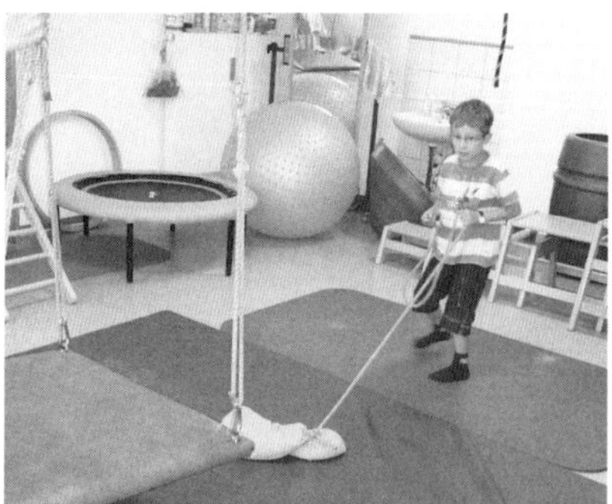

Abb. 56: Das Kind zieht Sandsäckchen mit dem Seil.

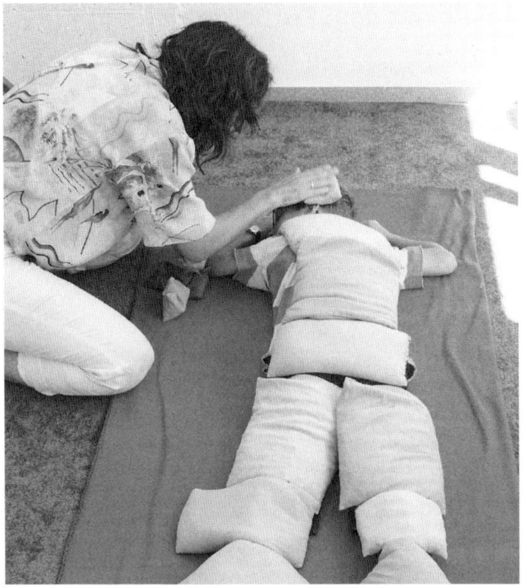

Abb. 57: Sandsäckchen auflegen

Körper- und Leiberfahrungen

Körperumriss zeichnen

Material: Großes Papier, auf dem der ganze Körper des Kindes Platz findet

Ablauf: Das Kind legt sich in einer von ihm gewählten Position auf das auf Körpergröße zugeschnittene Papier. Die Heilpädagogin umfährt mit einem Stift den Körperumriss möglichst genau.

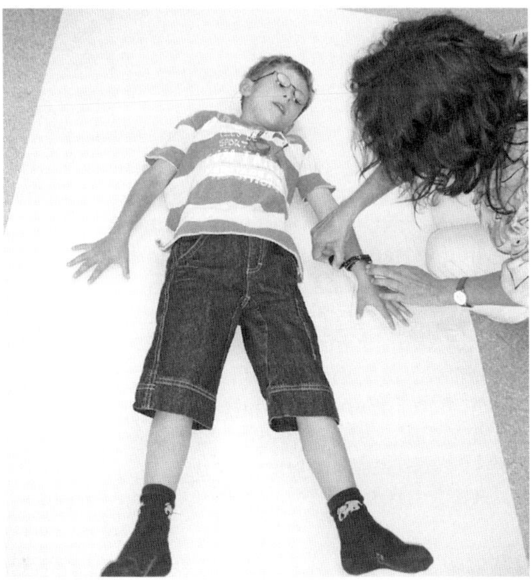

Abb. 58: Körperumriss zeichnen

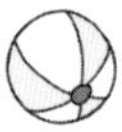

Spiele mit dem Körperumriss

Material: Bunte Stifte

Ablauf: Den Körperumriss ausmalen.

Variante: Übungen zur Tastlokalisation. Das Kind legt sich neben seinen Körperumriss und schließt die Augen. Die Heilpädagogin berührt das Kind mit ihren Händen oder einem Material. Das Kind zeigt ihr die Stelle auf dem Papier, an der es die Berührung gespürt hat.

Förderung des Körperausdrucks

Kinder mit körperlichen Einschränkungen haben oft nicht die Möglichkeit, ihre Gefühle, Sorgen und Ängste über ihren Körper auszudrücken. Schnell kann es passieren, dass sie weinen, schreien und Aggressionen gegen sich und andere richten. Wir müssen Bedingungen schaffen, unter denen die Kinder sich bewegen, hantieren und mitteilen können.

Ausdrucksmalen

Material: Malraum mit großem Papier an der Wand, verschiedene Malfarben, Wasser, Pinsel, Tücher

Ablauf: Das Kind darf malen, was es gerade bewegt. Dieses kann über kurze Dauer, aber auch über längere Zeit geschehen. Die Heilpädagogin stellt den „Diener" dar und begleitet das Kind in seinem Tun.

Arbeiten mit Ton

Ganzkörperlich: Das Material und seine Eigenschaften mit dem ganzen Körper erleben und sich dabei des eigenen Körpers bewusst werden. Das Kind soll Freude am experimentieren haben, optische Veränderungen des Körpers erleben und dies selbst herstellen, körperliche Anregungen erfahren und neue taktile Eindrücke gewinnen.

Mit den Händen: Das Material und seine Eigenschaften mit den Händen erkunden und sich dabei der eigenen Hände bewusster werden. Das Kind kann mit dem Ton experimentieren, gestalten und Gefühle zum Ausdruck bringen. Das Kind kann den Ton von einer Hand zur anderen wechseln, den Ton gezielt werfen, ihn mit Wasser glatt ausstreichen und Dinge modellieren.

Mit den Füßen: Das Material und seine Eigenschaften mit den Füßen erkunden und dabei die eigenen Füße bewusster wahrnehmen. Mithilfe des Tons Reize über die Füße aufnehmen: die Kälte, die Kühle, die Nässe oder die Glätte der Tonmasse. Wie fühlt sich Ton an, wenn er an der Haut trocknet?

Ausdruckstanz

Material: CD-Spieler mit Musik, die zum Tanzen animiert, z. B. „The Rhythm of the Saints“ von Paul Simon oder „Mamady Keita“ von Nankama

Ablauf: Wir tanzen frei nach Musik, jeder tanzt nach eigenem Rhythmus und Tempo, ob im Sitzen oder Stehen. Wer möchte darf die Augen dabei schließen. Es können Tücher zur Hilfe genommen werden.

Förderung der Selbstständigkeit im täglichen Leben

Übungen des praktischen Lebens

Ein körperlich eingeschränktes Kind muss viele Bewegungsmuster von Grund auf lernen. Es braucht deshalb eine vorbereitete Umgebung und Gegenstände, die es ihm erlauben, reiche Bewegungserfahrungen zu machen. Die so genannten „Übungen des praktischen Lebens“ können Kinder bei der Bewegungserziehung im Alltag unterstützen. Das Kind lernt alltägliche Handgriffe und Handlungsabläufe vor allem durch Beobachtung und Wiederholung. Die zunehmende Beherrschung dieser Bewegungsabläufe sichert dem Kind schrittweise ein Stück Unabhängigkeit von den Erwachsenen. Die „Übungen des täglichen Lebens“ zielen vor allem auf die sensible Phase der Bewegung ab.

selbstbestimmtes Leben

Die körperliche und geistige Beweglichkeit eines Menschen ist eng verbunden mit seinem Streben nach einem selbstbestimmten Leben. Die von Maria Montessori geforderte Bewegungserziehung ist gleichzeitig eine Erziehung zur Unabhängigkeit und Selbstbeherrschung. Denn „wer sich selbst erobert, erobert auch die Freiheit“ (Montessori 2005, 105).

Übungen mit Wasser

- Hände waschen mit Seife
- einen Krug mit Wasser füllen
- Wasser vom Krug in eine Tasse gießen
- einen Tisch abwischen
- Geschirr spülen und abtrocknen
- Fensterscheiben reinigen
- Pflanzen gießen

Gegenstände tragen

- Stühle tragen
- Pakete tragen
- Blumentöpfe nach draußen tragen
- Tisch decken und abtragen
- Gegenstände wie Gläser oder Lebensmittel auf einem Tablett tragen

Öffnen und Schließen

- Türen, Schranktüren leise öffnen und schließen
- Fenster, Schubladen öffnen und schließen
- Koffer mit verschiedenen Deckeln und Verschlüssen öffnen und schließen
- Verschiedene Gefäße mit verschiedenen Verschlüssen auf- und zuschrauben

Schneiden mit Messer und Schere

- Papier, Bindfaden, Blumenstiele, Zweige abschneiden
- Kartoffeln und Obst schälen
- Brot und Gemüse schneiden, Obstsalat herstellen
- Umgang mit Besteck

Umgang mit Textilien

- selbstständiges An- und Ausziehen
- Wäsche aufhängen
- Wäsche zusammenlegen
- Pflege von Textilien, Schuhe putzen
- Knopf annähen, sticken
- Kissen beziehen
- Boden kehren, Staub wischen

Umgang mit Alltagsgegenständen

- Telefonieren
- CD-Spieler betätigen
- Umgang mit elektrischen Geräten, wie z. B. Rührgerät

Körperpflege

- Hände waschen
- Nase putzen
- Haare frisieren
- Gesicht und Körper reinigen
- Zähne putzen

Förderung der Körperentspannung

Atemübungen

Material: Weiche Unterlage, evtl. Hintergrundmusik, evtl. ein Stein

Ablauf: Mit dem Kind bewusstes Ein- und Ausatmen erleben. Der Stein kann dem Kind auf den Bauch gelegt werden, damit es das Heben und Senken der Bauchdecke spürt.

Klängen lauschen

Material: Ein Kuschelsack, eine weiche Decke, CD mit beruhigender Musik oder verschiedene Instrumente, ein abgedunkelter Raum

Ablauf: Das Kind legt sich auf die Decke oder den Sack, bzw. wird darauf gelegt. Es kann Körperkontakt zu seiner Bezugsperson aufnehmen und die beiden lauschen der Musik. Die Heilpädagogin schlägt z.B. ein Becken an und beide lauschen dem Verklingen des Klanges.

Sich bewegen (lassen)

Material: Ein Sack, der mit unterschiedlichen Materialien gefüllt werden kann, z.B. mit Papier, Styroporschnipseln; oder ein Luftballonbett, die Luftballone mit unterschiedlichen Materialien füllen, z.B. mit Körnern, Glöckchen, Sand …

Ablauf: Das Kind auf dem Sack oder dem Bett bewegen, hin- und herrollen.

Klanggeschichte erleben

Material: CD und Buch „Streichelwiese“, eine Decke, ein Kissen

Ablauf: Das Kind liegt bequem auf der Decke. Die Heilpädagogin massiert das Kind, spricht den Vers dazu und im Hintergrund läuft die entsprechende Musik.

Gerüche erleben

Material: Eine elektrische Duftlampe, Düfte, die das Kind liebt, ein abgedunkelter Raum, leise Musik, Kerzenschein, eine weiche Decke, ein Kissen

Ablauf: Das Kind liegt in dem vorbereiteten Raum und genießt den Duft, den Kerzenschein und die leise Musik. Dazu können noch rhythmische Elemente eingebracht werden:

- mit dem Kind z.B. eine Trommel anschlagen
- in einer Trommel z.B. Murmeln rollen lassen und zuhören

- das Kind liegt auf der Decke, die Hände oder Füße anheben und zur Musik bewegen
- sich mit dem Kind in Handfassung zur Musik bewegen oder den Rollstuhl zur Musik bewegen …

6 Kognition

Der Begriff „Kognition" ist in der Psychologie weit verbreitet und wird meist synonym zu den Begriffen „geistige Entwicklung", „intellektuelle Entwicklung" oder „Intelligenzentwicklung" verwendet. Unter kognitiver Entwicklung versteht man die Entwicklung all jener Funktionen, die dem Erkennen und Erfassen der Gegenstände und Personen der Umgebung und der eigenen Person gelten. Dazu gehören Intelligenz bzw. das Denken, die Wahrnehmung, das Problemlösen, das Gedächtnis und die Sprache.

6.1 Die kognitive Entwicklung

Erbanlagen

Die kognitive Entwicklung wird von vielfältigen Faktoren bestimmt. Zum einen sind es die Erbanlagen, mit denen das Kind zur Welt kommt, damit meinen wir die Anlagen und Gene, Begabungen und Talente. Auf der anderen Seite stehen die Umwelteinflüsse, die gesamten, von außen kommenden Einflüsse der Familie, Kultur, Religion und Gesellschaft. Als dritten Punkt möchten wir noch die autogenen Faktoren erwähnen. Jeder Mensch kann seine Entwicklung selbst mitgestalten, kann Einflüsse annehmen oder ablehnen. Das macht der Mensch von Anfang an.

Umwelteinflüsse

autogene Faktoren

Der Begründer der kognitiven Entwicklungstheorie Jean Piaget (1896–1980) betont stark die Wechselwirkung zwischen Anlage, Umwelt und Selbst. Diese drei Faktoren bedingen sich gegenseitig, denn die Anlagen eines Kindes nutzen ihm wenig, wenn es keine adäquate Umwelt zum entwickeln hat, ebenso umgekehrt. Und wozu dienen die besten Anlagen und Umwelteinflüsse, wenn das Kind nicht will und sich nicht wohlfühlt? Anhand dieser Beispiele wird deutlich, dass die genannten Faktoren immer in Wechselbeziehung zueinander stehen.

Reifen

Durch die endogenen, exogenen und autogenen Faktoren werden verschiedene Entwicklungsprozesse wie Reifen und Lernen in Gang gesetzt. Unter Reifen versteht man einen genetisch gesteuerten Entwicklungsvorgang, der nach inneren Gesetzmäßigkeiten verläuft. Damit meinen wir beispielsweise, dass das Kind zuerst sitzt und anschließend zum Laufen kommt. Als Lernen bezeichnet man den

Lernen

Tab. 3: Grenzsteine der kognitiven Fähigkeiten

Alter	Kognition
3 Monate	Bewegende Objekte mit den Augen verfolgen
6 Monate	Das Kind kann Gegenstände von einer Hand in die andere transferieren, diese in den Mund stecken, es kann Aktivitäten in nächster Umgebung aufmerksam verfolgen
9 Monate	Intensive Hand-Mund-Augen-Exploration von Gegenständen
12 Monate	Das Kind findet das Objekt, das vor den Augen versteckt wurde, rasch wieder
15 Monate	Gegenstände werden manipuliert und auf ihre einfachste Verwendbarkeit geprüft
18 Monate	Das Kind baut einen Turm aus 2–4 Klötzchen (Zeigen ist erlaubt), es betrachtet altersentsprechende Bilderbücher, zeigt auf Bekanntes, Rollenspiele mit sich selbst
2 Jahre	Das Kind spielt kleine Rollenspiele (Puppe, Bär), es sind Ansätze zu eigeninitiiertem Spiel sichtbar
3 Jahre	Das Kind zeichnet einen Kopffüßler, es kommentiert, was es gemalt hat, Gegenstände bekommen im Spiel eine Bedeutung und werden so genutzt (Als-Ob-Rollenspiele)
4 Jahre	Das Kind stellt W-Fragen, Hört beim Vorlesen, bei Erklärungen zu und versteht, das Kind spielt Rollenspiele (Kaufladen, Puppenstube, Fahrzeuge), differenziert aber noch für sich alleine
5 Jahre	Intensives, detailliertes Rollenspiel auch mit anderen Kindern (situatives Nachspielen, Kaufladen), das Kind macht Konstruktionsspiele mit und ohne Vorlagen

Erwerb neuer oder die Änderung bestehender Verhaltensweisen als Folge von Übung und Erfahrung aufgrund exogener Faktoren. Dies macht deutlich, dass wenn sich das Kind in einer sensiblen Phase befindet, also körperliche Reife vorhanden ist, es auf bestimmte Anregungen oder Förderungen angewiesen ist. In diesen sensiblen Phasen ist das Kind besonders empfänglich für äußere Eindrücke. Bei fehlender Prägung durch solche Eindrücke finden bestimmte Entwicklungsprozesse nicht oder nicht genügend statt.

Die Entwicklung von Kognition, Motorik, Sprache und dem sozial-emotionalen Verhalten findet von Geburt an statt. Bei allen

Bereichen ist es wichtig, dass sie zum richtigen Zeitpunkt in angemessener Weise gefördert werden, damit sich das Kind adäquat entwickeln kann.

Zur Erfassung des kognitiven Entwicklungsstandes nutzt man Intelligenztests, auch sogenannte IQ-Tests. Tab. 3 zeigt Grenzsteine auf, wann das Kind gewisse kognitive Fähigkeiten ausführen sollte. Die Angaben beziehen sich auf das Ende des angegebenen Zeitraumes.

6.2 Entwicklungsverzögerung

Unter Entwicklungsverzögerung versteht man das längere Verweilen auf einer Entwicklungsstufe. Die folgende Entwicklungsstufe wird im Vergleich zu Gleichaltrigen später erreicht.

Testverfahren

Kinderärzte und Entwicklungspsychologen haben aufgrund von Beobachtungen und verschiedenen Testverfahren aus allen Bereichen der kindlichen Entwicklung Werte zusammengetragen, um Aussagen darüber treffen zu können, welche Fähigkeiten und Fertigkeiten Kinder in welchem Alter spätestens beherrschen sollten. Damit kann festgelegt werden, wann eine Entwicklungsverzögerung vorliegt. Je nachdem, wie weit ein Kind vom durchschnittlichen Entwicklungsstand im Vergleich mit Gleichaltrigen entfernt ist, spricht man von einer leichten bis schweren Entwicklungsverzögerung.

Weicht die kindliche Entwicklung in nur einem Bereich ab, beispielsweise der Sprache, so spricht man von einer Sprachentwicklungsverzögerung. Ist das Kind in allen Bereichen verzögert, so spricht man von einer allgemeinen Entwicklungsverzögerung. Die Entwicklung kann in folgenden Bereichen verzögert sein:

- Die *kognitive Entwicklung* beinhaltet das Verstehen von Zusammenhängen, das Denken und die Merkfähigkeit.
- Die *motorische Entwicklung*, welche sämtliche Bewegungsabläufe in der Grob- und Feinmotorik umfasst.
- Die *sprachliche Entwicklung*, welche das Sprachverständnis und die aktive Sprache beinhaltet.
- Die *sozial-emotionale Entwicklung* bezeichnet die Entwicklung des Gefühlslebens sowie den Umgang in der sozialen Gesellschaft, z. B. das Erlernen von Verhaltensregeln.

Gründe für eine Entwicklungsverzögerung

Die Gründe einer Entwicklungsverzögerung können vielfältig sein:

- Schädigungen des Gehirns (Hirnhautentzündung, Folgen eines Sauerstoffmangels während der Geburt, Unfälle mit Schädel-Hirn-Verletzungen), z.B. während der Schwangerschaft, der Geburt oder in der frühen Kindheit
- Frühgeburten
- traumatische Erlebnisse
- unzureichendes Angebot an Sinnesreizen und Erfahrungen
- Deprivation

Wird ein Entwicklungsrückstand festgestellt, empfehlen wir einen möglichst zeitnahen Beginn einer interdisziplinären Förderung.

Bei einer Entwicklungsverzögerung gilt es immer genau zu prüfen, auf welcher Stufe das Kind gerade steht. Man sollte genau beobachten, was das Kind gerade braucht um den Entwicklungsrückstand wieder aufholen zu können. Hier gilt der Leitsatz: „Nicht gegen den Fehler, sondern für das Fehlende“, so Paul Moor (1965, 20).

Förderung des logischen Denkens

Turmbau

Material: Stapelgefäße, z.B. Eimer in verschiedenen Größen

Abb. 59: Das Kind stapelt Gefäße aufeinander.

Ablauf: Die Einführung sollte auf dem Boden stattfinden. Die Heilpädagogin nimmt die einzelnen Eimer und stellt sie vor dem Kind sichtbar ab. Sie nimmt den größten Eimer und stellt ihn auf einen festen Untergrund. Anschließend nimmt sie den nächstkleineren und stellt ihn darauf, usw. Sind alle aufgebaut, so kann der Turm durch Zählen von eins bis drei umgestoßen werden. Nun ist das Kind an der Reihe. Braucht das Kind hierbei noch Hilfe, so ist es ratsam, diese Übung mehrmals gemeinsam durchzuführen.

Matroschkapuppe (Zwerge)

Material: Matroschkapuppe (diese gibt es in verschiedenen Größen und Motiven) (Abb. 60)

Ablauf: Zu Beginn versucht die Heilpädagogin durch Schütteln der Puppe Aufmerksamkeit zu erzeugen. Das Kind darf nun herausfinden, warum dieser Zwerg Geräusche von sich gibt. Kommt das Kind nicht selbst darauf, so öffnet die Heilpädagogin den ersten Zwerg. Das Kind kann nun alle Zwerge aufmachen und mit dem passenden Teil wieder zusammenbauen. Wie viele Zwerge sind es? Anschließend darf das Kind die Zwerge wieder zerlegen und versuchen, alle Teile in dem größten Zwerg zu verstecken. Braucht das Kind hierbei noch Hilfe, so ist es ratsam, diese Übung mehrmals gemeinsam zu machen.

Abb. 60: Versteckte Zwerge

Was versteckt sich da?

Material: Alltagsgegenstände wie z.B. Zahnbürste, Schlüssel, Löffel, Stifte, Tasse, CD etc.

Ablauf: Die Heilpädagogin verteilt die verschiedenen Alltagsgegenstände im Raum. Das Kind darf sie nacheinander holen und erklären, wofür man diese braucht und wo sie hingehören.

Was gehört zusammen?

Material: Hammer, Nagel, Stift, Papier, Nadel, Faden, Geldbeutel, Geld, Zahnbürste, Zahnpasta etc.

Ablauf: Die Heilpädagogin legt alle Gegenstände durcheinander auf den Boden. Das Kind darf sortieren, welche Teile zusammen gehören. Anschließend darf das Kind im Gespräch erzählen, wieso diese Teile zusammen gehören.

Was hab ich unter dem Pullover versteckt?

Material: Alltagsgegenstände

Ablauf: Die Heilpädagogin schließt die Augen und das Kind darf einen Gegenstand aus dem Raum unter dem Pullover verstecken. Durch gezieltes Fragen möchte sie herausfinden, welcher Gegenstand sich unter dem Pullover befindet. Folgende Fragen können beispielsweise gestellt werden: „Welche Farbe hat der Gegenstand?" „Was macht man mit dem Gegenstand?" „Ist der Gegenstand groß oder klein?" Bei diesem Spiel ist es wichtig darauf zu achten, dass die Kinder mit einem vollständigen Satz antworten oder wenn getauscht wird, die Kinder auch mit einem vollständigen Satz Fragen stellen.

Was hat die Schlange verschluckt?

Material: Stoffschlange mit hohlem Bauch, geometrische Körper, die in den Bauch der Schlange passen, Bilder von den geometrischen Formen

Ablauf: Zu Beginn führt die Heilpädagogin (falls dem Kind noch nicht bekannt) die geometrischen Körper ein. Das Kind darf die Körper anfassen. „Wie fühlt sich ein Dreieck an?" Anschließend darf das Kind die Körper den passenden Bildern zuordnen und noch einmal benennen. Nun sagt die Heilpädagogin: „Die Schlange hat nun großen Hunger auf eine Kugel, füttere ihr bitte eine Kugel." Das Kind darf die Kugel verfuttern. Diese Übung wird so lange durchgeführt, bis alle Körper von der Schlange aufgefressen sind. Anschließend sagt die Heilpädagogin: „Die Schlange hat so viel gefressen – jetzt ist es ihr ganz schlecht – ich glaube sie muss spucken. Fühl mal, was, meinst du, spuckt die Schlange als erstes aus?" Das Kind darf den ersten Körper von außen über die Schlange ertasten und benennen, welchen sie wohl als erstes ausspucken wird.

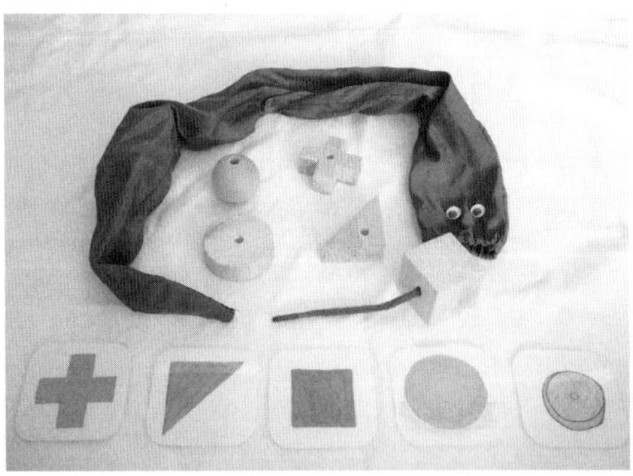

Abb. 61: Schlange mit Inhalt

Warm – Kalt

Material: fünf verschiedene Gummitiere

Ablauf: Die Heilpädagogin stellt die Gummitiere auf den Tisch. Das Kind darf sich alle Tiere ansehen und benennen. Es kann auch ein kurzes Gespräch stattfinden, wo die Tiere wohnen und was sie gerne fressen. Anschließend bittet die Heilpädagogin das Kind, die Augen zu schließen und sie versteckt ein Tier im Raum. Dann darf das Kind die Augen wieder öffnen. Das Kind darf sich nun auf die Suche machen. Mit den Begriffen „warm" und „kalt" unterstützt die Heilpädagogin das Kind bei der Suche. Warm bedeutet, das Kind ist ganz nah dran, kalt bedeutet, das Kind ist ganz weit weg. Hat das Kind das Tier gefunden, darf es das nächste Tier verstecken.

Quatschgeschichten

Material: Eine bekannte Geschichte, die das Kind kennt, beispielsweise das Märchen „Der Wolf und die sieben Geißlein" (es kann aber auch eine frei erfundene Geschichte sein)

Ablauf: Die Heilpädagogin erzählt dem Kind das Märchen mit eingebauten Fehlern. Erkennt das Kind den Fehler, darf es „Fehler" rufen. Die Geschichte wird beispielsweise so erzählt: „Tief im Mond (Wald) steht ein Haus, in dem wohnen drei (sieben) kleine Geißlein …"

Pantomime von Haba

Material: Pantomime von Haba

Ablauf: Einige Karten aus dem Spiel liegen verdeckt auf dem Tisch. Das Kind darf eine Karte ziehen, diese ansehen und nichts verraten. Anschließend darf das Kind ohne Worte vormachen, was auf der Karte ist. Der oder die anderen dürfen raten. Ist der Begriff oder die Situation erraten, kommt der nächste dran. Dieses Spiel ist besonders hilfreich zur Förderung des Vorstellungsvermögens.

Welche Tierteile gehören zusammen?

Material: Spiel mit Tieren, je zwei Teile ergeben ein Tier (s. Abb. 62), kann auch selbst hergestellt werden aus Papier

Ablauf: Die Heilpädagogin nimmt alle Teile aus dem Rahmen. Bei jüngeren Kindern kann dieses Spiel zum einfachen Zusammenbauen genutzt werden.

Variante A: Bei älteren Kindern nimmt die Heilpädagogin alle Teile aus dem Rahmen und mischt sie. Rätselspiel: Die Heilpädagogin macht ein Tiergeräusch vor und das Kind überlegt welches Tier es sein könnte. Es nimmt die entsprechenden zwei Teile und legt sie in den Holzrahmen. Nun ist das Kind an der Reihe.

Abb. 62: Zwei-Teile-Tierpuzzle

Variante B: Die Heilpädagogin nimmt wieder alle Teile aus dem Rahmen und mischt sie. Rätselspiel: Sie beschreibt dem Kind ein Tier. Beispielsweise: „Das Tier ist grün, wohnt am Teich, geht gerne schwimmen, kann weit springen, und manchmal macht es quak" (Frosch). Das Kind darf nun raten. Kommt es darauf, so ist es an der Reihe, falls nicht, beschreibt die Heilpädagogin das Tier noch weiter. Anschließend ist das Kind an der Reihe.

Was malt das Kind da?

Material: Große Wandtafel und Kreide oder Flip Chart, Stifte

Ablauf: Vor Beginn wird ausgemacht, was das Kind malen darf, z.B. Tiere. Nun darf das Kind ohne etwas zu sagen ein Tier auf die Tafel malen. Die Heilpädagogin oder die anderen Kinder dürfen raten, was das Kind für ein Tier gemalt hat. Wurde das Tier erraten, kommt der nächste an die Reihe. Das Spiel ist eine gute Übung für das Vorstellungsvermögen und die Umsetzung aufs Blatt.

Logische Reihen

Material: Verschiedene Holzperlen

Ablauf: Das Kind bekommt den Auftrag, eine Kette zu fädeln mit einer logischen Reihe. Beispielsweise: rote Kugel, blaues Viereck, gelbe Scheibe. Diese Reihenfolge soll das Kind so lange befolgen, bis die Kette fertig ist. Diese Übung kann auch mit sämtlichen Materialien am Boden gelegt oder auf Papier als Arbeitsblatt gemacht werden.

Abb. 63: Nachgebogene Formen

Formen mit Pfeifenputzer nachbiegen

Material: Bildkarten mit Bildern wie z. B. Herz, Wolke, Viereck, Dreieck, Pilz, Kreis etc., so viele Pfeifenputzer wie Bildkarten

Ablauf: Das Kind darf nun mit je einem Pfeifenputzer ein entsprechendes Bild nachbiegen. Als Kontrolle kann es die gebogene Figur auf die Bildkarte legen.

Geschichten legen

Material: Aus einem Bilderbuch die Bilder kopieren oder abfotografieren und einlaminieren (dazu eignen sich auch Märchen)

Ablauf: Die Heilpädagogin erzählt als erstes dem Kind die Geschichte aus und mit dem Bilderbuch zur Ansicht. Das Kind darf dazu Fragen stellen. Als zweiten Schritt darf das Kind in derselben Stunde oder eine Woche später die Geschichte mithilfe des Bilderbuches mit eigenen Worten wiedergeben. Anschließend oder in der nächsten Stunde darf das Kind die Geschichte mit Bildkarten in die richtige Reihenfolge legen. Nun soll das Kind die Reihenfolge überprüfen und die Geschichte mit eigenen Worten erzählen. Hat das Kind hier einen Fehler gemacht, so kommt es meist selbst beim Erzählen darauf.

Weitere Spiel- und Materialvorschläge

- Bandolo (Arena)
- LÜK-Kasten (Westermann)
- Schloss Schlotterstein (Haba)
- Das verrückte Labyrinth (Ravensburger)
- Wimmelbücher von Rotraut Susanne Berner (Gerstenberg-Verlag)

Förderung des Gedächtnisses und der Merkfähigkeit

Wo hat sich der Schnuller versteckt?

Material: Drei Gefäße, unter denen man etwas verstecken kann, Gegenstände zum Verstecken

Ablauf: Diese Übung kann gut auf dem Fußboden stattfinden. Das Kind sollte so sitzen, dass es die drei Gefäße gut sehen kann. Kleinkinder sollten beim Verstecken der Gegenstände/des Gegenstandes zusehen. Anschließend kann die Heilpädagogin fragen: „Wo hat sich … versteckt?" Das Kind darf dann das Gefäß anheben und schauen, ob der richtige Gegenstand darunter ist.

Kim Spiele – Schau genau

Material: Mehrere Gegenstände z.B. Zeitung, Schlüssel, Gabel, Gummitier, Baustein, Ball etc.

Ablauf: Alle Gegenstände liegen vor uns auf dem Tisch. Das Kind prägt sich die Gegenstände gut ein. Von dem Kind unbeobachtet wird ein Gegenstand entfernt, vertauscht oder hinzugefügt. Das Kind darf raten, was sich verändert hat bzw. was fehlt.

Abb. 64: Das Kind sucht nach dem Schnuller.

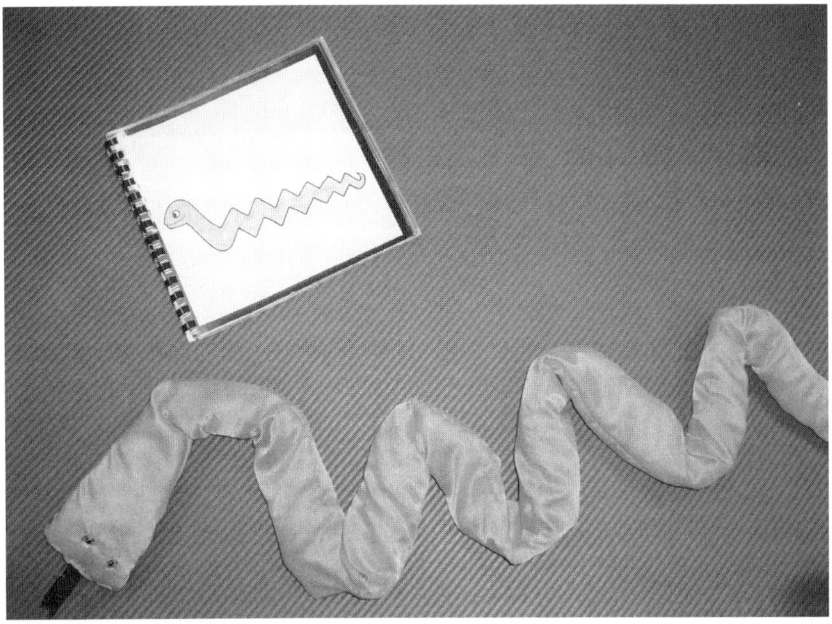

Abb. 65: Form mit Stoffschlange nachlegen

Formen mit der Schlange nachlegen

Material: Ca. 1,50 m lange Stoffschlange, Bildkarten, die zum Nachlegen geeignet sind, z. B. Wellen, Kreis, Viereck, Treppe etc.

Ablauf: Die Heilpädagogin zeigt dem Kind eine Bildkarte, z. B. Kreis. Das Kind darf nun mit der Schlange die Form nachlegen.

Variante: Die Heilpädagogin zeigt dem Kind für kurze Zeit eine Bildkarte. Anschließend dreht sie die Bildkarte um. Das Kind darf nun aus dem Gedächtnis heraus die Form mit der Schlange nachlegen. Dann dreht sie die Bildkarte wieder um, das Kind kann das Bild mit der Schlange vergleichen und evtl. den Fehler selbst korrigieren.

Was war's?

Material: Verschiedene Gegenstände, z. B. Löffel, Papier, Stifte, Gummitier, Banane etc.

Ablauf: Die Heilpädagogin zeigt dem Kind drei Gegenstände für eine kurze Zeit, anschließend deckt sie die Gegenstände mit einem Tuch zu. Das Kind darf nun auf das Papier malen, was es gesehen hat. Danach zeigt die Heilpädagogin dem Kind die Gegenstände und das Kind kann das Gemalte vergleichen.

Variante A: Mit älteren Kindern können auch mehrere Gegenstände genutzt werden.

Variante B: Die Heilpädagogin zeigt dem Kind wie oben beschrieben die verschiedenen Gegenstände. Diese werden anschließend zugedeckt. Danach geht sie mit dem Kind in eine kurze motorische Aktion, z.B. Schaukeln, eine Runde mit dem Rollbrett fahren etc. Zurück am Tisch darf das Kind benennen oder auf ein Papier malen, was es für Gegenstände unter dem Tuch gesehen hat.

Was hat sich verändert?

Material: Keines

Ablauf: Dieses Spiel kann zu zweit oder mit mehreren Kindern gespielt werden. Ein Kind darf vor die Türe gehen, währenddessen darf ein anderes Kind etwas im Raum verändern. Beispielsweise verändert jemand den Sitzplatz, eine Brille wird vertauscht oder ein Kleidungsstück wird abgelegt. Anschließend wird das Kind wieder herein gerufen und aufgefordert zu raten, was sich verändert hat.

Ein Bild betrachten

Material: Ein Bild oder ein Bilderbuch z.B. von Ali Mitgutsch

Ablauf: Die Heilpädagogin zeigt dem Kind ein Bild – je nach Alter mit unterschiedlich vielen Einzelheiten. Dann deckt sie das Bild ab und stellt dem Kind verschiedene Fragen: „Wie viele Kinder waren auf dem Spielplatz?“, „Was macht der Opa auf dem Bild?“, „Was hat die Mutter eingekauft?“ etc.

Aufträge ausführen

Material: Keines

Ablauf: Der Spielleiter (oder ein anderes Kind) ist der König und darf Aufträge erteilen, wie beispielsweise: „Bring mir bitte einen Zettel, einen Stift und eine Murmel.“ Das Kind erfüllt den Auftrag. Die Aufträge können altersentsprechend schwieriger oder lustiger ausfallen. „Geh zum Schrank, hol aus der zweiten Schublade von unten drei Tassen, leg eine vor die Türe, eine ins Waschbecken und in die dritte fülle Wasser und bring sie mir.“

Kofferpacken

Material: Keines

Ablauf: Alle Mitspieler sitzen im Kreis auf dem Boden. Sind es nur zwei Mitspieler, dann sitzen sich diese gegenüber. Die Heilpädagogin beginnt und sagt: „Ich packe meinen Koffer und nehme mit – eine Badehose.“ Dann ist der nächste an der Reihe und sagt: „Ich packe meinen Koffer und nehme mit – eine Badehose und eine Sonnencreme“ usw. Jeder, der an der Reihe ist, muss das bereits Gepackte in der richtigen Reihenfolge wiederholen und in jeder Runde etwas Neues hinzufügen. Sieger ist der, der sich am Meisten merken kann.

Familie Müller (Spiel ab vier Mitgliedern)

Material: Keines

Ablauf: Alle Mitspieler gehören zur Familie Müller. Jedes Kind erhält einen Namen: Herr Müller, Frau Müller, Sohn Stefan Müller, Tochter Maria Müller usw. Die Heilpädagogin erzählt eine Geschichte, in der alle Familienmitglieder vorkommen. Wird im Verlauf ein Familienmitglied genannt, muss das entsprechende Kind aufstehen, sich einmal um die eigene Achse drehen und wieder setzen. Kommt die Familie Müller insgesamt vor, müssen alle aufstehen und sich um die eigene Achse drehen und sich wieder setzen. Die Geschichte kann selbst erfunden werden.

Das versteckte Gummibärchen

Material: Drei gleich aussehende Streichholzschachteln, Gummibärchen

Ablauf: In eine von drei leeren Streichholzschachteln wird ein Gummibärchen gepackt. Die Heilpädagogin zeigt dem Kind die befüllte Schachtel. Anschließend vertauscht sie die Positionen der drei Schachteln. Das Kind versucht mit den Augen die Schachtel mit den Gummibärchen im Auge zu behalten. Nach ein paar Zügen darf das Kind raten, wo sich das Gummibärchen befindet. Hat es gut aufgepasst, so darf es das Gummibärchen essen.

Aschenputtel

Material: Jeweils zehn getrocknete Kidneybohnen, Erbsen, Maiskörner, Linsen

Ablauf: Jeweils zehn getrocknete Kidneybohnen, Erbsen, Maiskörner, Linsen werden gemischt. Das Kind darf nun mit verbundenen Augen die verschiedenen Bohnen, Erbsen, Körner und Linsen auseinander sortieren. Wer hat nach einer Minute wie viele sortiert?

Weitere Spiel- und Materialvorschläge

- Nanu (Ravensburger)
- Memory (Ravensburger)
- Zicke Zacke Hühnerkacke (Zoch Verlag)

Allgemeine Anregungen zur kognitiven Entwicklung

- Mit dem Kind Bilderbücher betrachten, Geschichten vorlesen, darüber sprechen, z. B. Was ist Was Bücher, oder Märchen, Bilderbücher
- Fingerspiele, Lieder oder Verse lernen
- dem Kind Anregungen zum kreativen Gestalten geben, z. B. Malen, Basteln, Werken, Bauklötze, Legos

- Ratespiele spielen, z. B. Ich sehe was, was du nicht siehst, Ratz fatz von Haba
- dem Kind altersentsprechende Aufträge erteilen, z. B. „Geh bitte in die Küche und hole eine Tasse, eine Gabel und ein Geschirrtuch“
- freie und gelenkte Rollenspiele spielen
- Lernspiele am Tisch spielen, z. B. Meine ersten vier Spiele (Ravensburger), Das verrückte Labyrinth (Ravensburger), Memory (Ravensburger), Was passt zusammen? (Ravensburger), Zahlenzwerge (Haba), Schloss Schlotterstein (Haba), Uno (Mattel), Differix (Ravensburger), Blinde Kuh (Ravensburger)

Da Kinder mit Entwicklungsverzögerungen in sämtlichen Bereichen noch Schwierigkeiten haben können, führen wir an dieser Stelle keine weiteren Fördermöglichkeiten auf, sondern möchten auf alle weiteren Kapitel in diesem Buch verweisen.

6.3 Lernschwäche, Lernbehinderung

Der Begriff der Lernbehinderung existiert seit den 1960er Jahren.

Definition Es gibt verschiedene Versuche, den Begriff zu definieren.

„Die Begriffsbildung ist schwierig und oft sehr einseitig, je nachdem, von welchem wissenschaftlichen oder subjektiven Vorverständnis oder von welchen Ursachen ausgegangen wird.

Als lernbehindert bezeichnet man Kinder, die schon im Vorschulalter wesentlich in ihrer Lernfähigkeit und damit in ihrem gesamten Verhaltens- und Persönlichkeitsaufbau beeinträchtigt sind. Sie weichen von ihrer Altersgruppe hinsichtlich organischer Gesundheit, Intelligenz, Lernfähigkeit und Sozialverhalten soweit ab, dass eine besondere individuelle Förderung des Kindes und seiner familiären Lebensbedingungen sowie ein differenzierter pädagogischer Mehraufwand bereits im Kindergartenalter und spätestens in der Schule notwendig sind.“ (Schmutzler 2008, 283)

Dabei spricht man bei einer Lernschwäche oder Lernstörung von weniger gravierenden, temporären oder partiellen Beeinträchtigungen. (Schmutzler 2008, 284)

ICD-10 Die ICD-10 gibt verschiedene Umschreibungen für die Lernbehinderung. Wir setzen in unserem Buch Erklärungen aus der ICD-10 ein, da wir in unserer Frühförderung z. B. beim Ausfüllen von Fördernachweisen an den Arzt, bei Diagnose- und Abschlussberichten mit den F-Nummern aus der ICD-10 arbeiten. Die Störungen werden unter Entwicklungsstörungen gerechnet und klassifiziert nach:

- F 81 Umschriebene Entwicklungsstörungen schulischer Fertigkeiten
- F 81.0 Lese-Rechtschreib-Störung
- F 81.1 Isolierte Rechtschreibstörung
- F 81.2 Rechenstörung
- F 81.3 Kombinierte Störungen schulischer Fertigkeiten
- F 81.8 Sonstige Entwicklungsstörungen schulischer Fertigkeiten
- F 81.9 Entwicklungsstörung schulischer Fertigkeiten, nicht näher bezeichnet (Dilling et al. 2000)

Der deutsche Bildungsrat spricht von einer kognitiven Minderbegabung, wenn der IQ-Wert des Kindes zwischen 70 und 85 liegt. Dieser Wert kann mit standardisierten Intelligenztests ermittelt werden. Unsere Kolleginnen in der Frühförderung benutzen unter anderem dazu den K-ABC-Test für Kinder.

Wir sind der Meinung, dass ein Kind nicht allein wegen eines IQ-Wertes in eine bestimmte Sparte oder Klassifikation eingeteilt werden darf. Es müssen u.a. die sozioökonomischen Bedingungen, also das Umfeld und die Rahmenbedingungen des Kindes beachtet werden, wie zum Beispiel:

- Bekommt das Kind genügend sprachliche, kognitive und emotionale Anregung?
- Bekommt es Hilfe und Unterstützung bei Problemen und Belastungen?
- Herrscht ein unkontrollierter Medienkonsum vor?
- Fehlen Möglichkeiten, aktiv Erfahrungen zu sammeln und Handlungen zu ermöglichen?
- Fehlen kindgemäße Beschäftigungsmöglichkeiten?

Auffälligkeiten

In unserer täglichen Arbeit fallen uns vor allem folgende Entwicklungsabweichungen auf:

- Das Kind zeigt eine geringe Aufmerksamkeit mit oder ohne motorische Unruhe.
- Das Kind zeigt eine geringe Belastbarkeits- und Anstrengungsbereitschaft.
- Es vermeidet Spiele, die Denkleistungen fordern.
- Das Kind zeigt sich körperlich schnell erschöpft, teilt uns dies auch mit: „Ich kann nicht mehr."
- Sie spielen eher alleine oder mit jüngeren Kindern, bzw. gelingt es ihnen überhaupt in eine Spielhandlung zu kommen?
- Ihnen fehlt häufig die Integration in die Gruppe, sie werden abgelehnt oder wenig beachtet.
- Oder sie haben Schwierigkeiten bei differenzierten Wahrnehmungsleistungen, bei Körper- und Feinmotorik wirken sie eher ungeschickt und ungeübt.
- Bei Beschäftigungen in der Gruppe schweifen sie sehr schnell ab und können dem Geschehen kaum folgen.

- Bei gestellten Aufgaben orientieren sie sich bei anderen Kindern und handeln vor allem durch Beobachtung.
- Kommen diese Kinder nach Erklärungen als erstes an die Reihe, haben sie den Auftrag häufig nicht verstanden und wissen nicht was sie tun sollen.

Außerdem gilt es zu beachten, welche Stärken und Ressourcen das Kind und sein Umfeld mitbringen, um den Entwicklungsrückstand aufzuholen.

ganzheitliche Sinneserfahrungen

Es ist uns allen bewusst, dass Lernen ganzheitlich vollzogen wird, und zwar durch ganzheitliche Sinneserfahrungen und nicht durch rein kognitive Leistungen. Dementsprechend richten wir unsere Förderung danach aus. Eine Förderung, die individuell auf jedes einzelne Kind und dessen Fähigkeiten und Möglichkeiten abgestimmt ist. Hier ist es sinnvoll, einen Förderplan zu erstellen, der unterschiedliche Fördermöglichkeiten aus den verschiedenen Kapiteln unseres Buches beinhalten kann. Innerhalb eines strukturierten Rahmens, einer strukturierten Förderstunde können sich folgende Anregungen positiv auf die Lernmotivation und den Lernerfolg des Kindes auswirken:

- Welcher Lerntyp ist das Kind? Lernt es leichter über Bilder, Worte, oder über den Körper?
- Lernen über mehrere Sinneskanäle – „(Be-)greifen".
- Was interessiert das Kind, was weckt seine Neugier?
- Die Stunde strukturieren, Spannung, Entspannung und Bewegung einbauen
- Weniger ist oft mehr! Durch Wiederholung festigen.
- Ein ruhiger, heller Raum, der mit den benötigten Materialien vorbereitet ist.
- Erfolgserlebnisse ermöglichen.
- Lob zielgerichtet und ehrlich aussprechen, auch mit angebrachter Belohnung arbeiten.
- Leistung, die das Kind erbringen kann, konsequent verlangen.
- Dem Kind erklären, dass jeder Mensch Fehler machen kann und darf und niemand perfekt ist.
- Vor dem Angebotswechsel und am Ende der Stunde aufräumen.
- Kann das Kind die verbalen Anweisungen verstehen? Zuerst eine Anweisung, dann steigern.
- Gelingt dem Kind das Überkreuzen der Mittellinie? Wenn nein, dann können die im Anschluss folgenden Übungen hilfreich sein.
- Hat das Kind graphomotorische und feinmotorische Schwierigkeiten? Ist die Hinzuziehung eines Ergotherapeuten notwendig?

Allgemeine Anregungen für Kinder von 0–3 Jahren

Kinder sollen verschiedene Materialien ausprobieren dürfen und mit ihnen vertraut werden. Sie sollen ihre Aufmerksamkeit auf sich bewegende und sich nicht bewegende Gegenstände richten können, ihre Orientierung im Raum erweitern. Kinder sollen eine Objektidentität entwickeln und Suchverhalten erleben, den Gebrauch von Hilfsmitteln erfahren, um zu ihrem Ziel zu kommen, ein Körperschema entwickeln und erste Farb- und Formspiele erleben. Gleichzeitig fördern diese Übungen die Auge-Hand-Koordination, die Feinmotorik und die Konzentration:

- Gegenstände in kräftigen Farben bewegend oder nicht bewegend in Augenhöhe des Kindes halten
- einen großen bunten Ball vom Kind weg- und zu ihm hinrollen (zunächst die Aufmerksamkeit des Kindes darauf lenken)
- Kuckuck-Spiele mit dem Kind machen
- das Kind mit einer Rassel explorieren lassen, dann die Rassel auf den Boden vor das Kind legen
- Spiele mit einer Ziehente spielen
- sich selbst im Spiegel betrachten
- dem Kind ein Spielzeug zeigen und unter einem Tuch verstecken
- Spiele bzw. freies Probieren mit einer Handtrommel
- erstes Spiel mit Holzklötzchen, z. B. Bauen eines Turmes, den das Kind wieder umwerfen kann
- Kritzeln mit Wachsmalkreiden
- freies Spiel mit Haushaltsgegenständen, z. B. einem Kochlöffel und einem Kochtopf
- freies Spiel mit einer Puppe, später Körperteile benennen, Körperteile suchen
- Formen in eine Formenbox stecken
- erste Puzzle kennenlernen (z. B. drei Teile)

Übungen zum verbalen Anweisungsverständnis

In unserer Arbeit begegnen uns immer wieder Kinder, die Probleme haben, altersgerechte Anweisungen zu verstehen bzw. umzusetzen. Besonders im täglichen Leben und später im schulischen Alltag ist es für die Kinder von besonderer Wichtigkeit, Anweisungen zu hören und zu verstehen, um die gestellten Aufgaben überhaupt angehen und somit ständigen Frustrationen begegnen zu können. Diese Probleme können das Kind in seiner Selbstbewusstseinsentwicklung beeinträchtigen und später zu Lernblockaden führen.

Aufgabenparcours

Material: Verschiedene Turngeräte: Langbank, Matten, Ringe, Bälle, Tücher usw., Stofftiere

Ablauf: Das Kind bekommt die Anweisung: „Besuch den Affen auf dem Baum (Sprossenwand)“, oder „Balanciere über die Brücke (Langbank)“, „Krieche durch die Höhle (Tunnel) …“. Die Heilpädagogin soll mit einer Aufgabenanweisung beginnen, dann Steigern auf zwei oder mehr Anweisungen, die das Kind verstehen, sich merken und ausführen muss.

Ratespiel

Material: Verschiedene Alltagsgegenstände, z.B. Besteck, Teller, Zahnbürste, Handtuch …

Ablauf: Wir besprechen mit dem Kind, was man mit den Gegenständen tun kann. Das Kind kann die Dinge auch ausprobieren. Danach bekommt es die Aufgabe, z.B. drei Gegenstände auszusuchen und in ganzen Sätzen zu sagen, für welche Tätigkeit wir diese brauchen, z.B. „Mit der Zahnbürste putze ich die Zähne. Mit dem Löffel esse ich die Suppe …“.

Geschichten erzählen

Material: Kindgerechte, dem Entwicklungsstand des Kindes angepasste Geschichte (z.B. Hörst du den leisen Streichelwind, Loewe)

Ablauf: Zuerst lesen wir die Geschichte vor und betrachten, falls vorhanden, die Bilder. Entsprechend der Entwicklung des Kindes wiederholen wir die Geschichte ein oder mehrmals in den nächsten Tagen und lassen das Kind mehr und mehr alleine erzählen bzw. stellen Fragen zu der Geschichte.

Variante: Das Kind darf die Fragen beantworten und Teile der Geschichte malen.

Arbeitsblätter

Material: Arbeitsblätter entsprechend des Förderbedarfs des Kindes

Ablauf: Arbeitsblatt 1: Blumenwiese: Wir betrachten und besprechen das Arbeitsblatt mit dem Kind. Danach bekommt das Kind die Anweisung, wie es das Arbeitsblatt zu bearbeiten hat (Download unter www.reinhardt-verlag.de).

Arbeitsblatt 1

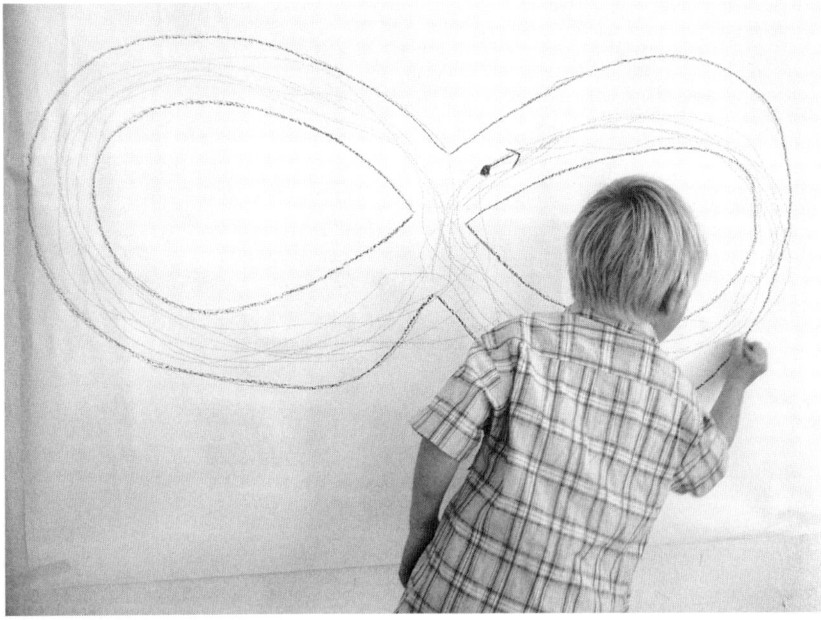

Abb. 66: Das Kind fährt die liegende Acht mit dem Stift an der Wand nach.

Überkreuzen der Mittellinie

Die liegende Acht 1

Material: Klebeband, großes Papier, Wachsmalkreiden

Ablauf: Auf das Papier zeichnet die Heilpädagogin eine große liegende Acht, anschließend wird sie auf den Boden oder an die Wand geklebt. Zuerst darf das Kind die Acht nachgehen und anschließend die liegende Acht mit einem Stift nachmalen. Aufgepasst: Rechts oben beginnen und flüssig, ohne abzusetzen die Acht nachfahren. Gut ist es, wenn das Kind zuerst mit dem Finger nachfährt.

Federballspiel

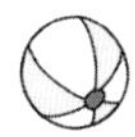

Material: Kurze Federballschläger, ein Luftballon, eine Schnur, um das Feld abzugrenzen

Ablauf: Wir grenzen mit der Schnur das Feld ab. Danach darf sich das Kind ein Feld aussuchen. Nachdem der Luftballon aufgeblasen ist, beginnt das „Match". Es können auch die Punkte gezählt werden. Fällt einem Spieler der Luftballon auf den Boden, so bekommt der andere einen Punkt. Hat ein Spieler zehn Punkte erreicht, so hat dieser gewonnen.

Abb. 67: Federballspiel mit dem Luftballon

Wäscheklammernspiel 1

Material: Wäscheklammern, CD mit Musik, CD-Player

Ablauf: Die Kinder dürfen sich links und rechts verteilt Wäscheklammern an den Pullover heften. Beginnt die Musik, sollen sich die Kinder die Wäscheklammern gegenseitig klauen und an den eigenen Pulli heften. Hört die Musik auf zählen die Kinder ihre Wäscheklammern und ermitteln den Wäscheklammernkönig.

Das ist das Haus vom kleinen Klaus

Material: Arbeitsblatt (Download unter www.reinhardt-verlag.de) mit dem Haus, das überkreuz mit einem Strich fertig gemalt wird, Stifte, Vers: „Das ist das Haus vom Nikolaus“, oder „vom kleinen Klaus.“

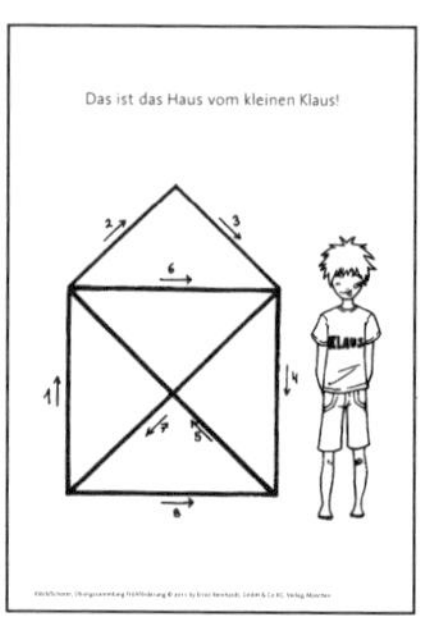

Arbeitsblatt 2

Ablauf: Arbeitsblatt 2: Das Haus vom kleinen Klaus

Das Haus und die Linienführung werden zunächst mit Pfeilen vorgemalt, damit das Kind das Haus ebenfalls mit einem Strich fertig malen kann. Dazu sprechen wir den Vers vom kleinen Klaus. „Das ist das Haus vom kleinen Klaus.“ Danach kann das Kind probieren, das Haus vom kleinen Klaus alleine zu malen.

Weitere Übungen zum Überkreuzen der Mittellinie s. Kap.7.1 und 7.2.

Abb. 68: Das Kind fädelt Perlen auf.

Feinmotorische Übungen

Ketten fädeln

Material: Verschiedene Perlen, aus Holz oder Plastik, eine Schnur

Ablauf: Das Kind darf sich eine bunte Kette fädeln.

Variante A: Die Farben benennen.

Variante B: Die Kette nach einem vorgegebenen Muster fädeln.

Steckkissen

Material: Ein kleines Kissen z. B. in Herzform, Stecknadeln, Glitzerplättchen mit einem kleinen Loch

Ablauf: In ruhiger Atmosphäre darf das Kind die Plättchen mit den Stecknadeln am Kissen befestigen. Ein individuelles Bild entsteht.

Pipettenspiel

Sehr gute Übung zur Förderung der Feinmotorik. Beschreibung der Übung in Kapitel 5.2, „Pipettenspiel“.

Abb. 69: Reiskörner löffeln

Kastanienspiel

Material: Kastanien in einem Korb, ein leerer Korb, eine Holzzange

Ablauf: Die Kastanien werden mithilfe der Holzzange von dem vollen Korb in den leeren Korb befördert.

Reiskörner löffeln

Material: Ein Schälchen, vier Schnapsgläser, ein Teelöffel, Reiskörner

Ablauf: Diese Übung findet am Tisch statt. Das Kind darf mithilfe des Löffels die Reiskörner in die Schnapsgläser löffeln. In jedem Schnapsglas soll in etwa gleich viel drin sein.

Katze und Bär

Arbeitsblatt 3

Material: Arbeitsblatt 3 (Download unter www.reinhardt-verlag.de)

Ablauf: Das Kind fährt den Faden zunächst mit dem Finger und dann mit dem Stift nach.

Weitere Fördermöglichkeiten zur Feinmotorik Kapitel 5.2.

Übungen zur Aufmerksamkeit, Konzentration, Kognition und Wahrnehmung

Zählspiel

Material: Dazu eignen sich viele Gegenstände, auch das Lieblingsspielzeug des Kindes: Bälle, Löffel, Holztiere …

Ablauf: Das Kind legt z. B. mit den Holztieren eine Reihe und zählt diese ab. Mit wenigen Tieren (z. B. drei) anfangen, durch Wiederholung festigen und danach die Übung mit mehreren Tieren erweitern.

Mengenspiel

Material: z. B. Holztiere

Ablauf: Die Heilpädagogin nimmt drei Tiere, oder das Kind darf sich drei Tiere aussuchen. Diese werden auf den Tisch gelegt und benannt. Danach soll das Kind ohne zu zählen sagen, wie viele Tiere auf dem Tisch liegen. Steigerung: Die Menge der Tiere steigern. Die Tiere jeweils in einer anderen Anordnung auf den Tisch legen.

Variante A: Die Heilpädagogin legt zwei Haufen mit Tieren nebeneinander. Das Kind soll ohne zu zählen sagen, auf welchem Haufen mehrere Tiere liegen.

Variante B: Die Heilpädagogin stellt ein großes Tier neben ein kleineres Tier (z. B. Elefant – Hund). Sie zeigt auf den Elefant und sagt zu dem Kind: „Das ist das große Tier, das ist das kleine Tier" oder „Der Elefant ist groß, der Hund ist klein. Zeig mir das große Tier oder zeig mir das kleine Tier." Steigerung: Es wird noch ein mittleres Tier dazu genommen und benannt. Die Anordnung der Tiere wird verändert. Das große Tier steht neben dem kleinen Tier und danach kommt erst das mittlere Tier usw. Die ganze Übung wird mit anderen Tieren noch einmal durchgeführt.

Oberbegriffe kennen lernen

Material: Bilder von verschiedenen Fahrzeugen, Gemüsesorten, Obstsorten, Kleidungsstücken ... oder verschiedenes Spielzeug, z. B. kleine Fahrzeuge (Auto, Flugzeug, Motorrad ...), Puppenkleider (Rock, Strümpfe, Jacke ...), verschiedene Stifte (Holzstift, Wachsmalkreide, Filzstift ...), verschiedene Bälle (Federball, Tennisball ...)usw.

Ablauf: Das Kind darf die Bilder bzw. Spielsachen sortieren. Also alle Fahrzeuge zueinander legen, die Gemüsesorten zueinander legen usw. Danach benennen wir die einzelnen Dinge und sagen den Oberbegriff dazu.

Formenspiel

Material: Geometrische Formen aus Holz oder Tonkarton, es sollte jede Form eine Farbe haben (z. B. der Kreis ist rot, das Quadrat ist blau, das Rechteck ist grün und das Dreieck ist gelb)

Ablauf: Die einzelnen Formen wie Dreieck, Quadrat, Rechteck, Kreis kennenlernen: Die Formen fühlen und beschreiben, die Ecken abzählen und jede einzelne Form benennen: „Das ist ein Kreis." „Das ist ein Dreieck." Mit einer Form beginnen und wenn diese bekannt ist weitergehen.

Variante A: „Such mir den Kreis aus den anderen Formen heraus."

Variante B: „Welche Farbe hat der Kreis?"

Variante C: Aufträge erteilen: „Leg den Kreis in die Ecke. Leg das Dreieck auf den Tisch." usw.

Variante D: „Hol mir die rote Form zurück und sag mir wie sie heißt."

Farbenspiel

Material: Bunte Muggelsteine, bunte Schalen

Ablauf: Das Kind darf zunächst mit den bunten Muggelsteinen spielen. Anschließend darf es die Steine sortieren. Es kommen alle roten Muggelsteine in eine rote Schale, die gelben Muggelsteine in eine gelbe Schale … Wenn notwendig, mit nur zwei Farben beginnen und erst wenn diese bekannt sind, weitere Farben hinzunehmen. Die Übung kann sprachlich begleitet werden. „Der Stein ist gelb wie die Sonne, grün wie das Gras …".

Freies Spiel mit Farben und Formen

Material: Bunte Formenplättchen aus Holz, ein Holzrahmen

Ablauf: Das Kind darf mit den Plättchen ein Bild in den Holzrahmen legen.

Variante: Das Kind bekommt die Aufgabe, ein Haus oder einen Schneemann o. ä. aus den Formenplättchen zu legen.

Die Jahreszeiten/Monate und Tage kennenlernen

Material: Einen veränderbaren Jahreszeitenkalender aus Holz (Haba)

Ablauf: Mit dem Kind die Jahreszeiten besprechen und am Kalender einstellen. Den Monat und die Tage kennenlernen und täglich oder wöchentlich einstellen. „Schau, wir haben Frühling, die Bäume haben Blätter und Blüten am Baum." „Heute haben wir Montag, den 30. August. Montags kommst du immer zu mir in die Förderstunde." „Wir stellen die Uhrzeit ein, denn du kommst immer um 11 Uhr." Diese Übung kann immer der Anfang einer Förderstunde sein und wird durch die stetige Wiederholung gefestigt.

Bauen mit Holzklötzen

Material: Holzbausteine, Spielfiguren, Autos

Ablauf: Das Kind darf frei mit den Bausteinen bauen. Es darf sich mit dem Material vertraut machen. Danach bekommt es Aufgaben: „Bau für unsere Ritter einen Turm in die Höhe, oder bau eine lange Straße für unsere Autos."

Variante A: Die Heilpädagogin baut eine Brücke, ein Haus usw. und das Kind soll das Gebilde nachbauen.

Bilder zerschneiden und zusammenlegen

Material: Ein weißer Tonkarton DIN A3, Wachsmalkreiden oder Holzstifte, eine Schere

Ablauf: Das Kind darf ein Bild, das es gut malen kann, groß auf das Papier skizzieren und ausmalen (z.B. einen Ball oder ein Haus), oder es bekommt ein vorgefertigtes Bild (z.B. das Bild von einer Katze). Das Kind malt zu Beginn ein Bild auf das Blatt oder malt die Katze farbig an. Anschließend zerschneidet es das Bild in drei oder mehrere Teile. Beim Zusammensetzen des Bildes werden die Körperteile der Katze benannt: „Das ist der Kopf der Katze, da ist der Bauch etc.“. Geübte Kinder können das Bild auch in mehrere Teile zerschneiden.

Körperpuzzle

Material: Ein weißer Tonkarton in der Größe des Kindes, Wachsmalkreiden oder Fingerfarben, ein Stift zum Umfahren des Körperumrisses, verschiedene Bastelmaterialien wie Stoffreste ,Bunt- oder Glanzpapier, Federn, Pailletten, Wolle, Kleber

Ablauf: Das Kind legt sich auf das Papier und die Heilpädagogin umfährt den Körper des Kindes. Dabei sagt sie, an welchem Körperteil sie gerade entlang fährt. Danach darf das Kind mit oder ohne Hilfe den Körper anmalen und ausschneiden. Es wird noch einmal besprochen, was das Kind alles für Körperteile hat bzw. welche Kleidung es trägt.

Variante: Das Kind klebt die Kleidung aus den verschiedenen Bastelmaterialien auf das Papier.

Weitere Fördermöglichkeiten können im Kapitel 8.2 nachgelesen werden.

6.4 Geistige Behinderung

Definition

Eine eindeutige, allgemein akzeptierte Definition für den Begriff geistige Behinderung gibt es nicht. Eitle (2003, 71) bietet folgende Definition an:

> „Geistig behindert ist, wer infolge einer organisch-genetischen oder anderweitigen Schädigung in seiner psychischen Gesamtentwicklung und seiner Lernfähigkeit so beeinträchtigt ist, dass er voraussichtlich lebenslanger sozialer und pädagogischer Hilfen bedarf.“

ICD-10

Die ICD-10 spricht von einer Intelligenzminderung und klassifiziert nach:

- F 70 Leichte Intelligenzminderung (IQ 50–69)
- F 71 Mittelgradige Intelligenzminderung (IQ 35–49)
- F 72 Schwere Intelligenzminderung (IQ 20–34)
- F 73 Schwerste Intelligenzminderung (IQ unter 20)
- F 78 Andere Intelligenzminderung
- F 79 Nicht näher bezeichnete Intelligenzminderung
- (Dilling et al. 2000)

In unserer Einrichtung arbeiten die Diagnostikerinnen unter anderem häufig mit dem K-ABC-Test, einem standardisierten Intelligenztest. Es ist zu Recht umstritten, anhand eines ermittelten IQ-Wertes klar abzugrenzen und von einer geistigen Behinderung zu sprechen. Erstens ist es oft nicht möglich, aufgrund einer körperlichen Behinderung und/oder einer Verhaltensstörung einen Test adäquat durchzuführen. Außerdem ist eine systematische Analyse der Mensch-Umweltverhältnisse notwendig und wie gut die Inklusion des Kindes in sein Umfeld und umgekehrt gelingt. Zudem sollte nicht nur die kognitive Intelligenz, sondern ebenso die praktische und sozial-emotionale Intelligenz eines Menschen beachtet werden. Genauso schwierig war es für uns, eine bestimmte Begrifflichkeit zu wählen. Wir sind nach längerer Überlegung zum allgemeinen Verständnis bei dem Begriff „Menschen mit einer geistigen Behinderung“ geblieben.

Ursachen

Ursachen für eine geistige Behinderung können endogene Faktoren, wie z. B. Erbkrankheiten oder Chromosomen-Besonderheiten sein. Zu den exogenen Faktoren zählen cerebrale Schädigungen, wie Sauerstoffmangel während der Geburt, Alkoholkonsum während der Schwangerschaft, Gehirn- oder Hirnhautentzündungen, Unfälle oder Strahlung.

Begleitung der Eltern

Wichtig ist es, Kinder mit einer geistigen Behinderung in ihrer Entwicklung best- und frühestmöglich zu fördern. Dabei ist es notwendig, die Eltern auf dem Weg der „Annahme“, des Verarbeitungsprozesses und bei evtl. Schuldzuweisungen zu begleiten. Ihnen Hilfe und Unterstützung bei der Frage zu geben, wie sie ihrem Kind helfen und welchen Weg sie mit ihm gehen können. Welche Entlastungsmöglichkeiten innerhalb und außerhalb der Familie gibt es?

Es gibt keine Fördermaßnahme, die eine geistige Behinderung rückgängig machen kann, aber die Folgen, auch Sekundärfolgen (wie z. B. Verhaltensstörungen) können durch geeignete frühe Maßnahmen gemildert werden. Hier hat es sich die Heilpädagogik als „Pädagogik unter erschwerten Bedingungen“ zur Aufgabe gemacht, die beste Möglichkeit der Erziehung für jeden Einzelnen zu suchen und die jeweiligen Stärken hervorzuheben und zu verbessern.

Abstimmung der Maßnahmen

Für das Kind mit einer geistigen Behinderung gilt das Gleiche wie für alle anderen Kinder. Ziele, Inhalte und Methoden ähneln sich, sollten aber auf jedes einzelne Kind, entsprechend seiner Möglichkeiten abgestimmt werden. Gleichwohl bietet die Frühförderung mit ihrer interdisziplinären Arbeit den geeigneten Rahmen, um umfassend auf das Kind eingehen zu können.

Die interdisziplinäre Förderung der Fachkräfte muss gut abgestimmt werden. Es muss eine gemeinsame Basis gefunden werden, um das Kind bestmöglich zu fördern und nicht zu überfordern. Aufgaben und Ziele müssen abgesprochen werden und es ist wichtig, nach gemeinsamen Prinzipien zu arbeiten. Dabei denken wir an die Personenorientierung, das Kind und seine Familie stehen im Vordergrund. Wir denken an das Prinzip der Entwicklungsmäßigkeit, das heißt wir setzen da an, wo das Kind steht und beachten die erfassende Wirklichkeit mit ihren Möglichkeiten und Grenzen. Außerdem wird in einer angenehmen Situation „Schritt für Schritt" gelernt. Der Schwerpunkt liegt im handelnden, anschaulichen Lernen.

Selbstständigkeit

Der natürliche Lebensraum und das alltägliche Leben stehen im Vordergrund, um so weit wie möglich selbstständig handeln zu können. Getreu nach dem Motto von Maria Montessori: „Hilfe zur Selbsthilfe." Nicht nur das Lernen und Erlernen von Fähigkeiten und Fertigkeiten steht im Vordergrund, sondern ein selbstbestimmtes, sinnerfülltes Leben, das die Ressourcen des Kindes achtet und bei ihnen ansetzt. Besonders wichtig ist es, die Wünsche, Interessen und Bedürfnisse des Kindes zu achten und ihm Respekt entgegenzubringen.

Selbstbestimmtheit

Die Förderung ist eine partnerschaftliche Ich-Du-Beziehung, die keinen Zwang ausübt und nach einem ganzheitlich-integrativen Prinzip arbeit. „Der Weg ist das Ziel zu einem selbstbestimmten Leben."

Allgemeine Tipps zur Selbstversorgung des Kindes sind:

- gemeinsam Speisen zubereiten (breiige aber auch feste Nahrung), den Tisch decken und miteinander essen (selbstständiges essen lernen – mit Besteck)
- Aus- und Anziehen von Kleidungsstücken, mit und ohne Hilfe (einzelne Kleidungsstücke und Körperteile kennenlernen, z.B. Strümpfe an- und ausziehen)
- sich vor dem Spiegel betrachten und einzelne Körperteile benennen
- Trinken aus der Tasse, aus einem Glas oder mit einem Strohhalm, mit und später ohne Hilfe (das Lieblingsgetränk des Kindes zubereiten)
- kleinere Aufgaben erledigen, z.B. das Papier und die Stifte nach einer Bastelaktion aufräumen, den Boden kehren
- kleinere Aufträge geben, z.B. jemandem (der Mutter, die im anderen Zimmer ist) einen Gegenstand bringen

- Aufforderungen befolgen, wie „Zeig mir deine Schuhe“, „Hol mir den Teddy, der auf dem Bett liegt“
- Treppen steigen, z. B. ein Getränk aus dem Keller holen
- Sauberkeitserziehung, z. B. gemeinsames Vorbereiten der Hygieneartikel, Händewaschen, das Baden einer Puppe ...
- Montessori-Rahmen zum Üben: Reißverschlüsse, Knöpfe, Schleife binden
- Flaschenverschlüsse auf- und zudrehen

Zudem ist die mobile Hilfe (Hausbesuch) das ideale Setting, um überforderten, ratlosen Familien helfend zur Seite zu stehen.

Kommunikative und emotionale Anregungen

Basale Stimulation und Kommunikation

Hier sollten besonders bei autistischen und schwer geistig- und mehrfachbehinderten Kindern die Basale Stimulation (wie im Folgenden noch beschrieben) und die Basale Kommunikation, z. B. in einem Pränatalraum, erwähnt werden. Dabei sind der Atemrhythmus, der Körperkontakt, die Bewegung und die Stimme von zentraler Bedeutung.

Gebärden-unterstützende Kommunikation

Eine weitere Methode der Kommunikation ist die Gebärdenunterstützende Kommunikation, das GuK-System, das von Etta Wilken vom Deutschen Down-Syndrom-InfoCenter entwickelt wurde. Diese Methode ermöglicht es dem Kind und seinem Umfeld, ohne Sprache oder zur sprachbegleitenden Unterstützung miteinander in Kommunikation zu treten. Dabei werden Zeichen, Verben und Substantive erlernt, die nicht eine Wort-an-Wortreihung zu Sätzen gebärden sollen, sondern bestimmte Situationen. Diese Situationen sind Alltagssituationen, die immer wieder auftreten und dem Kind ermöglichen sollen, sich verständlich zu machen bzw. seine Bedürfnisse mitzuteilen.

Außerdem greifen bei diesem Punkt die besondere Bedeutung des gelungenen Beziehungsaufbaus und die Notwendigkeit einer tragfähigen emotionalen Beziehung.

Nur wenn Vertrauen geschaffen ist, kann sich das Kind auf das Spiel mit dem Gegenüber einlassen und sich entfalten. Jede Zuwendung bedeutet kommunikative und emotionale Anregung. Der geschützte Rahmen der Einzelsituation ermöglicht es dem Kind, Neues auszuprobieren, durch Wiederholung zu festigen, Erfolge und Wertschätzung zu erleben und sich stark zu machen, um von der „inneren Welt in die äußere Umwelt“ gehen zu können.

Fördermöglichkeiten aus der Montessori-Pädagogik

Die Montessori-Heilpädagogik eignet sich zur Förderung aller Kinder. Und Maria Montessori möchte vor allem das geistig behinderte Kind nicht ausschließen. Das Montessori-Material bietet hierbei sehr viele Möglichkeiten, da „Begreifen" durch „Greifen" ermöglicht wird. Vor allem geistig behinderte Kinder brauchen eine Welt zum Anfassen, da das Erfassen über andere Kanäle sehr erschwert sein kann.

Wasser gießen 2

Material: Tablett, durchsichtige Kanne mit einer Markierung für den Wasserstand, Gefäß mit einer weiten Öffnung, Tuch

Ablauf: Die Kanne (gefüllt mit Wasser bis zur Markierung) und das Gefäß stehen vor der Heilpädagogin und dem Kind nebeneinander auf dem Tablett. Die Heilpädagogin nimmt die Kanne, hält sie über das Gefäß und gießt langsam Wasser hinein, bis das Gefäß voll ist. Mit vorsichtigem Schwung bringt sie die Kanne in die Ausgangsposition, nimmt mit der anderen Hand das Tuch, wischt den hängengebliebenen Tropfen ab und stellt die Kanne auf das Tablett zurück. Nun nimmt sie das gefüllte Gefäß, hebt es hoch bis zur Höhe der Kanne und gießt das Wasser in die Kanne zurück. Die Heilpädagogin wischt ebenfalls den hängengebliebenen Tropfen Wasser ab und stellt das Gefäß wieder auf das Tablett. Nun können sie und das Kind überprüfen, wie viel Wasser verloren gegangen ist und sie prüfen die Markierung.

Variante A: Die Übung kann erweitert werden durch eine größere Anzahl an Gefäßen.

Variante B: Die Heilpädagogin nimmt Gefäße mit verschieden großen Öffnungen.

Variante C: Die Heilpädagogin nimmt Gefäße in unterschiedlicher Höhe.

Tücher falten

Material: Vier quadratische Stofftücher, jeweils mit:

- einer diagonalen Linie, von einer Ecke zur anderen,
- zwei diagonalen Linien, von jeder Ecke ausgehend zur anderen,
- einer waagrechten Linie, mittig,
- einer waagrechten und senkrechten Linie, mittig.

Ablauf: Heilpädagogin und Kind sitzen nebeneinander am Tisch. Die Heilpädagogin beginnt mit dem Tuch mit der diagonalen Linie. Die unbezeichnete Ecke liegt vor ihr. Sie fährt mit ihren Fingern auf der eingezeichneten Linie entlang, dann nimmt sie die vor ihr liegende Ecke und legt diese auf die gegenüberliegende Ecke. Ist die Faltung gemacht, glättet die Heilpädagogin sie mit Fingerdruck. Die übrigen Tücher werden ihrer Einteilung entsprechend gefaltet. Dies ist eine Vorübung zum Falten von Servietten, Decken oder Kleidungsstücken.

Variante A: Ist sich das Kind mit diesen Falttechniken sicher, so kann es die Faltung mit Papier mit oder ohne Hilfslinien ausprobieren.

Variante B: Als Steigerung können Schachteln, Himmel und Hölle, Dampfer, Frösche etc. gefaltet werden.

Metallene Einsatzfiguren

Material: Fünf metallene Einsatzfiguren: Quadrat, Rechteck, Viereck, Dreieck, Kreis, Papier zugeschnitten 14 x 14 cm, Holzstifte in drei verschiedenen Farben

Ablauf: Kind und Heilpädagogin holen alle Gegenstände auf den Tisch. Die Heilpädagogin beginnt mit dem Einsatzhalter, der keine Ecken hat, z.B. der Kreis, und legt ihn genau auf ein Papier. Sie zieht nun einen Rahmen an der Innenkante entlang. Das Kind kann den Rahmen weglegen und den Einsatz genau auf das Papier legen, so dass von der Linie nichts mehr zu sehen ist. Anschließend wählt das Kind einen anderen Buntstift. Die Heilpädagogin umfährt, beginnend von links unten über der linken Hand und ohne abzusetzen, den Einsatz. Mit dem dritten Stift zeigt sie, wie die Figur mit dem Stift ausgefüllt wird. Mit lockerem Handgelenk zieht sie dichte parallele Linien von oben nach unten in die Figur. Achtung: Die Striche sollen nicht über den Rand hinausgehen. Nun ist das Kind an der Reihe. Dies kann mit allen Formen durchgeführt werden. Diese können auch kombiniert werden.

Greifen von Glasnuggets

Material: Zwei Schälchen, Glasnuggets, Zuckerwürfelzange

Ablauf: Die zwei Schälchen befinden sich vor uns auf dem Tisch. Eines ist leer, in dem anderen befinden sich die Glasnuggets. Nun darf das Kind mithilfe der Zuckerwürfelzange die Glasnuggets von einem Schälchen zum anderen Schälchen transportieren.

Perlen sortieren mit der Pinzette

Material: Tablett, sieben Glasschälchen, Perlen in sechs verschiedenen Farben (ca. acht Stück von jeder Farbe), Pinzette

Ablauf: Alle Perlen befinden sich in einem Glasschälchen. Um dieses Schälchen herum stehen die sechs leeren Glasschälchen. Nun darf das Kind mithilfe der Pinzette die Perlen auseinander sortieren, das heißt jede Farbe bekommt ein eigenes Schälchen. Die Übung kann so lange durchgeführt werden, bis jede Perle ihren Platz gefunden hat.

Abb. 70: Das Kind betrachtet den Inhalt der Geräuschdosen.

Welche Geräuschdosen gehören zusammen?

Material: Ca. 16 leere Filmdosen, immer zwei Dosen haben denselben Inhalt z. B. Wasser, Reis, Streichhölzer, Mehl, Murmel etc.

Ablauf: Alle Dosen stehen durcheinander auf dem Tisch. Ziel ist es, anhand der Geräusche zu erkennen, welche denselben Inhalt haben. Die Heilpädagogin nimmt eine Dose, schüttelt diese und lauscht. Sie nimmt eine zweite Dose dazu und schüttelt diese ebenfalls. Hört sie sich gleich an, so öffnet sie die Dose und schaut, ob es sich um denselben Inhalt handelt. Hört sie sich anders an, stellt die Heilpädagogin sie wieder zu den anderen. Gerade geistig behinderten Kindern hilft es, den Inhalt zu sehen, da sie es sich nicht vorstellen können. Nun ist das Kind an der Reihe.

Welche Luftballons gehören zusammen?

Material: Gefäß, ca. 14 optisch gleiche Luftballons, immer zwei Luftballons bekommen denselben Inhalt und werden fest verschlossen, z. B. Wasser, Watte, Knetmasse, Weizenkörner, getrocknete Bohnen, Weinkorken etc.

Ablauf: Die Heilpädagogin legt alle befüllten Luftballons auf den Tisch. Nun nimmt sie einen in die Hand und fühlt. Anschließend nimmt sie einen zweiten in die andere Hand. Fühlen sich beide gleich an? Ist ein Pärchen gefunden, so dürfen sie in das Gefäß, ist noch kein Pärchen gefunden, so muss ein Luftballon wieder zu den anderen und die Suche beginnt erneut.

Abb. 71: Luftballons zum Ertasten

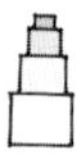

Toffifee-Farbenspiel

Material: Zwei leere Toffifee-Schachteln mit Goldfolie. Diese Goldfolie wird in der Schachtel umgedreht, so dass die Halbkugeln nach oben zeigen. Auf jede Halbkugel wird eine Farbe geklebt in rot, blau, gelb und grün. Würfel: mit denselben Farben und mit einem schwarzen Feld, dies dient als Aussetzen, und einem Smiley, dieser dient als Joker

Ablauf: Beide Mitspieler bekommen je ein Toffifee-Spiel. Abwechselnd wird gewürfelt, zeigt der Würfel blau, so darf man auf seinem Spiel eine blaue Halbkugel nach unten drücken. Nun ist der andere Mitspieler an der Reihe. Zeigt der Würfel den Smiley, darf eine Farbe nach Wahl gedrückt werden. Zeigt der Würfel das schwarze Feld an, so muss ausgesetzt werden. Gewinner ist, wer am Schnellsten alle seine Halbkugeln nach unten gedrückt hat.

Abb. 72: Toffifee-Spiel

Variante A: Zu Beginn kann nur mit einem Toffifee-Spiel gespielt werden.

Variante B: Vor dem Beginn oder vor jedem Drücken der Halbkugel kann eine oder immer dieselbe Aktion vereinbart werden, die ausgeführt werden soll, z.B. bei jedem Drücken sagen wir ein „m" oder ein „s", oder wir stehen auf einem Bein etc.

Gestalten, Spielen, Kneten mit Knetmasse

Material: Knetmasse, Messer, Gabel, Tasse, Teller, Teigrolle, Ausstechförmchen

Ablauf: Das Kind darf mit der Knete Ideen entwickeln. Es darf frei gestalten und plastische Figuren herstellen. Lässt man die Knetmasse an der Luft, wird sie nach einigen Tagen hart.

Fördermöglichkeiten im Snoezelenraum

Ausschalten von Reizen

Für Menschen mit einer geistigen Behinderung oder auch mit Mehrfachbehinderungen bilden die Reizüberflutung und die Unruhe ihres Umfeldes eine oft undurchschaubare Bedrohung. Das Konzentrieren auf einen Sinn und das Ausschalten vieler Reize kann sicher zur Ruhe und Entspannung führen. Demzufolge können Aggressionen abgebaut werden und die Ausdauer, bzw. sich auf bestimmte Angebote einlassen zu können, steigert sich. Die Kinder zeigen mehr Aktivität und sind offener im Kontakt zu anderen.

Als eine geeignete Methode, die Kinder zur Ruhe kommen zu lassen und tiefgreifende Sinneserfahrungen zu sammeln betrachten wir den Snoezelenraum. Der Begriff Snoezelen setzt sich aus „snuffelen" (schnüffeln) und „doezelen" (dösen) zusammen, kommt aus dem Niederländischen und wurde von Zivildienstleistenden erfunden. Darunter versteht man das bewusst ausgewählte Anbieten primärer Reize in einer angenehmen Atmosphäre. Es ist eine primäre Aktivierung der sinnlichen Wahrnehmung und Erfahrung bei schwer geistig behinderten Menschen, mithilfe von Licht, Geräuschen, Gefühlen, Gerüchen und dem Geschmack. Snoezelen ist das Schaffen authentischer Erlebnismöglichkeiten (Eitle 2003).

Voraussetzungen

Folgende Tipps sind die Voraussetzung, um Snoezelen optimal zu nutzen. Da ist zunächst die räumliche Gestaltung, eine angenehme Atmosphäre wichtig. Das Verhalten der Betreuungspersonen sollte Vertrauen vermitteln. Das Kind darf die Initiative ergreifen und bestimmen, was ihm gut tut und wie lange es sich mit den Erfahrungen auseinandersetzen möchte. Die Räume sollten wie folgt ausgestattet sein:

- ein weicher, mit Kissen ausgestatteter Boden
- gut erreichbare Tastmaterialien
- es hängen Vorhänge, Glöckchen, Bänder usw. von der Decke
- ein Musik-Wasserbett
- Fühlkästen mit unterschiedlichem Material gefüllt
- Tastwände
- Licht- und Wasserorgeln
- Vibrationsmatte oder -boden

Von besonderer Bedeutung für den Therapieerfolg ist den Charakter des Snoezelens, der das Kind nicht unter Druck setzt, sondern durch eigen bestimmte, positive Erfahrungen in sich wachsen lässt.

Basale Stimulation

Eine weitere Methode, die bei Menschen mit schwerer geistiger und/oder körperlicher Behinderung zum Tragen kommt, ist die Basale Stimulation. Andreas Fröhlich (Sonderpädagoge) hat dieses Konzept in den 1970er Jahren entwickelt (Fröhlich 2008). Die Basale Stimulation ist eine ganzheitliche Methode, d.h. über den Körper werden umfangreiche, grundlegende Erfahrungen gesammelt, auch wenn das Kind nicht in der Lage ist, in „Vorleistung“ zu gehen oder durch seine Behinderung nicht angemessen für eigene Anregung zur Fortentwicklung seiner Entwicklung sorgen kann.

Massageanregungen

Spiele mit Rasierschaum

Material: Rasierschaum, Spiegel

Ablauf: Das Kind darf seine Hände mit Rasierschaum einschmieren und wenn es möchte, den ganzen Körper. Ein Spiegel eignet sich sehr gut, um Schaum aufzutragen. Das Kind kann den ganzen Spiegel mit Schaum einreiben oder nur Teile. Anschließend kann das Kind Bilder in den Schaum malen.

Schaumrutsche

Material: Eine Weichbodenmatte schräg an einer Sprossenwand festgebunden, Treppen, die zu der Matte führen, Rasierschaum, Wasser, Badekleidung und Handtuch

Ablauf: Die Weichbodenmatte mit Rasierschaum und Wasser einschmieren, anschließend darf das Kind darauf herunterrutschen.

Abb. 73: Körperwahrnehmung mit dem Rasierschaum

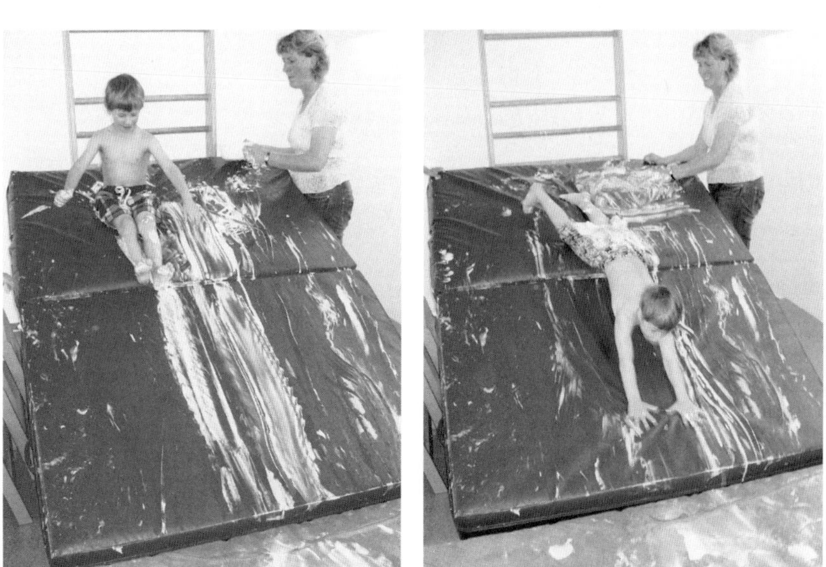

Abb. 74: Schaumrutsche

Abb. 75: Das Kind badet im Therapiekreisel.

Baden im Therapiekreisel

Material: Bällebad, Therapiekreisel

Ablauf: Das Kind darf sich in den leeren Therapiekreisel legen, der sich im Bällebad befindet. Die Heilpädagogin gibt nach und nach Bälle hinzu. Zwischendurch kann der Therapiekreisel leicht geschüttelt und im Kreis gedreht werden. Diese Übung ist eine sehr gute taktile Stimulation.

Vibratorische Anregungen

Klangschalenmeditation

Material: Klangschale, weiche Matte, Decke und Kissen

Ablauf: Das Kind darf es sich auf der Matte gemütlich machen. Damit es weicher liegt bzw. nicht friert, kann es sich zudecken und wenn nötig ein Kissen benutzen. Nun beginnt die Heilpädagogin mit der Klangschalenmeditation. Sie legt die Klangschale auf verschiedene Körperteile (Bauch, Kopf, Füße etc.). Sie schlägt die Klangschale an und das Kind kann die Vibration spüren, bis sie ausklingt.

Hängematte

Material: Hängestuhl

Ablauf: Das Kind darf sich in den Hängestuhl setzen oder legen. Es bestimmt, ob es angeschoben wird oder nicht, wie lange, wie fest …

Variante A: Die Hängematte in einem langsamen Rhythmus anschieben und einen Vers dazu sprechen oder ein Kuschellied dazu singen.

Variante B: Eine sanfte Musik dazu spielen lassen.

Weitere Materialien für vibratorische Anregungen sind:

- Wasserklangbett,
- vibrierendes Massagegerät,
- vibrierende Massagematte.

Vestibuläre Anregungen

Deckenschaukel

Material: Eine Decke

Ablauf: Zwei Personen schaukeln das Kind in einer Decke. Als Alternative kann das Kind auf der Decke liegend oder sitzend von einer Person durch den Raum gezogen werden.

Rollbrettfahrt

Material: Rollbrett, verschiedene Materialien, um eine Landschaft aufzubauen

Abb. 76: Das Kind fährt mit dem Rollbrett.

Ablauf: Das Kind darf mit dem Rollbrett durch die aufgebaute Landschaft fahren. Ist das Kind dazu selbst nicht in der Lage, so wird es mit dem Rollbrett durch den Raum geschoben, um die aufgebauten Landschaften zu besuchen.

Weitere Fördermöglichkeiten finden sich im Kapitel 4.1.

Abschließend möchten wir an dieser Stelle erwähnen, dass alle Fördermöglichkeiten in diesem Buch für Kinder mit einer geistigen Behinderung geeignet sein können. Es gilt genau zu prüfen, auf welcher Stufe das Kind steht und wie ein Angebot verändert werden muss, damit das Kind Lernerfolge erzielen kann. Keinem Kind sind nach oben hin Grenzen gesetzt. Wir konnten schon beobachten, dass Kinder mit einer geistigen oder drohenden geistigen Behinderung mit dem richtigen Medium, der passenden Methode und einer guten Begleitung sehr viel erreichen konnten.

7 Umschriebene Entwicklungsstörungen schulischer Fertigkeiten

Die Begriffe „Teilleistungsschwäche" bzw. „-störung" stammen aus den 1980er Jahren und werden nur noch selten gebraucht. Heute spricht man von einer umschriebenen Entwicklungsstörung schulischer Fertigkeiten. Eine schwache Ausprägung oder eine Entwicklungsverzögerung können in einem der folgenden Teilbereiche oder in mehreren Bereichen vorliegen:

- Merkfähigkeit
- Sprachgedächtnis
- Lautdifferenzierung
- Motorik (Grob- und/oder Feinmotorik)
- Wahrnehmung (Wahrnehmungsleistung/Wahrnehmungsverarbeitung)

Diese Schwierigkeiten können wiederum zu Problemen beim Erlernen des Lesens, Schreibens und Rechnens führen. Unter Entwicklungsstörungen im engeren Sinn fallen die Legasthenie und die Rechenstörung, im weiteren Sinne zählt die Aufmerksamkeitsstörung dazu.

7.1 Lese-Rechtschreib-Störung/ Lese-Rechtschreib-Schwäche (LRS)

Definitionen

Es gibt mehrere Definitionen einer Lese-Rechtschreib-Störung (LRS). Unter der LRS versteht man eine massive und lang andauernde Störung des Erwerbs der Schriftsprache. Die Weltgesundheitsorganisation (WHO) unterscheidet zwischen der Lese-Rechtschreib-Störung (F 81.0), der isolierten Rechtschreibstörung (F 81.1), einer Rechenstörung (F 81.2) und einer kombinierten Störung schulischer Fertigkeiten (F 81.3) (Dilling et al. 2000).

Wir sprechen von einer Beeinträchtigung der Entwicklung in einem Teilbereich. Meist gehen Probleme beim Erwerb der Schriftsprache, Sprachstörungen oder eine verzögerte Sprachentwicklung voraus. Außerdem unterscheidet man je nach Ausprägungsgrad zwischen einer

verschiedene Ausprägungen

- Lese-Rechtschreib-Störung, die vorwiegend auf vererbte Defizite in der Sprachverarbeitung zurückzuführen ist und
- andauernd vorherrscht,
- sowie einer Lese-Rechtschreib-Schwäche, also einer Verzögerung im Lese- und Schreiblernprozess mit ähnlichem, nicht so starkem und vorübergehendem Erscheinungsbild. Hier handelt es sich weniger um eine genetische Disposition, sondern um eine Ausformung, die erworben ist. Die Schwäche kann bedingt sein durch zu wenig Übung, Krankheit des Kindes, Begebenheiten in der Familie oder Minderbegabung.

Ein Kind mit Legasthenie zeigt meist eine durchschnittliche bis überdurchschnittliche Intelligenz, eine hohe Auffassungsgabe, ist kreativ und fantasievoll.

Hinweise für LRS im Vorschulalter

Testverfahren

Im Vorschulalter gibt es ein Screeningverfahren, das Bielefelder Screening zur Früherkennung von Lese- und Rechtschreibschwierigkeiten (Jansen et al. 2002).

Es ist ein in mehreren Längsstudien erprobtes Sichtungsverfahren, das die Erkennung von Kindern mit einem Risiko zur Ausbildung von Legasthenie erlaubt. Es wird zehn Monate und/oder vier Monate vor der Einschulung eingesetzt.

Das Testverfahren erlaubt eine ziemlich zuverlässige und objektive Erfassung spezifischer vorschulischer Schriftsprachvoraussetzungen. Begründet ist dies durch eine hohe Validität für später auftretende Lese-Rechtschreib-Schwäche/-Störung in den ersten beiden Schuljahren. Zielgruppe sind Kinder im Kindergartenalter, bei denen die spezifische Vorhersage des zukünftigen Erfolgs oder Misserfolgs im Schriftspracherwerb von Interesse ist. Für schriftsprachlich unterrichtete Kinder, auch zurückversetzte Kinder, eignet sich der Test nicht. Der schulische Unterricht verändert Teilfertigkeiten schon nach wenigen Wochen auf ein Niveau, das die vorschulischen Testleistungen übersteigt.

Hinweise auf eine mögliche LRS

Zunächst aber ist es für uns in der Frühförderung wichtig, durch Beobachtungen Hinweise auf eine mögliche LRS zu bekommen. Es stellen sich uns Fragen wie:

- Hat das Kind Probleme in den Sinneswahrnehmungen, der Optik, der Akustik oder der Raumwahrnehmung?
- Herrscht Legasthenie (Vererbung) in der Familie vor?
- Gab es kurze oder keine Krabbelphasen?
- Wurde spät laufen gelernt?
- Wurde das klare Sprechen spät erlernt?

- Wurden falsche Bezeichnungen verwendet?
- Ist es dem Kind möglich, Bezeichnungen für bekannte Objekte zu behalten?
- Bringt es richtungweisende Wörter durcheinander?
- Zeigt es eine Abneigung gegen Reime, Kinderlieder, Memory, Domino oder Puzzle?
- Kann das Kind keine Reihenfolge einhalten?
- Hat es Probleme beim Herausfinden eines nicht passenden Wortes?
- Fällt es dem Kind schwer, Reime/Lieder zu klatschen?
- Fällt es ihm schwer, eine Schleife zu binden?
- Zeigt es Probleme im Umgang mit Besteck?
- Zeigt es oftmaliges Stolpern, Anstoßen und Fallen?
- Genießt das Kind es, vorgelesen zu bekommen, zeigt aber selbst kein Interesse am Erlernen von Buchstaben und Wörtern?

Aufgrund dieser vielschichtigen Fragestellungen ist es notwendig, eine auf jedes einzelne Kind, je nach Auffälligkeiten abgestimmte Förderung zu entwickeln.

auf das Kind abgestimmte Förderung

Diese konzentriert sich im Kindergartenalter auf die *visuellen* und *auditiven Sinneswahrnehmungen*, auf die *sprachlichen Kompetenzen*, auf die *Orientierung im Raum* und auf die *Förderung der Ausdauer, Merkfähigkeit und Konzentration*.

Als Methode zur Förderung und zum Aufbau einer sinnvollen und ganzheitlichen Förderstunde können wir uns die *Heilpädagogische Übungsbehandlung* vorstellen. Wie in Kapitel 2 beschrieben, so ist auch für das Kind mit einer LRS ein strukturierter Stundenaufbau hilfreich. Den Anfang der Stunde kann eine Wiederholung der vorhergehenden Stunde darstellen, um das Erlernte zu stabilisieren und das Kind durch Erfolg zu motivieren. Den Hauptteil bildet ein gezielter neuer Förderaspekt und der Schluss wird durch ein vom Kind gewünschtes Spiel abgerundet, damit das Kind Entspannung und Wertschätzung seiner eigenen Ideen und Bedürfnisse erlebt.

Aufbau der Stunden

Wichtig beim Aufbau der fortschreitenden Stunden ist es im Tempo des Kindes vorzugehen, d. h. das Gelernte soll „sitzen". Der Ablauf wechselt zwischen Spannung und Entspannung. Außerdem werden im Laufe der aufeinander aufbauenden Förderstunden die Übungsvorschläge aus den Breichen der auditiven Wahrnehmung, der Förderung des Wortschatzes und des Sprachgefühls, der visuellen Wahrnehmung, dem Raumlagebereich und der Förderung von Konzentration, Ausdauer und Merkfähigkeit zu einer runden Einheit verbunden und in die HPÜ eingebaut.

Auditive Wahrnehmung/Förderung des Wortschatzes und Sprachgefühls

Allgemeine Tipps zum genauen Hinhören sind:

- Wo hörst du den Wecker im Raum?
- Welche Geräusche kennst du? (Schlüssel, Papier, …)
- Wir schließen die Augen und hören auf die Geräusche im Raum oder außerhalb des Raumes.
- Wir klatschen einfache Rhythmen nach oder wiederholen sie mit Rhythmusinstrumenten. Auch können bestimmte Instrumente durch deren Geräusche erkannt werden.

Hörlotto

Material: Verschiedene Geräusche auf Kassette oder CD, passende Bilder dazu (z. B. aus der Zeitung, auf Fotos, …)

Ablauf: Die Bilder werden offen in der Mitte ausgelegt. Die Heilpädagogin spielt jeweils ein Geräusch ab. Die Kinder suchen das passende Bild. Wer zuerst das entsprechende Kärtchen gefunden hat, darf es behalten.

Hörmemory zum selber basteln

Material: leere Filmdosen, Material zum Füllen wie: Erbsen, Murmeln, Sand, Reiskörner usw.

Ablauf: Das Kind muss nun die Paare der zueinander gehörenden Dosen durch Schütteln herausfinden.

Arche Noah

Material: Abbildungen von Tieren auf kleinen Zetteln, von jedem Tier sind zwei Karten vorhanden

Ablauf: Gruppenspiel: Die Kinder ziehen je einen Zettel und versuchen mit ihrer Stimme das Tier nachzuahmen, um so ihren Partner zu finden.

Variante: Bevor die Tiere auf ihr Schiff gehen dürfen (z. B. eine Mattenburg oder ein Schiff aus Tischen und Stühlen gebaut), müssen sie sich den anderen vorstellen und diese sollen die jeweilige Tiergattung erraten.

Wer rupft, wer zupft, wer hat’s getan?

Material: Evtl. ein Tuch zum Verbinden der Augen

Ablauf: Ein Kind schließt die Augen. Ein anderes Kind zupft vorsichtig das Kind mit den verbundenen Augen am Rücken und sagt mit verstellter Stimme: „Wer rupft, ...!“ Das Kind mit den verbundenen Augen muss raten, wer aus der Gruppe gezupft hat.

Flugreise

Material: Gymnastikreifen, ein Band, um die Augen zu verbinden, evtl. Instrumente für die „Tuut-Signale“ oder die eigene Stimme

Ablauf: Ein Kind spielt den Fluglotsen und hilft dem Pilot im Nebel zu landen. Der Pilot schließt die Augen und wird vom Lotsen mit „Tuut-Signalen“ geleitet. Es stehen aber noch andere Flugzeuge auf der Landebahn, um die das Flugzeug herumfahren muss. Der Start und der Abstellplatz des Flugzeuges werden z. B. mit Reifen gekennzeichnet.

Malen nach Musik (auf dem Rücken)

Material: CD-Spieler, sanfte ruhige Musik, z. B. „CD-Streichelwiese“

Ablauf: Wir malen uns gegenseitig bei einer vorgegebenen Musik auf den Rücken. Je nach Musik, fester oder sanfter malen.

Bewegen nach Instrumenten im Raum

Material: z. B. eine Trommel

Ablauf: Die Kinder bewegen sich im Raum, entsprechend dem Rhythmus der Trommel z. B. langsam, schnell, kriechend, hüpfend usw.

Allgemeine Tipps zum Erweitern des Wortschatzes und um das Sprachgefühl zu stärken sind:

- alltägliche Sprechanlässe nutzen, wie Fragen stellen,
- von Erlebnissen berichten ...
- Reime bilden, kleine Fingerspiele und Gedichte auswendig lernen
- Kurzgeschichten und Bildergeschichten erfassen, Bilderbücher betrachten, vorlesen und gemeinsam nacherzählen
- Stille Post
- drei oder vier Wörter bzw. Zahlen vorsprechen, merken und in der richtigen Reihenfolge nachsprechen

Geschichten mit Reizwörtern

Material: Eine dem Entwicklungsstand des Kindes entsprechende Geschichte, ein Wort aus der Geschichte das sich wiederholt, ein Gegenstand, z. B. ein Löffel, der in die Mitte gelegt wird.

Ablauf: Eine Geschichte wird erzählt. Vorher wird ein bestimmtes Wort vereinbart und immer wenn dieses Wort beim Lesen der Geschichte vorkommt, dürfen die Kinder den Löffel in der Mitte schnappen.

Weitere Spiel-, Material- und Buchvorschläge

- Sprachspiel Ratz-Fatz (Ravensburger)
- Tierstimmenmemory (Ravensburger)
- Montessori-Glöckchen

- Burger-Gartner, J., Heber, D. (2006): Auditive Verarbeitungs- und Wahrnehmungsleistungen bei Vorschulkindern. 2. Aufl. verlag modernes lernen, Dortmund
- Küspert, P., Schneider, W. (2005): Hören, Lauschen, Lernen. Sprachspiele für Kinder im Vorschulalter. Würzburger Trainingsprogramm zur Vorbereitung auf den Erwerb der Schriftsprache. 5. Aufl. Vandenhoeck & Ruprecht, Göttingen
- Naville, S., Marbacher, P. (1999): Vom Strich zur Schrift. Ideen und Anregungen zum graphomotorischen Training. 6. Aufl. Verlag modernes lernen, Dortmund

Visuelle Wahrnehmung

Allgemeine Tipps zum genauen Hinschauen sind:

- gemeinsam Bilderbücher betrachten
- Kartenspiele: Quartett, Memory
- Automarken, Tiere usw. unterscheiden lernen
- Sortierübungen, z. B. aus einer Knopfschachtel einen eckigen Knopf heraussuchen
- Bilder zerschneiden und wieder zusammenpuzzeln
- aus einem großen Bild kleinere Gegenstände heraussuchen
- Muster weiterlegen bzw. weitermalen
- beim Spazierengehen besondere Steine sammeln

Allgemeine Tipps zur Förderung der Formerfassung sind:

- Kartenspiele
- Unterschiedsbilder in Zeitschriften
- Sortierarbeiten (Knöpfe …)

- aus einer großen Anzahl von Buchstaben einen Buchstaben herausfinden und unterstreichen bzw. umkreisen
- ein gemaltes Muster oder Muster aus Legoteilen, Spielfiguren, Formen genau einprägen und auswendig wiedergeben

Formenspiele

Material: Eckige und runde Bierdeckel oder Formen aus Tonpapier, Bleibänder, Kreide, Stifte, Papier, Nadel und Faden

Ablauf: Mit Bleibändern verschiedene Formen auf den Boden legen und nachgehen oder mit Kreide nachfahren.

Variante A: Die Kinder bekommen die Aufgabe: „Suche im Raum die runden Bierdeckel ...“; „Suche im Raum weitere eckige oder runde Gegenstände.“

Variante B: Mit den Bierdeckeln Muster legen.

Variante C: Zwei oder drei Formen überlappen sich auf dem Papier und sollen mit verschiedenfarbigen Stiften nachgezeichnet oder gestickt werden.

Farbenspiele

Material: Verschiedenfarbige Tonpapierformen

Ablauf: Das Kind bekommt den Auftrag: „Hol mir alle roten Formen oder suche weitere rote Gegenstände im Raum.“

Variante: Eine Steigerung der Form- und Farbwahrnehmung spiegelt sich in der Aufgabe wieder: „Hol den grünen Kreis, oder bring mir Gegenstände, die gelb und dreieckig sind.“

Zur Motivation können die Kinder Rollbretter nehmen, um die „Schätze“ zu suchen.

Kim-Spiele

Material: Alltagsgegenstände, Steine usw., ein Tuch

Ablauf: Je nach Merkfähigkeit des Kindes werden drei, vier oder mehr Gegenstände unter dem Tuch versteckt. Danach schaut sich das Kind die Dinge kurz an und sie werden wieder unter dem Tuch versteckt. Welche Dinge waren es?

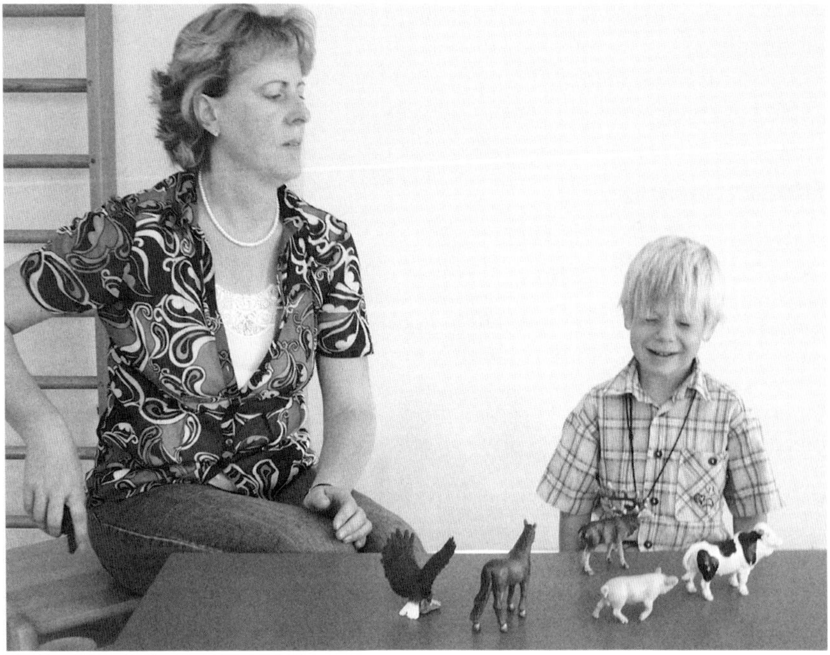

Abb. 77:
Tiere raten

Welches Tier hat sich versteckt?

Material: Holz- oder Plastiktiere

Ablauf: Mehrere Tiere werden auf den Tisch gelegt. Das Kind soll sich die Tiere gut merken. Nachdem ein Tier oder mehrere Tiere versteckt worden sind, muss das Kind erraten, welches Tier verschwunden ist.

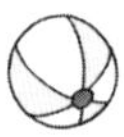

Fischer, welche Fahne weht heute?

Material: Keines

Ablauf: Mehrere Kinder stehen an einer Wandseite des Raumes. Der Fischer (die Heilpädagogin) steht ihnen gegenüber. Die Kinder rufen: „Fischer welche Fahne weht heute." Der Fischer nennt eine Farbe. Die Kinder, die kein Kleidungsstück mit der genannten Farbe tragen, müssen versuchen, so schnell wie möglich auf die andere Seite zu laufen, damit sie der Fischer nicht erwischt. Das Spiel wird so lange fortgesetzt, bis ein Kind übrig bleibt und den neuen Fischer spielen darf.

Arbeitsblatt 4: Differenzierte Wahrnehmungsleistungen

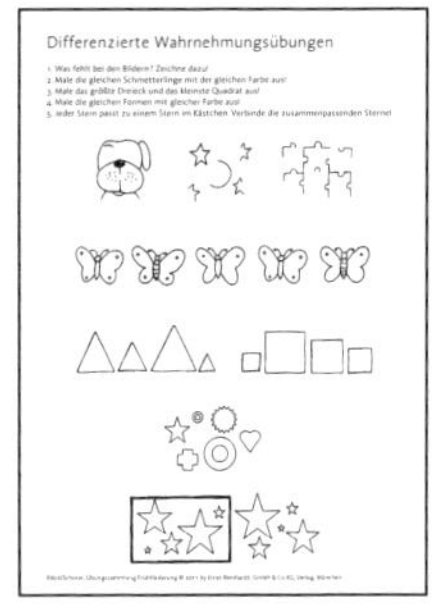

Arbeitsblatt 4

Allgemeine Tipps zur Auge-Handkoordination sind:

- mit einem Ball Kegel oder Schaumstoffteile abschießen
- Bälle oder Sandsäckchen in eine entfernt stehende Wanne werfen
- mit einem Softball Bilder an einer Wand treffen
- Arbeitsblatt 4: Differenzierte Wahrnehmungsleistungen (Download unter www.reinhardt-verlag.de)

Weitere Spiel-, Material- und Buchvorschläge

- Spiel Ratezoo (ASS)
- Differix (Ravensburger)
- Wimmelbücher von Rotraut Susanne Berner (Gerstenberg-Verlag)
- s. auch Kap. 4.2

Raumlage

Allgemeine Tipps, um den Orientierungssinn zu üben, sind:

- Rechts-links-Unterscheidungen am Körper kennenlernen: Dem Kind werden zur Hilfestellung auf die rechte und die linke Hand zwei verschiedenfarbige Punkte geklebt.
- Brain-Gym-Übungen: Das Kind fasst mit der linken Hand an das rechte Ohr und dann mit der rechten Hand an das linke Ohr, an die rechte Schulter, an die Hüfte .... Alle Übungen werden dreimal wiederholt. Achtung: Immer am Kopf beginnen und die rechte und die linke Seite im Wechsel bearbeiten.
- Mit geschlossenen Augen und gestreckten Armen versucht das Kind, die Zeigefinger aufeinander treffen zu lassen oder die Nasenspitze zu berühren.
- Gemeinsam den Tisch decken und darauf achten, dass Messer und Gabel richtig liegen.
- Aus welcher Richtung hörst du die Glocke im Raum?

Feuer, Wasser, Sturm

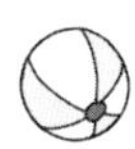

Material: Trommel, Langbank, Sprossenwand o.ä.

Ablauf: Die Kinder laufen nach den Trommelschlägen im Raum. Hört die Trommel auf, ruft die Heilpädagogin Feuer, Wasser, oder Sturm. Bei Feuer rennen die Kinder in die Ecken, bei Wasser müssen sie z.B. die Langbank hochsteigen und bei Sturm legen sich die Kinder schnell auf den Boden oder verstecken sich z.B. unter einem Tisch.

Weitere Spiel- und Übungsvorschläge können auch im Kapitel 4.2 nachgelesen werden.

Förderung der Konzentration und des Sprachgedächtnisses

Zur Förderung der Konzentration gehört ein konzentrativer Lebensstil, d. h. die Kinder benötigen eine Umgebung, die ihre psychosozialen Bedürfnisse befriedigt. Diese Themen sind häufig wichtige Bausteine in der Elternberatung. Die Bedürfnisse nach Liebe, Geborgenheit und Zuneigung, sowie nach Anerkennung und Bestätigung müssen beachtet werden. Die Kinder müssen aber auch Hilfestellung, Lern- und Erfahrungszuwachs, genauso wie Selbsterfahrung und Freiräume erleben können. Dazu gehören unter anderem:

- ausreichend Schlaf (eingeleitet durch ein Schlafritual, ein Bad am Abend, eine Entspannungsgeschichte o. ä.),
- eine ruhige, reizarme Umgebung,
- gesunde Ernährung und ausreichend Bewegung an der frischen Luft,
- ein strukturierter Tagesablauf,
- kurze, klar formulierte und verständliche Anweisungen,
- klare Regeln und Grenzen (kein gegenseitiges Unterbrechen, den anderen ausreden lassen),
- Stärken beachten und motivieren, den anderen ernst nehmen.

Kim-Spiele mit verschiedenen Gegenständen

Material: Alltagsgegenstände, Holztiere, Farbsteine usw. (nach Interesse und Motivation)

Ablauf: Es werden kurz einige Gegenstände gezeigt, dann zugedeckt. Die Heilpädagogin fragt das Kind: „Was hast du gesehen?“ Das Spiel kann variantenreich gespielt werden. Es kann ein Gegenstand oder es können auch mehrere Gegenstände versteckt werden. Man kann Fragen dazu stellen: „Welche Farbe hat der Gegenstand?“, „Leg den Gegenstand wieder richtig in die Reihe!“ usw.

Muster weitermalen

Material: Große Papierreste, Tonpapier (auch farbig), Tapetenreste, Wachsmalkreiden oder wenn das Papier kleiner ist Holzfarben, evtl. entspannende Hintergrundmusik

Ablauf: Je nach Alter bzw. Entwicklungsstand des Kindes beginnt man mit großflächigen und höchstens dreiteiligen Mustern, die das Kind weiterführen soll. Diese Muster kann man Schritt für Schritt auf vier bis fünf feinere und komplexere Zeichen steigern.

Weitere Fördermöglichkeiten sind:

- Bilder auf den Rücken malen und erraten,
- nach Vorgaben aus Papier Schiffe falten,
- Puzzle zusammensetzen und zwei bis drei Teile herausnehmen, die fehlenden Bildteile müssen erraten werden,
- Muster auf einem großen Papier weitermalen oder aus Holzformen weiterlegen,
- Lotto (Ravensburger),
- eine Geschichte vorlesen, bei Wortwiederholungen darf man sich so schnell wie möglich einen Gegenstand z. B. einen Löffel schnappen,
- Geschichten vorlesen und anhand von Bildern oder ohne Bilder nacherzählen lassen, Fragen zum Inhalt stellen,
- drei bis vier hingelegte Gegenstände merken lassen, während das Kind die Augen schließt, werden diese vertauscht und das Kind muss sie wieder in die richtige Reihenfolge bringen,
- Gedichte zu Festen auswendig lernen,
- Spiel: Koffer packen.

Fördermöglichkeiten aus der pädagogischen Kinesiologie und der Entspannungspädagogik

Pendel 1

∞

Material: Keines

Ablauf: Die Kinder überkreuzen ihre Beine so, dass sie sicher stehen und die Knie nicht ganz durchgedrückt sind. Sie beugen den Oberkörper nach vorne. Die Arme hängen locker nach unten und pendeln hin und her. Der Oberkörper macht die Bewegung mit. Das Ein- und Ausatmen nicht vergessen.

Abb. 78: Pendel

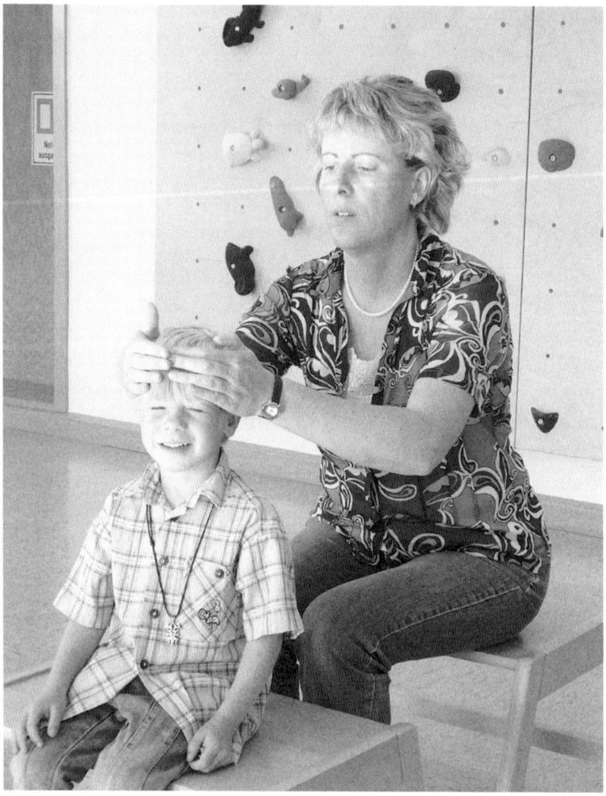

Abb. 79: Positive Punkte

Positive Punkte

Material: Keines

Ablauf: Das Kind sitzt auf dem Stuhl. Die Heilpädagogin legt von hinten beide Handflächen auf die Stirn. Das Kind darf sich auf das Spüren der Hände konzentrieren. Diese Übung kann besseres Konzentrieren fördern.

Denkmütze

Material: Keines

Ablauf: Das Kind steht oder sitzt. Das Kind berührt mit beiden Händen die Ohren. Es massiert dreimal das Ohr von der Ohrmuschel bis zum Ohrläppchen. Anschließend kann man spüren, dass die Ohren warm geworden sind.

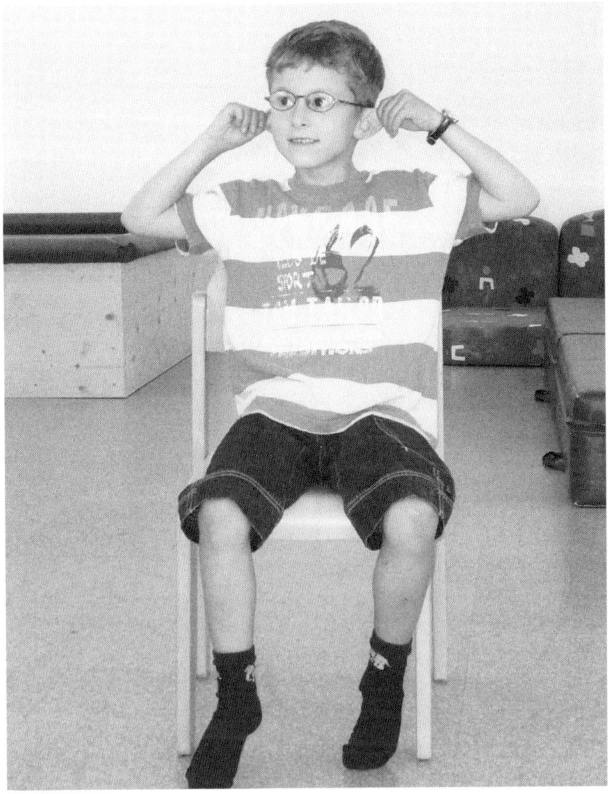

Abb. 80: Denkmütze

Das Dach

Material: Keines

Ablauf: Die Kinder drücken die gespreizten Finger der rechten und linken Hand vor ihrem Körper fest gegeneinander, die Finger bilden ein Dach. Danach schließen die Kinder die Augen und konzentrieren sich. Nach einigen Sekunden werden die Finger gelöst und geschüttelt. Die Übung dreimal wiederholen.

Nasenatmen

Material: Keines

Ablauf: Die Kinder halten sich mit dem Daumen ein Nasenloch zu und atmen durch das andere tief ein. Danach wird mit dem Zeigefinger das andere Nasenloch zugehalten und durch das freie ausgeatmet. Im Wechsel aus- und einatmen und die Übung mindestens dreimal durchführen.

Gähnen

Material: Keines

Ablauf: Die Kinder massieren ihre Kiefergelenke. Dabei ist der Mund weit geöffnet und die Kinder atmen leicht aus. Jetzt wird herzhaft gegähnt.

Ins Gleichgewicht kommen

Material: Keines

Ablauf: Die Finger einer Hand liegen am Hinterkopf, während die Finger der anderen Hand den Bauchnabel berühren. Dabei atmen wir gleichmäßig ein und aus. Nach einigen Sekunden werden die Hände gewechselt.

Der Schütteltanz

Material: CD-Spieler o. ä., rhythmische, die Kinder zum Tanzen animierende Musik, z. B. Afrikanische Trommelmusik

Ablauf: Die Kinder stellen sich frei im Raum auf. Sie stellen sich gerade hin und lassen die Arme locker hängen. Die Kinder atmen tief ein und aus. Sobald die Musik beginnt, können die Kinder Körper, Arme, Kopf, Beine, Bauch und Hände entsprechend der Musik locker ausschütteln, tanzen und sich frei im Raum bewegen.

7.2 Rechenstörung/Rechenschwäche

Eine Rechenstörung, auch Dyskalkulie genannt, ist eine Störung beim Erlernen des Rechnens. Etwa 1 % aller Kinder ist davon betroffen. Man spricht nur dann von einer Rechenstörung, wenn das Kind trotz seiner durchschnittlichen Intelligenz bedeutend schlechtere Leistungen im Rechnen zeigt. Seh- oder Hörstörungen, sonstige Erkrankungen oder Behinderungen müssen ausgeschlossen sein. Häufig sind die Rechenfertigkeiten wie Addition, Subtraktion, Multiplikation und Division betroffen und weniger die höheren mathematischen Fertigkeiten, die beispielsweise für Geometrie benötigt werden (Dilling et al. 2000, 297).

Auffälligkeiten im Vorschulalter

Kinder mit einer Rechenstörung haben häufig Schwächen in der visuell-räumlichen Vorstellung und in der optischen Wahrnehmung. Bereits im Vorschulalter gibt es Hinweise, die eine spätere Rechenstörung zur Folge haben können:

- Schwierigkeiten, Mengen einzuschätzen, zu vergleichen oder zu sortieren,

- Schwierigkeiten beim Bilden von Paaren (Das Kind hat z. B. Probleme je zwei gleichfarbige Teile aus einer Kiste mit vielen bunten Perlen zu finden.),
- Schwierigkeiten beim Abzählen von Gegenständen,
- eingeschränkte Zuordnung von Mengen zur Ziffer,
- erstes anschauliches Rechnen mit Gegenständen fällt schwer,
- Kind benötigt zum Zählen seine Finger, ihm fällt es sehr schwer nur mit den Augen zu zählen,
- keine Vorstellung von Mengen und Größen,
- Kind zählt immer wieder neu ab.

Fehlannahmen

Sehr weit verbreitet ist die Annahme, dass die Vorläuferfähigkeiten für das Erlernen des Rechnens ausschließlich in einem Mangel an Begabung, an dem vorschulischen Umfeld, dem Förderangebot oder an den Eltern liegen. Der Rechenprozess ist ein komplexer Vorgang im Gehirn, dementsprechend kann es vielfältige Ursachen geben. Ein einfaches Ursache-Wirkung-Denken ist hier unangebracht; dies sollte immer im Hinterkopf behalten werden, um etwaige Schuldzuweisungen zu vermeiden.

Wir können bei vielen Kindern im Vorschulalter, bei denen wir den Verdacht auf eine Rechenschwäche haben, Orientierungs- und Wahrnehmungsstörungen beobachten, die insbesondere die Orientierung in Raum und Zeit, die visuelle Wahrnehmung, die visuelle Vorstellungskraft und Gedächtnisschwierigkeiten betreffen. Liegen bei einem Kind eine Rechenschwäche oder Hinweise für eine solche vor, so können folgende Fördermöglichkeiten in die Förderstunde mit einfließen.

Mengen und Zahlen

Montessori-Material: Das Montessori-Material ist hierbei eine sehr gute Hilfe. Eine systematische Annäherung an Mengen und Zahlen ist von besonderer Bedeutung. Der didaktische Aufbau sieht vor, dass zunächst isoliert Mengen vermittelt werden, dann Zahlen bzw. Ziffern und zuletzt eine Verknüpfung von Mengen und Ziffern stattfindet.

Isolierte Vermittlung von Mengen

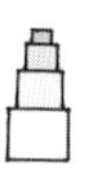

Numerische Stangen

Material: Numerische Stangen, ein Teppich

Zielgruppe: Die numerischen Stangen könnten unter Berücksichtigung des Entwicklungsalters mit etwa vier bis viereinhalb Jahren eingesetzt werden.

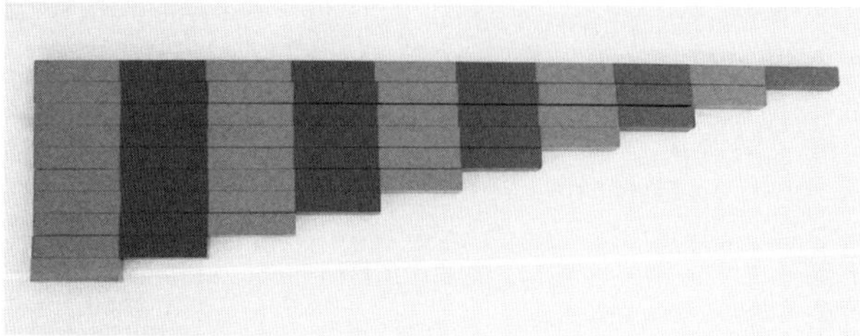

Abb. 81: Numerische Stangen von groß nach klein untereinander geordnet

Ablauf: Das Kind darf alle Stangen zum Teppich transportieren, sie werden jeweils an den beiden Enden gehalten – hier geht es um das Gefühl der Länge. Jede Stange wird einzeln getragen. Die roten Endungen sollten alle auf der linken Seite liegen. Die Darbietung erfolgt in einer dreistufigen Lektion. Alle Stangen werden zuerst von „groß nach klein" untereinander geordnet.

1. Stufe: Die Heilpädagogin nimmt die kleinste Stange, umgreift sie mit der ganzen Handfläche und sagt: „Das ist eins." Sie fordert das Kind auf, diesen Vorgang zu wiederholen und sagt: „Zähl bitte eins". Das Kind greift und zählt „eins". Die Heilpädagogin nimmt die Zweierstange und sagt: „Das ist zwei." Sie umgreift jeden Bereich und zählt „eins", „zwei". Sie fordert das Kind auf, diesen Vorgang zu wiederholen und sagt: „Zähle bitte zwei." Denselben Vorgang wiederholt sie auch bei der Dreierstange.

2. Stufe: Die Heilpädagogin zeigt auf eine der drei Stangen und fragt „Was ist das?" Das Kind antwortet: „Zwei", und sie sagt: „Zähle bitte zwei." So kann das Kind seine Antwort durch Umgreifen überprüfen. „Was ist das?", fragt die Heilpädagogin weiter. Das Kind sagt: „Drei" und kann es wiederum durch Umgreifen überprüfen.

3. Stufe: Die Heilpädagogin sagt: „Gib mir die Eins." Das Kind greift, zählt laut die Bereiche der Stangen ab und gibt ihr die Einerstange. „Gib mir die Zwei." Das Kind umgreift die zwei Bereiche, zählt eins, zwei und gibt ihr die Stange. „Lege die Eins aufs Fensterbrett, unter den Tisch, auf den Stuhl, hinter die Bank" usw. In dieser Aufgabe sind sowohl motorische Inhalte enthalten, als auch sprachliche in Form der Präposition.

Je nach Motivation, Ausdauer und Konzentration kann man hier weiter arbeiten. Die Stangen 4 bis 10 werden genau so eingeführt, wie bei der Darbietung mit den Stangen 1 bis 3 beschrieben. Wenn die Stangen 1 bis 10 sicher sind, geht es weiter mit den Entfernungsspielen.

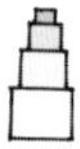

Entfernungsspiele 1

Material: Numerische Stangen, zwei Teppiche

Ablauf: Die Heilpädagogin sitzt auf einem Teppich, die Stangen liegen auf dem Anderen. Sie sagt zum Kind, das bei ihr sitzt: „Hole bitte die Sieben." Das Kind bringt eine Stange. Sie fragt: „Was hast du gebracht?" Das Kind antwortet „Sieben". Sie fordert das Kind zum Zählen auf. Dabei soll es wie bei der Einführung jeden Bereich umgreifen und laut zählen. Beispiel: Bei der Siebenerstange werden alle sieben Bereiche umfasst und dazu die Zahlen von eins bis sieben aufgezählt. Ist das richtig, so geht es mit einer neuen Stange weiter. Bringt das Kind eine andere Stange, so fällt es dem Kind selbst beim Überprüfen auf und es bringt diese selbstständig zurück. Fällt es dem Kind nicht auf, so kann die Heilpädagogin sagen: „Das ist die Fünf, ich will die Sieben, bring diese zurück und bringe mir die Sieben."

Hinweis: Die Stangen sollten beim Zählen am Boden liegen bleiben – denn es besteht Verrutschgefahr!

Isolierte Vermittlung von Zahlen/Ziffern

Sandpapierbuchstaben

Materialien: Sandpapierbuchstaben: Ziffern 1 bis 9

Ablauf: Die Darbietung erfolgt über drei Stufen.

1. Stufe: Die Heilpädagogin sucht drei Zahlen aus. Die Zahlen sollten gemischt sein, nicht 1, 2 und 3. Die Zahl des Alters des Kindes sollte dabei sein. Die Ziffern liegen verdeckt vor Heilpädagogin und Kind. Die Heilpädagogin deckt die erste Zahl auf und sagt: „Das ist die Fünf." Sie fährt die Zahl mit dem Zeigefinger nach und sagt anschließend „Fünf". Sie reicht die Zahl dem Kind und sagt: „Fühle bitte die Fünf." Das Kind darf den Vorgang wiederholen. Es geht mit der nächsten Zahl weiter.

Abb. 82: Das Kind fährt die Zahl mit dem Finger nach.

Sind die drei Ziffern eingeführt, mischt die Heilpädagogin sie aufgedeckt und sagt: „Fühl bitte die Acht." Das Kind fühlt die Acht. Diesen Vorgang mehrmals wiederholen. So werden die Ziffern 1 bis 9 eingeführt. Erst wenn das Kind alle Ziffern sicher erkennt, kommt die nächste Stufe. Wichtig ist, beim Nachfahren der Ziffern auf die Schreibrichtung zu achten!

2. Stufe: Die Heilpädagogin legt die Ziffern 1 bis 9 vor sich und dem Kind auf den Teppich. Sie nimmt eine Ziffer und fragt: „Welche Zahl ist das?" Das Kind darf die Zahl benennen und diese nachfahren. Diese Übung kann mit allen Zahlen mehrmals wiederholt werden.

3. Stufe: Die Heilpädagogin legt die Ziffern 1 bis 9 auf den Teppich. Sie sagt zum Kind: „Lege die Drei auf den Stuhl, aufs Fensterbrett, unter das Sofa" usw.

Weiterführende Übungen sind:

- mit dem Stift die Zahlen auf ein Papier zu schreiben,
- die Zahlen mit Knetmasse zu modellieren,
- mit flüssigem Klebstoff die Zahlen auf Papier zu schreiben und anschließend in Sand zu drücken. Auf diese Weise erhält das Kind seine eigenen Sandpapierbuchstaben.

Verknüpfen von Mengen und Ziffern

Material: Holztäfelchen, Numerische Stangen, ein Teppich (Abb. 84)

Ablauf: Die Heilpädagogin legt alle Zahlen der Holztäfelchen von 1 bis 10 zu sich auf den Teppich, auf den anderen legt sie die numerischen Stangen. Sie sagt: „Das ist die Zahl Zehn, hol mir bitte die 10er Stange." Das Kind geht zum anderen Teppich, zählt dort die Bereiche durch Umgreifen ab und bringt die Stange zu ihr. Sie zeigt eine weitere Zahl und sagt: „Das ist die Fünf, hol mir bitte die 5er Stange" usw. Die richtige Zahl wird zur Stange gelegt, aber noch nicht in Reihenfolge sortiert, da diese Verbindung mehrmals geübt werden muss.

Entfernungsspiele 2

Material: Numerische Stangen, zwei Teppiche (Abb. 83)

Ablauf: Zwei Teppiche liegen im Raum. Auf einem sind die Zahlentäfelchen, auf dem anderen die Stangen. Kind und Heilpädagogin sitzen bei den Zah-

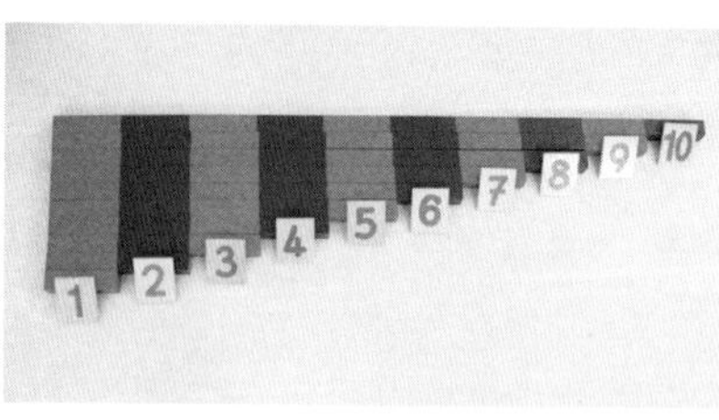

Abb. 83: Numerische Stangen mit passender Ziffer

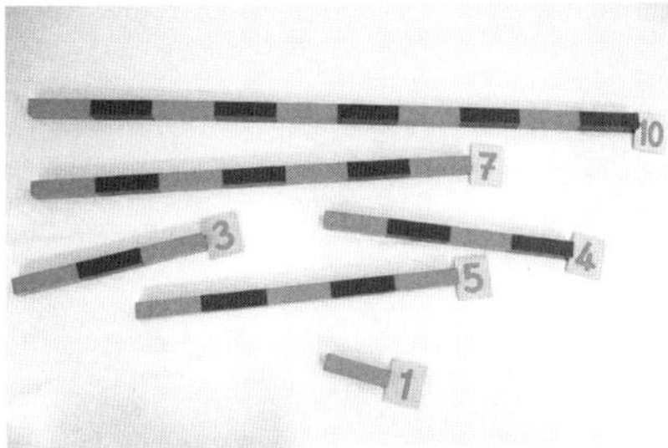

Abb. 84: Ziffern zu den Numerischen Stangen ordnen

lentäfelchen. Das Kind soll nacheinander zu den Zahlentäfelchen die passende Stange holen und sie untereinander in die richtige Reihefolge anordnen.

Variante A: Wieder liegen zwei Teppiche im Raum. Auf einem liegen die Zahlentäfelchen und auf dem anderen die Stangen. Kind und Heilpädagogin sitzen bei den Stangen. Die Heilpädagogin fragt: „Was ist das?" und zeigt auf eine Stange. Das Kind antwortet z.B. mit „Vier". Es darf das passende Zahlentäfelchen holen. Die Hand der Heilpädagogin deutet, bis das Kind zurück ist, auf die jeweilige Stange.

Variante B: Alle Stangen sollen von groß nach klein geordnet werden. Das Kind kann wenn es möchte dazu mitzählen. Anschließend soll das Kind die Täfelchen dazu ordnen.

Jetzt kann das Kind das erste Mal in Reihe zählen, vorwärts und rückwärts. Eine Steigerung wäre: Die Heilpädagogin fragt „Was ist das?" und zeigt auf die 10er Stange. Das Kind antwortet: „Zehn." Sie fragt weiter: „Was ist das?" und zeigt auf die 9er Stange. Das Kind antwortet: „Neun." Sie sagt: „Kannst du mir die Neun so lang machen wie die Zehn?" Das Kind holt die Eins und legt es an die Neun, so ist sie genau so lang wie die Zehn. Die Zahlentäfelchen werden immer dazu gelegt (Abb. 85).

Das kann man mit allen Zahlen machen. Es ist die erste indirekte Addition. Diese wird aber nicht so benannt. Hierbei geht es rein um die visuelle und sensorische Wahrnehmung.

Variante D: Ausgangssituation s. Abb. 85. Die Heilpädagogin fragt: „Was passiert, wenn ich in dieser Reihe (8 + 2) die 2er Stange wegnehme? Wie viel bleibt übrig?" Das Kind antwortet: „Acht." Das kann mit jeder Reihe gemacht werden. Es ist die erste indirekte Subtraktion.

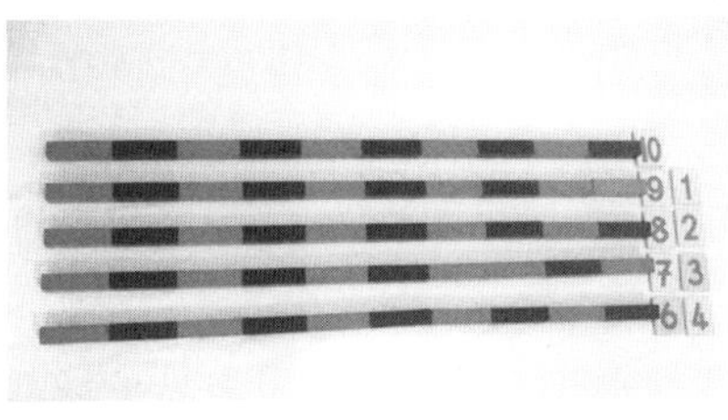

Abb. 85: Numerische Stangen erweitern auf 10

Abb. 86: Numerische Stangen kleiner als, größer als

Variante E: Die Heilpädagogin legt zwei Teppiche in den Raum. Auf dem einen liegen die Stangen der Reihe nach sortiert von groß nach klein. Kind und Heilpädagogin sitzen auf dem anderen Teppich. Die Heilpädagogin sagt: „Hol mir bitte die 5er Stange." Anschließend hält sie die 5er Stange senkrecht und sagt: „Kannst du mir bitte eine Stange holen, die kleiner ist als die Fünf?" Das Kind holt z. B. die Zwei.

Variante F: Die Heilpädagogin sagt: „Hol mir eine Stange, die kleiner ist als die Fünf, aber größer ist als die Zwei." (Abb. 86)

Spindelkasten

Material: Spindelkasten, ein Teppich (Abb. 87)

Ablauf: Die Heilpädagogin bereitet den Spindelkasten 0 bis 4 und 5 bis 9 vor. Der Spindelkasten ist leer, alle Spindeln liegen auf dem Teppich. Sie zeigt auf eine Zahl und fragt: „Welche Zahl ist das?" Das Kind nennt die jeweilige Zahl (z. B. vier). Die Heilpädagogin nimmt nacheinander jede Spindel einzeln auf und legt sie auf ihre Handfläche. Nach jeder Spindel schließt sie die Hand und zählt mit, je nachdem, wie viele Spindeln in der Hand sind. Anschließend legt sie die vier Spindeln einzeln nacheinander in das Fach der 4. Mit einer weiteren Zahl geht es weiter.

Ganz wichtig ist das Umschließen der Hand, denn auf der flachen Hand spürt man nur das Gewicht. Beim Umschließen jedoch wird auch die Sensorik angesprochen. Zuerst werden alle Fächer von 1 bis 9 mit den Spindeln gefüllt und dann erst wird auf die 0 aufmerksam gemacht: „Da ist ja noch eine Zahl, das ist die 0. Wir haben aber keine Spindeln mehr. Null ist Nichts."

Abb. 87: Spindeln mit Hand umschließen

Wichtig: Erst wenn der Spindelkasten eingeführt ist, soll die Ziffer Null zu den Sandpapierbuchstaben gegeben werden.

Variante: Die Spindeln anschließend mit einer Kordel oder einem Haargummi bündeln (Abb. 88).

So erfährt das Kind, dass nur in der Einheit drei einzelne Dinge die Zahl drei ergeben. Des Weiteren ist eine feinmotorische Übung darin enthalten.

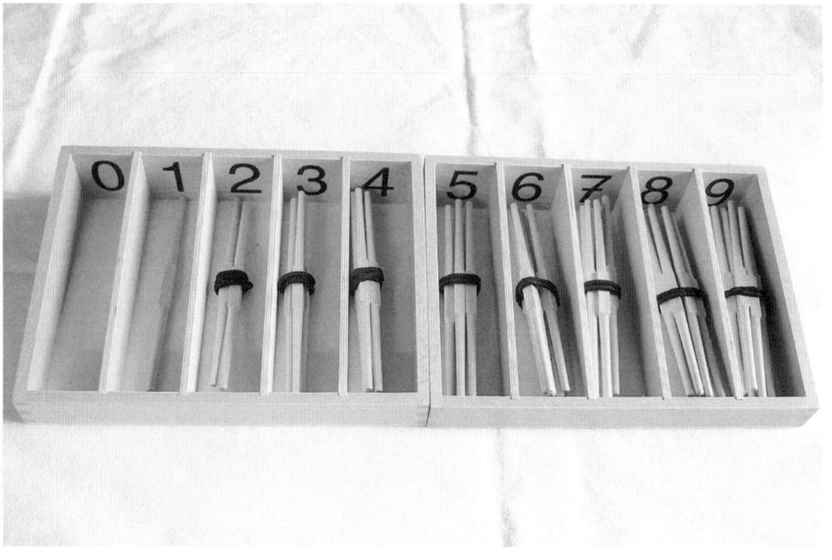

Abb. 88: Gebündelte Spindeln

Abb. 89: Bewegliche Zahlen

Abb. 90: Bewegliche Zahlen auf Zahlenplättchen legen

Zahlen und Chips

Material: Bewegliche Zahlen, ein Teppich (Abb. 89)

Ablauf: Die Heilpädagogin legt die beweglichen Zahlen durcheinander auf den Teppich. Das Kind darf die Zahlen 1 bis 10 in eine Reihe bringen.

Falls das Kind hierbei noch Probleme hat (z.B. mit der Lage der Zahlen), so werden als Zwischenschritt die Zahlentäfelchen dazu genommen. Das Kind legt dann die Zahlentäfelchen darüber. So kann es selbst erkennen, welche Zahl noch falsch herum liegt. Es wird selbst auf den Fehler aufmerksam, man muss nichts dazu sagen. Das Kind kann zusätzlich die Zahlen genau auf die Zahlentäfelchen legen. Das ist eine weitere eigene Fehlerkontrolle (Abb. 90).

Chips

Material: Chips, Zahlenplättchen (Abb. 91)

Ablauf: In der Erstdarbietung legt die Heilpädagogin die Zahlen von 1 bis 5, damit das Kind das Legeprinzip erkennt.

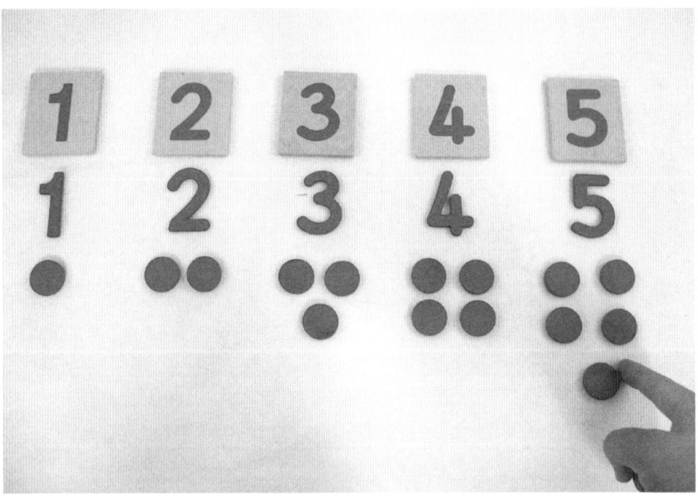

Abb. 91: Zahlen und Chips bis 5

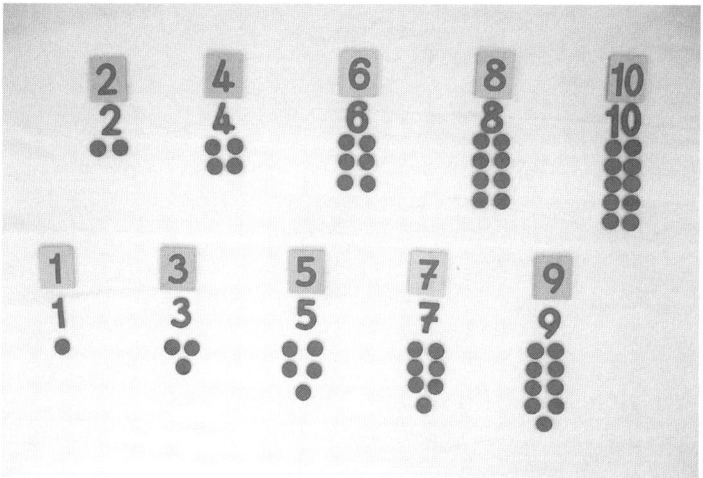

Abb. 92: Chips in gerader und ungerader Anzahl

Variante A: Gerade und ungerade Zahlen: Die Heilpädagogin legt einen Chip unter die Eins. Mit dem Finger umfährt sie den Chip und sagt: „Um die Eins muss man herum, sie ist ungerade." Unter die Zwei legt sie zwei Chips nebeneinander. Durch die Zwei kann man hindurch fahren: „Sie ist gerade." Unter die Drei legt sie drei Chips (s. Abb. 92). Sie fährt mit ihrem Finger hindurch und muss den dritten Chip umfahren. „Die Drei ist ungerade, sie muss man umfahren." Hinweis: In vielen Sprachen heißt es „paarig" und „unpaarig".

Variante B: Das Kind kann die geraden und ungeraden Zahlen sortieren in: 2 4 6 8 10 und 1 3 5 7 9.

Wie viele Perlen müssen drauf?

Material: Zehn Pfeifenputzer, an jedem ist ein Bild mit einer Zahl von 1 bi 10 befestigt (s. Abb. 93), 55 Perlen zum Auffädeln auf den Pfeiffenputzer

Ablauf: Das Kind darf nun je nach Anzahl des Bildes genau so viele Perlen auf den Pfeiffenputzer auffädeln. Fehlerkontrolle: Legt man die Pfeiffenputzer in eine Reihe, so ist, je größer die Zahl wird, immer eine Perle mehr darauf.

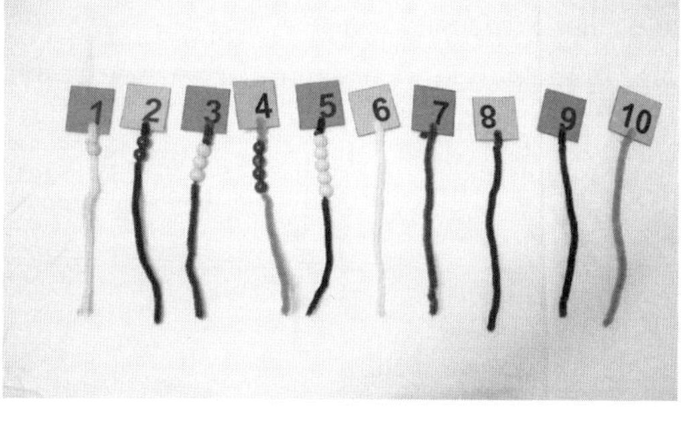

Abb. 93: Perlen entsprechend der Zahl auf Pfeifenputzer fädeln

Abb. 94: Tastsäckchen mit Murmeln

Wie viele Murmeln sind im Säckchen?

Material: Zehn Bildkarten mit den Zahlen 1 bis 10, zehn gleich große, gleich aussehende Stoffsäckchen: In den Stoffsäckchen befinden sich Murmeln passend zu den Bildkarten, in dem ersten ist eine Murmel, in dem zweiten sind zwei Murmeln usw.

Ablauf: Die Übung kann am Tisch oder am Boden stattfinden. Das Kind darf zuerst die Bildkarten von 1 bis 10 in die richtige Reihenfolge sortieren. Anschließend darf das Kind nach und nach die Stoffsäckchen befühlen und diese den Bildkarten zuordnen.

Bring mir was

Material: Körbchen mit Zetteln (darin sind zehn Zettel mit den Zahlen 1 bis 10)

Ablauf: Das Kind darf einen Zettel aus dem Korb nehmen und diesen ansehen. Anschließend darf es so viele Dinge aus dem Raum holen, welche der Zahl auf dem Zettel entsprechen. Beispiel: Bei „drei“ holt das Kind drei Stifte.

Übungen mit dem Eierkarton

Material: Eierkarton, zehn Gummitiere

Ablauf: Kärtchen vorbereiten, Vorderseite 3 – Rückseite 7 (= 10), alle Kärtchen die 10 ergeben vorbereiten: 1/9, 2/8, 3/7, 4/6, 5/5 usw. Die Heilpädagogin öffnet den Eierkarton und lässt das Kind die freien Fächer abzählen. Sie zeigt dem Kind das Kärtchen mit der acht. Das Kind darf nun acht Tiere einsortieren. (In jedes Fach ein Tier). Anschließend fragt sie: „Hier sind zehn Felder, du hast acht Tiere einsortiert, wie viele Felder sind noch frei?“ Das Kind antwortet: „Zwei.“ So kann man sagen: „Genau, acht und zwei dazu ergibt zehn.“ Bei dieser Übung kann man auch das Wort „plus“ einführen.

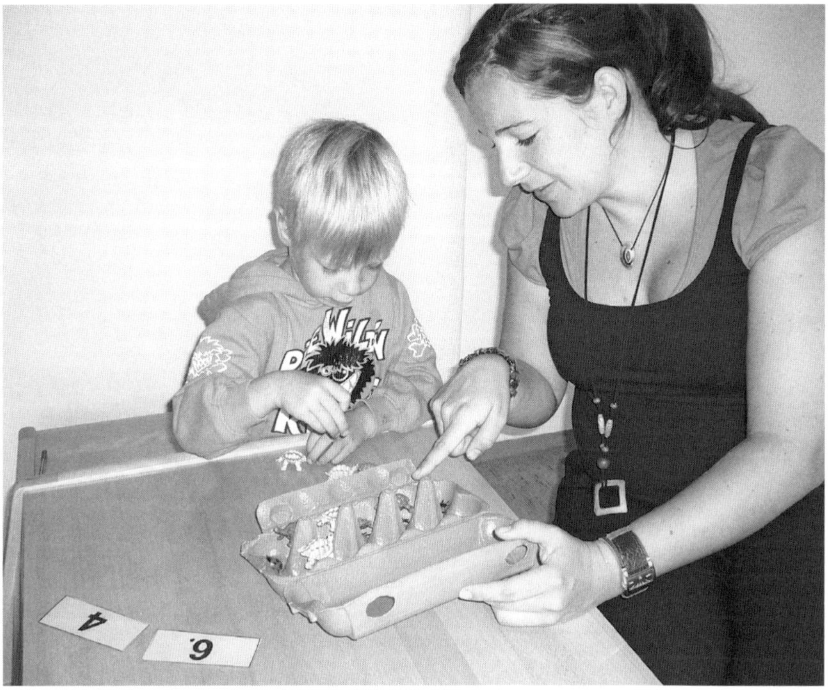

Abb. 95: Das Kind zählt mit Gummitieren.

Weitere Spiel- und Materialvorschläge

- Zahlenzwerge (Haba)
- Uno (Deluxe)
- Halli Galli (Jako-o)
- Würfelspiele, wie z.B. Mensch ärgere dich nicht

Körperschema/Körperwahrnehmung

Körperwahrnehmung

Der eigene Körper ist unser Bezugssystem, das uns Orientierung im Raum ermöglicht. Vom eigenen Körper aus erleben wir Dimensionen wie rechts und links, vorne und hinten.

Bei Kindern mit Verdacht auf eine Rechenschwäche beobachten wir häufig, dass sie sich nur unzureichend mit ihrem eigenen Körper auskennen. Ihnen fällt es schwer, einzelne Körperteile zu benennen und sie weisen häufig Richtungsunsicherheiten auf.

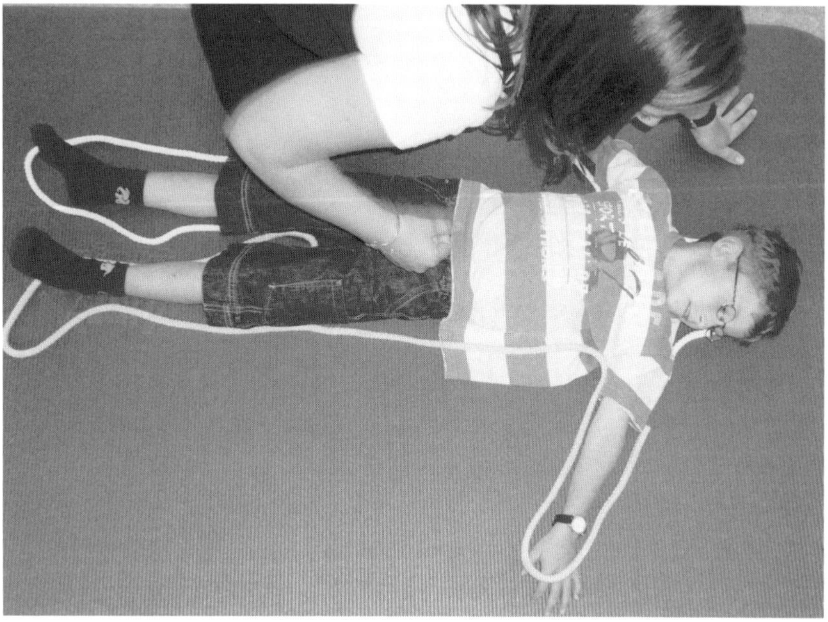

Abb. 96: Körperumriss mit Seilen legen

Körper spüren

Material: Wolldecke, Säckchen, Decken, Tücher, Bierdeckel, Steine o.ä., CD mit Entspannungsmusik

Ablauf: Das Kind liegt in Bauch- oder Rückenlage auf einer Wolldecke. Anschließend werden verschiedene Materialien sanft auf das Kind gelegt.

Variante: Das Kind kann raten, auf welcher Körperstelle z.B. der Stein o.ä. liegt.

Köperumriss legen

Material: Seile oder Chiffontücher

Ablauf: Die Heilpädagogin umlegt mit den Seilen oder den Tüchern den Körperumriss des Kindes. Dabei darf das Kind spüren, an welcher Körperstelle es gerade berührt wird (Abb. 96).

Körper umfahren

Material: Großes Papier (der Körper des Kindes soll darauf passen), Stifte

Ablauf: Das Kind darf sich mit dem Rücken auf das Papier legen. Die Heilpädagogin umfährt mit einem Stift den ganzen Körper des Kindes. Anschließend darf es das Körperbild anmalen.

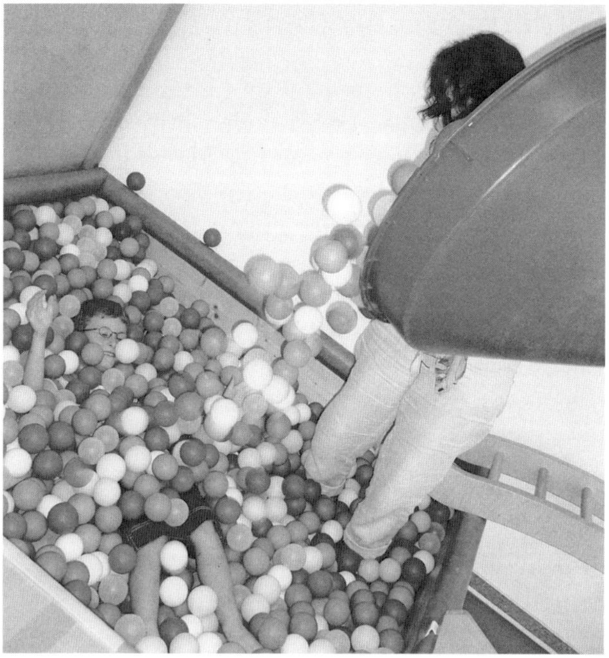

Abb. 97: Bälledusche

Körpermassage 2

Material: Decke, Entspannungsmusik, Igelbälle, Tennisbälle, Bürsten, Massagegerät u. ä..

Ablauf: Das Kind darf sich gemütlich auf die Decke legen. Die Heilpädagogin massiert es sanft zur Musik mit den verschiedenen Materialien.

Bälledusche

Material: Bällebad, großes Gefäß, z. B. Therapiekreisel

Ablauf: Das Kind darf mit den Händen oder einer Schaufel das große Gefäß mit Bällen des Bällebades füllen. Es darf sich anschließend ins Bällebad legen. Langsam leert die Heilpädagogin das Gefäß mit den Bällen über dem Kind aus.

Pizza backen

Sehr gute Übung zur Förderung der Körperwahrnehmung. Beschreibung der Übung siehe „Pizza backen" in Kapitel 4.1.1. Dort finden sich auch weitere Ideen zur Förderung des Köperschemas und der Körperwahrnehmung.

Fördermöglichkeiten für die Basissinne

Über den kinästhetischen Sinn erfahren wir etwas über den Spannungszustand unserer Muskeln und die Stellung unserer Gelenke. Dieser Sinn ist beteiligt an der Planung und Steuerung von Bewegung, er reguliert den Muskeltonus und dosiert den Krafteinsatz. Die Fingerdifferenzierung ist eine weitere wichtige taktil-kinästhetische Funktion als Voraussetzung für das Schreiben und den Aufbau des Zahlenbegriffs. Fingerdifferenzierung heißt, dass das Kind seine Finger kennt und jeden unabhängig von den anderen bewegen kann. Für unbeschwertes Lernen benötigen wir eine adäquate taktil-kinästhetische sowie vestibuläre Wahrnehmung.

Finger-differenzierung

Förderung der kinästhetischen Wahrnehmung

Trampolin springen

Material: Trampolin, Weichbodenmatte

Ablauf: Das Kind springt auf dem Trampolin und anschließend in die Weichbodenmatte. Achtung: Rund ums Trampolin Polster auslegen.

Tarzan

Material: Ringe, zwei Matten, ein Krokodil, Wesco-Bausteine

Abb. 98: Kind schwingt über Hindernisse

Ablauf: Unter den Ringen liegt das Krokodil, davor und dahinter jeweils eine Matte. Das Kind kann von einer Matte zur anderen schwingen.

Variante: Der Untergrund des Krokodils wird immer höher (Wesco-Bausteine darunter legen. Das Kind kann über die Steine schwingen.

Mauer einrennen

Material: Weichbodenmatte, Wesco-Bausteine

Ablauf: Aus Wesco-Bausteinen mit dem Kind/den Kindern eine Mauer am Rand der Weichbodenmatte aufbauen. Das Kind/die Kinder dürfen, wenn ein Signal ertönt, die Mauer einrennen. Gemeinsam werden die Bausteine wieder aufgebaut (Abb. 99).

Sackhüpfen

Material: Rupfensäcke, Hindernisse

Ablauf: Wettspiel: Die Kinder dürfen, wenn ein Signal ertönt, um die Wette hüpfen. Die Länge der Strecke je nach Alter/Entwicklungsstandes wählen.

Fingertanz

Material: Keines

Abb. 99: Kinder rennen gemeinsam die Mauer ein.

Ablauf: Fingerübungen: Abwechselnd alle Finger mit dem Daumen berühren. Diese Übung sollte vor- und rückwärts sowie mit beiden Händen gleichzeitig durchgeführt werden.

Weitere Ideen zur Förderung der Basissinne finden sich auch im Kapitel 4.1.2.

Förderung der vestibulären Wahrnehmung

Das vestibuläre System, der Gleichgewichtssinn, sitzt im Innenohr des Menschen. Es bildet die Grundlage für Haltung und Bewegung, für den Muskeltonus und die motorische Koordination, für die Anpassung an die Raumlage und die Sicherheit der Position im Raum.

schlecht ausgeprägter Gleichgewichtssinn

In unserer Arbeit erleben wir immer wieder, dass Kinder mit Rechenschwäche häufig ein schlecht ausgeprägtes Gleichgewichtsgefühl aufweisen. Zudem kann es sein, dass es ihnen schwer fällt, still zu sitzen. Ihnen gelingt es weiterhin nur schwer, auf einem Bein zu stehen oder zu hüpfen, sie haben Schwierigkeiten beim Balancieren. Gezieltes Gleichgewichtstraining ist daher von besonderer Bedeutung.

Seiltänzer

Material: Seile, Reifen, Langbank

Ablauf: Das Kind darf auf den Seilen, Reifen und auf der Langbank balancieren. Diese Übungen können gut in Parcours eingebaut werden.

Wasserträger

Material: Tabletts, Gläser, Stoppuhr

Ablauf: Die Kinder sollen mit einem gefüllten Glas auf dem Tablett über ein Hindernis steigen/balancieren.

Schwieriger wird es, wenn mehrere Gläser gefüllt mit Wasser aufs Tablett gestellt werden.

Weitere Ideen zur Förderung der vestibulären Wahrnehmung sind im Kapitel 4.1 aufgeführt.

Überkreuzen der Körpermittellinie

Das Überkreuzen der Körpermittellinie ist die Voraussetzung für das Erlernen des Lesens und Schreibens. Geht das noch nicht fließend, so muss daran gearbeitet werden.

Lateralität

Die meisten Kinder entwickeln im Laufe der ersten Lebensjahre eine Dominanz einer bestimmten Händigkeit. Sie bevorzugen bei der Wahrnehmung und Bewegung entweder die rechte oder linke Körperseite (Lateralität). Die Lateralität und Koordination sind Grundlagen, um die Körpermitte zu überschreiten, sowie für die Rechts-Links-Unterscheidung relevant. Kinder mit Zahlenschwäche haben häufig dabei Schwierigkeiten. Des Weiteren haben sie Probleme mit der Schreibrichtung von links nach rechts sowie bei der Auge-Hand-Koordination. Die Krabbelphase des Kindes ist wichtig für die Entwicklung der Lateralität und für das Überkreuzen der Körpermittellinie.

Einfache Überkreuzbewegungen

Material: Keines

Ablauf: Das Kind sitzt oder steht locker. Es hebt den rechten Arm und berührt dabei den linken Arm. Arm wieder locker lassen. Anschließend hebt das Kind den linken Arm und berührt damit den rechten Arm. Das Kind soll diese Übung abwechselnd und in gleichmäßigem Tempo wiederholen, bis diese automatisiert wird.

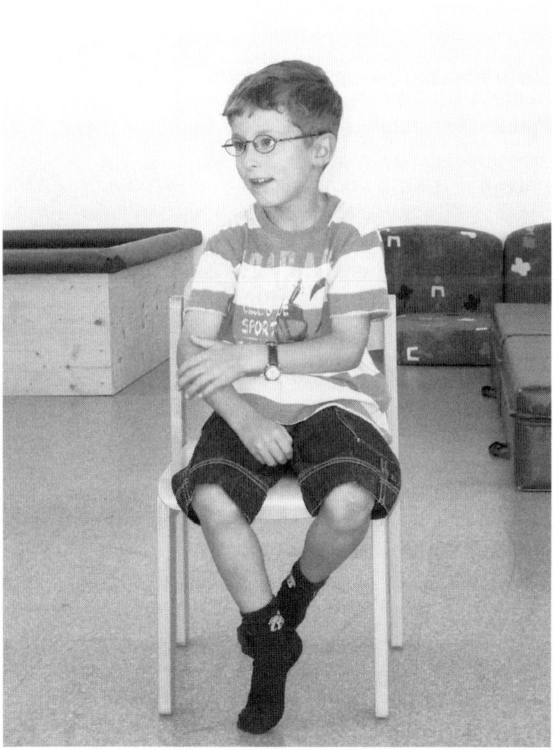

Abb. 100: Einfache Überkreuzbewegungen Arm zu Arm

Abb. 101: Überkreuzbewegungen Arm zum gegenüberliegenden Bein

Überkreuzbewegungen 1

Material: Keines

Ablauf: Das Kind steht locker. Die Arme hängen locker an den Seiten herunter. Das Kind hebt das linke Bein und berührt das Knie mit der rechten Hand. Zurück geht es in die Ausgangsposition. Anschließend hebt das Kind das rechte Bein und berührt das Knie mit der linken Hand. Es soll diese Übung abwechselnd und in gleichmäßigem Tempo wiederholen, bis diese automatisiert wird.

Aktivieren der gegenüberliegenden Körperseiten

Material: Keines

Ablauf: Das Kind steht oder sitzt auf dem Stuhl, die Arme hängen locker an den Seiten herunter. Es hebt den rechten Arm und klopft damit die linke Körperhälfte ab (Arm, Seite unter dem Arm, Hüften, Po, Beine). Die gleiche Übung wird mit dem anderen Arm durchgeführt.

Wäscheklammernspiel 2

Material: Je zehn Wäscheklammern in rot, blau, gelb, grün, ein Würfel mit diesen Farben, einem Joker und einer Niete (schwarzes Feld)

Ablauf: Abwechselnd wird gewürfelt. Je nachdem was der Würfel zeigt, darf die jeweilige Wäscheklammer genommen und auf die gegenüberliegende Körperhälfte an die Kleidung geheftet werden. Beim Joker kann eine Farbe nach Wahl genommen, bei der Niete muss ausgesetzt werden.

Überkreuzen mit nach oben gerichteten Augen

Material: Keines

Ablauf: Das Kind macht einfache Überkreuzbewegungen mit nach oben gerichteten Augen. Dabei soll es den Kopf gerade halten und nach oben blicken. Das Kind soll diese Übung so lange üben, bis es mühelos klappt.

Die aufgeführten Übungen können leicht abgewandelt werden. Überkreuzen ist im Sitzen, Liegen oder im Stehen möglich.

Pendel

Material: Keines

Ablauf: Das Kind steht mit überkreuzten Beinen. Es macht keinen Unterschied, welches Bein vorn oder hinten steht. Wichtig ist ein sicherer Stand. Nun beugt das Kind sich langsam nach vorn, die Knie sollen nicht ganz durchgedrückt sein. Die Arme hängen zuerst locker nach unten, später pendelt das Kind mit dem Oberkörper und den Armen hin und her. Zuletzt richtet sich das Kind auf und streckt sich kräftig nach oben.

Überkreuzbewegungen hinten

Material: Keines

Ablauf: Das Kind steht locker. Die Arme hängen locker an den Seiten herunter. Das Kind winkelt das rechte Bein zum Po hin an, anschließend berührt die linke Hand die rechte Ferse und umgekehrt. Die Blockade ist gelöst, wenn das Kind diese Übung mühelos beherrscht.

Ohren massieren 1

Material: Keines

Ablauf: Das Kind steht oder sitzt. Es hebt beide Hände und berührt beide Ohren. Das Kind massiert dreimal das Ohr von der Ohrmuschel bis zum Ohrläppchen. Die Ohrläppchen erwärmen sich dabei.

Abb. 102: Ohren massieren

Kreise

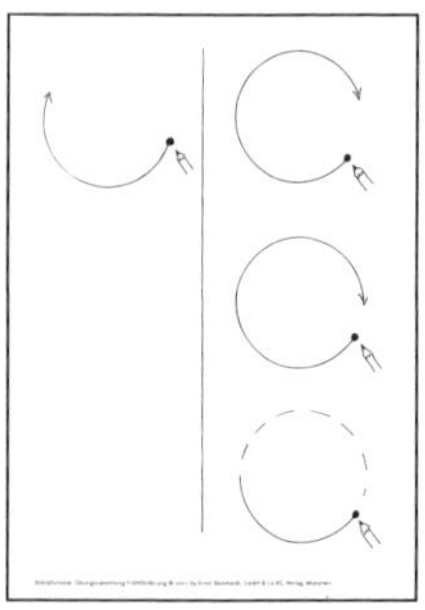

Arbeitsblatt 5

Material: Arbeitsblätter oder Papier, Stifte

Ablauf: Arbeitsblatt 5: Kreise links herum, Kreise rechts herum. Das Kind soll einen beliebigen Kreis malen. Es soll Kreise in beide Richtungen malen können. Geht eine Richtung noch etwas schwer, so muss diese Übung noch geübt werden. Evtl. muss anfangs die Hand dabei geführt werden, bis es sicher und flüssig klappt. Unter www.reinhardt-verlag.de stehen die Arbeitsblätter zum Download bereit.

Schleifen

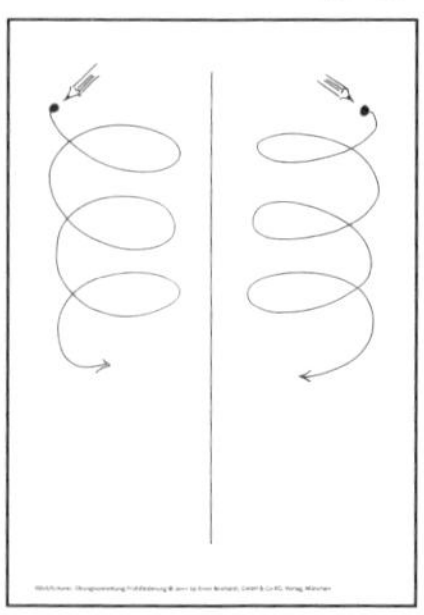

Arbeitsblatt 6

Material: Arbeitsblatt oder Papier, Stifte

Ablauf: Arbeitsblatt 6: Schleifen

Schleifen stellen die Grundfigur vieler Buchstaben dar. Das Kind soll eine Schleife malen. Wichtig ist, in welche Richtung das Kind den Stift führt. Es soll dann die Schleife in die andere Richtung nachmalen. Evtl. muss anfangs die Hand dabei geführt werden, bis es sicher und flüssig klappt (Download des Arbeitsblattes unter www.reinhardt-verlag.de).

Die liegende Acht 2

Material: Arbeitsblatt oder Papier, Stifte

Ablauf: Arbeitsblatt 7: Liegende Acht. Malen Sie als Vorlage eine liegende Acht. Nun kann das Kind von der Mitte aus nach oben rechts die liegende Acht nachfahren. Evtl. muss anfangs die Hand dabei geführt werden, bis es in beide Richtungen sicher und flüssig geht (Download des Arbeitsblattes unter www.reinhardt-verlag.de).

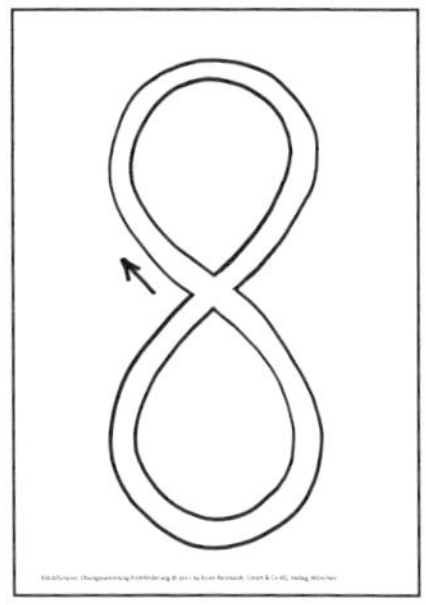

Arbeitsblatt 7

Variante A: Während des Fahrens auf der liegenden Acht soll das Kind folgenden Satz dazu sagen: „Ich fahre mit der Achterbahn, damit ich besser lernen kann."

Variante B: Das Kind kann nun auch liegende Achten in die Luft malen.

Wir sind Dirigenten

Material: Wachsmalstifte, CD-Player, CD mit klassischer Musik

Ablauf: Wir suchen uns einen Platz im Stehen. Jeder nimmt in jede Hand einen Wachsmalstift. Wenn die Musik zu spielen beginnt, so sind wir Dirigenten. Wir dirigieren in die Luft, mal mit einer Hand, mal mit beiden Händen. Je nach Musik kann dies schnell oder langsam sein.

Variante: Anschließend dirigieren wir zur selben Musik nicht in die Luft, sondern auf ein großes Papier, das vor uns an der Wand befestigt ist.

Weitere Spiel-, Material- und Buchvorschläge

- Felix und die Brain– Gym-Bande, Kartenspiel (VAK)
- Brain-Gym mit Maxi, Kartenspiel (VAK)
- Dennison, P. E., Dennison, G. E. (2009): EK für Kinder. Das Handbuch der EDU-Kinestetik für Eltern, Lehrer und Kinder jeden Alters. 21. Aufl. VAK-Verlag, Kirchzarten

8 Sozialverhalten

Werden Eltern und Pädagogen nach Erziehungszielen gefragt, erhalten wir häufig Antworten wie: „Mein Kind soll Selbstvertrauen und Sozialverhalten zeigen, es soll sich gut in eine Kindergruppe integrieren können, keine aggressiven Tendenzen, aber auch kein ängstliches und zurückhaltendes Verhalten zeigen.“ Aggressionen werden unter moralischen Gesichtspunkten abgelehnt und überangepasstes Verhalten wird als Schwäche ausgelegt.

Entwicklung

Es ist wichtig, das familiäre Umfeld, die Persönlichkeit des Kindes und dessen Entwicklungsstand zu beachten. Das bedeutet, wir holen das Kind da ab, wo es steht und begleiten es durch die drei Entwicklungsschritte. Das ca. ein bis zweijährige Kind entwickelt während der so genannten Trotzphase sein eigenes ICH, es löst sich aus der engen Bindung zur Bezugsperson, meist ist dies die Mutter, um dann über das DU zum WIR und somit zur Gruppenfähigkeit zu gelangen. Zur groben Orientierung haben wir die Grenzsteine der Entwicklung von Michaelis und Niemann übernommen. Die Angaben beziehen sich jeweils auf das Ende des Zeitraums.

Wir denken, dass das folgende Kapitel mit den Spiel- und Übungsangeboten helfen kann, Kinder zu starken und mutigen Menschen zu erziehen, die ihre eigenen Grenzen kennen und die Grenzen anderer akzeptieren.

8.1 Störungen des Sozialverhaltens

Klassifikation nach ICD-10

Die Klassifikation nach der ICD-10 lautet: Störungen des Sozialverhaltens sind eine Gruppe von psychischen Störungen in der Kinder- und Jugendpsychiatrie. Der Begriff umfasst eine große Vielfalt unkontrollierter Verhaltensweisen. Die ICD-10 versteht darunter ein sich wiederholendes und andauerndes Muster dissozialen, aggressiven oder aufsässigen Verhaltens:

- F 91.0 Auf den familiären Rahmen beschränkte Störung des Sozialverhaltens
- F 91.1 Störung des Sozialverhaltens bei fehlenden sozialen Bindungen

Tab. 4: Grenzsteine der kindlichen Entwicklung

Alter	**Sozialisation**
3 Monate	Anhaltender Blickkontakt. Versuch, durch aktive Änderung der Kopflage Blickkontakt zu halten. Lächeln auf bekanntes und fremdes Gesicht.
6 Monate	Zugewandtes Ansprechen, taktile Kontaktaufnahme, spielerischer rascher Lagewechsel löst vergnügliche Reaktionen aus. Freude an nonverbaler Kommunikation.
9 Monate	Sicheres Unterscheiden bekannter und fremder Personen, mit und ohne Fremdeln.
12 Monate	Fähig, selbst soziale Interaktionen zu initiieren, fortzuführen und zu beenden.
15 Monate	Kinderreime, Fingerspiele, Nachahmspiele, rhythmische Spiele werden geschätzt.
18 Monate	Einfache Gebote, Verbote werden verstanden und mehr oder weniger beachtet.
2 Jahre	Spielt für sich alleine im Raum, in dem die Mutter sich nicht aufhält.
3 Jahre	Hilft gerne bei Haus- und Gartenarbeit. Ahmt Tätigkeiten Erwachsener nach.
4 Jahre	Versteht, dass bei gemeinsamen Spielen auch andere Kinder an der Reihe sind; bereit zu teilen.
5 Jahre	Kooperiert im Spiel mit anderen Kindern, versteht emotionale Äußerungen andere Kinder, kann darauf eingehen (Trösten, Helfen)

- F 91.2 Störung des Sozialverhaltens bei vorhandenen sozialen Bindungen
- F 91.3 Störungen des Sozialverhaltens mit oppositionellem, aufsässigen Verhalten
- F 91.8 Sonstige Störungen des Sozialverhaltens
- F 91.9 Störung des Sozialverhaltens nicht näher bezeichnet

Von diesem Störungsbild ausgenommen ist F 90.1, Hyperkinetische Störung des Sozialverhaltens. Diese Störung wird unter dem Aufmerksamkeitsdefizit-/Hyperaktivitätsstörung (ADHS) verortet. Zu dieser Störung wollen wir im folgenden Kapitel gesondert eingehen, da uns in unserer Einrichtung häufig Kinder begegnen, die Auffälligkeiten im Bereich der Aufmerksamkeit mit oder ohne Hyperaktivität zeigen. **ADHS**

Als eine weitere eigene Gruppe von Störungen, die uns in unserer Arbeit immer wieder begegnet, gelten:

- F 92 Kombinierte Störung des Sozialverhaltens mit Emotionen,
- F 92.0 Störung des Sozialverhaltens mit depressiver Störung,
- F 92.8 Sonstige kombinierte Störung des Sozialverhaltens und der Emotionen,
- F 92.9 Kombinierte Störung des Sozialverhaltens und der Emotionen, nicht näher bezeichnet (Dilling et al. 2000, Kapitel V (F)).

Wir gehen nun weniger auf die Diagnose, Ursachen und Behandlungsformen in der ICD-10 ein, da diese meist Kinder im Grundschulalter und Jugendliche betreffen.

Vielmehr möchten wir die Kinder, mit denen wir arbeiten, beschreiben, wie sie sich zeigen und welche Möglichkeiten wir zur Behandlung bzw. Förderung anbieten. Häufig haben wir es mit Kindern zu tun,

Auffälligkeiten

- die ängstlich und unsicher sind,
- die lustlos und passiv wirken,
- denen es schwer fällt, eigene Gefühle und Bedürfnisse zu erkennen, ihnen zu trauen oder sie gar auszudrücken,
- die Schwierigkeiten haben, sich von der Mutter und vom Elternhaus zu lösen, z.B. wenn der Kindergartenbesuch ansteht,
- die wenig oder nur ganz leise sprechen,
- die häufig oder immer mit ruhigeren und/oder jüngeren Kinder spielen und den Kontakt mit den anderen Kindern meiden,
- die andere Kinder verspotten, ärgern oder ihnen Spielsachen wegnehmen,
- die Konflikte mit Schreien, Wutausbrüchen oder Schlagen angehen,
- die sehr mit sich selbst beschäftigt sind,
- die immer in Bewegung sind und sich auf kein Spiel einlassen können,
- die Spielsachen zerstören und kein Bewusstsein für andere Kinder bzw. das Spielmaterial zeigen,
- die ständig Aufmerksamkeit, auch negative Aufmerksamkeit suchen,
- die jede Leistungsanforderung vermeiden.

weitere Symptome

Ein geringes Selbstbewusstsein, Versagensängste und ein wenig entwickeltes Sozialverhalten können zu den oben genannten Verhaltensweisen führen. Außerdem können sich Symptome wie Unruhe, Konzentrationsschwäche, Nägelkauen, Daumenlutschen, Einnässen, Einkoten, Appetit- und Schlaflosigkeit bzw. Alpträume zeigen.

Verhaltensbeobachtung

Für eine genauere Einschätzung ist es notwendig, das Kind über einen längeren Zeitraum und in verschiedenen Situationen zu beobachten. Eine Möglichkeit dazu bietet der Verhaltensbogen für Vorschulkinder (VBV), das ist ein Fragebogen für Kinder im Vorschulalter. Dieser wird von den Eltern und der Erzieherin ausgefüllt und anschließend ausgewertet.

Außerdem geben eine Gruppenbeobachtung im Kindergarten und eine intensive Elternberatung Aufschluss über das Verhalten in der Großgruppe und den Eltern Anregungen, wie sie mit ihrem Kind umgehen können, um die häufig anstrengende und schwierige häusliche Situation zu entlasten. Die folgenden Übungen sollen Ziele verfolgen, wie:

Ziele

- eigene Stärken bei sich und anderen entdecken,
- erfahren, dass Schwächen erlaubt sind und keiner „perfekt" ist,
- eigene Fähigkeiten ausprobieren dürfen,
- Wertschätzung der eigenen Person erfahren,
- eigene Gefühle und Bedürfnisse wahrnehmen und vertreten können,
- die Kommunikationsfähigkeit verbessern,
- sich einer Gruppe zugehörig fühlen,
- die Gefühle anderer verstehen und akzeptieren lernen,
- sich Anforderungen und neuen Aufgaben stellen,
- die Wahrnehmung und Motorik schulen, bzw. Möglichkeiten und Freiräume für Bewegung schaffen,
- Schnelligkeit, Geschicklichkeit und Raumorientierung schulen,
- lernen, Gefahren und Hindernisse zu überwinden,
- Regeln und Grenzen akzeptieren.

Eine wichtige Rolle, um diese Ziele zu verwirklichen, spielt dabei die heilpädagogische Spieltherapie (s. Kapitel 3.5).

Materialien für die heilpädagogische Spieltherapie

Erläuterungen zur heilpädagogischen Spieltherapie finden sich im Kapitel 3.5.

Puppen und Stofftiere als „Mittler" bauen gerade bei ängstlichen und schüchternen Kindern eine Brücke, um mit ihnen in Kontakt zu kommen, Vertrauen zu erlangen und um eine Beziehung aufbauen zu können.

Rollenspiel

Kinder schlüpfen gern in Rollen, verkleiden sich und identifizieren sich mit den Figuren, die sie spielen. Sie können ausprobieren wie es sich anfühlt, wenn man stark und mächtig ist oder klein und ängstlich. Sie sammeln Erfahrungen über sich selbst und andere. Widersprüchliche Gefühle und eigene Bedürfnisse können besser verstanden werden. Sie trauen sich eher ihre Bedürfnisse zu vermitteln und spielen aktuelle oder unverarbeitete Erlebnisse und Erfahrungen nach. Außerdem ist es möglich, Problemlösungen auszuprobieren und gemeinsam im Spiel nach Lösungsmöglichkeiten bei Konflikten zu suchen. Es dürfen auch mal Grenzen überschritten werden, solange kein anderer darunter leidet. Evtl. kommt man sich körperlich nahe und kümmert sich oder verteidigt einander.

Theater- und Tischspiele mit Hand-, Finger- oder Stabpuppen

Auch wenn die Kinder bei Theaterspielen sitzen, können sie sich durch Zurufe in die Geschichte einbringen, dem Held Hilfestellung geben und die Handlung evtl. beeinflussen. Diese Form des Spielens ermöglicht es den Kindern, ebenso wie im Rollenspiel, sich mit den Figuren zu identifizieren. Und es fällt den Kindern, die noch zu schüchtern sind um selbst ins Rollenspiel zu gehen, leichter, über die Puppe in Aktion zu treten. Es können Fehler entdeckt und verbessert oder gute Eigenschaften hervorgehoben werden.

Ansprechen von aktuellen Themen

Außerdem ermöglicht das Theaterspiel der pädagogischen Person durch die „Wahl der Geschichte", aktuelle Themen anzusprechen, den Kindern ins Bewusstsein zu bringen und gemeinsam nach Lösungen zu suchen und diese auszuprobieren. Sinnvoll ist es, wenn den Kindern eine Identifikationsfigur angeboten wird, die ihnen vertraut ist, sie anspricht, mit den Kindern kommuniziert und positive Gefühle weckt.

Wichtig ist es, die Vorschläge der Kinder ernst zu nehmen und ihnen die Möglichkeit zu geben, eine Geschichte im freien Spiel weiter zu spielen, bzw. neue Handlungen zu initiieren. Häufig ergeben sich danach Gespräche, in denen die Kinder von ihren Gefühlen und Eindrücken sprechen können.

Bilderbücher, Karten, Geschichten und Gespräche zur Förderung der sozial-emotionalen Entwicklung

Weitere „Türöffner", damit die Kinder von ihren Gefühlen und Empfindungen sprechen können, sind Bilderbücher, Geschichten oder Karten, die die Problematik der Kinder, die Gefühlsausdrücke oder bestimmte Verhaltenweisen ansprechen. Das Kind findet sich in der Geschichte wieder und erlebt, dass es anderen auch so geht. Es erfährt Problemlösestrategien, die es aufgreifen kann oder es kann eigene Ideen entwickeln.

Vertraulichkeit

Damit sich das Kind öffnen kann, ist es wichtig, dem Kind eine entspannte Atmosphäre zu schaffen und vollständiges Vertrauen aufzubauen. Bedeutsam ist auch, dem Kind zu vermitteln, dass sein Vertrauen nicht missbraucht wird, dass das in der Spielstunde Gespielte, Gehörte und im Gespräch Erarbeitete im Raum bleibt und nicht nach außen getragen wird, wenn es das Kind nicht will. Außerdem muss das Kind das Gefühl haben, dass es von der vertrauten Person gestärkt und bei der Problemlösung unterstützt wird.

Weitere Spiel-, Material- und Buchvorschläge

- Boie, K., Brix-Henker, S. (1994): Klar, dass Mama Anna/Ole lieber hat. 10. Aufl. Oetinger, Hamburg
- Braun, G., Wolters, D. (1997): Das große und das kleine NEIN. Verlag an der Ruhr, Mülheim
- Dietl, E. (1999): Der tapfere Theo. Thienemann, Stuttgart
- Fried, A., Gleich, J. (1997): Hat Opa einen Anzug an? Carl Hanser, München
- Heine, H. (2009): Freunde. 8. Aufl. Beltz, Weinheim
- Maar, N., Ballhaus, V. (2002): Papa wohnt jetzt in der Heinrichstraße. Atlantis, Stolberg
- Meier, K., Bley, A. (1996): Das kummervolle Kuscheltier. Ein Bilderbuch über sexuellen Missbrauch. Ars Edition, München
- Moost, N., Rudolph, A. (2006): Alles mutig! Esslinger, Esslingen
- Varley, S. (1984): Leb wohl, lieber Dachs. Betz, Wien

Fördermöglichkeiten aus den Methoden der Psychomotorik, des Zauberns, des Werkens und der Entspannungspädagogik

Nachahmen

Material: Keines

Ablauf: Wir stehen uns gegenüber. Einer macht eine Bewegung oder einen Bewegungsablauf vor. Der andere versucht die Bewegung möglichst genau nachzuahmen.

Wer bist du?

Material: Tücher zum Verbinden der Augen

Ablauf: Einem Kind werden die Augen verbunden. Danach muss es durch vorsichtiges Ertasten das Gesicht eines anderen Kindes erraten.

Füße drücken

Material: Keines

Ablauf: Die Kinder sitzen sich barfuß gegenüber. Jetzt drücken sie Fußsohle an Fußsohle und versuchen sich gegenseitig wegzudrücken.

Variante: Armdrücken

Monsterfangen

Material: Zauberstab, ein Monsterkostüm

Ablauf: Die Hälfte der Kinder spielen Monster und kommen aus einer Höhle. Sie gehen auf die anderen Kinder los. Diese können, wenn es ihnen zu viel wird, einen Zauberspruch sagen und die Monster sind eingefroren. Anschließend Rollentausch.

Fangen mit Schwierigkeit

Material: Keines

Ablauf: Ein Kind ist der Fänger und ist durch eine Schlinge am Arm, einem kranken Bein oder einem blinden Auge … eingeschränkt. Nun muss es versuchen, die anderen Kinder zu fangen. Das Kind, welches gefangen wurde, ist nun der Fänger und der vorherige Fänger bestimmt, welche Schwierigkeit der neue Fänger zu bewältigen hat.

Variante: Ist es dem Fänger nicht möglich, die anderen Kinder zu fangen, müssen diese mit einem vorher besprochenen Handicap davon laufen.

Blind hüpfen

Material: Keines

Ablauf: Die Kinder hüpfen blind durch den Raum. Etwaige Gefahrenquellen vorher beseitigen. Treffen zwei Kinder aufeinander, öffnen sie die Augen und begrüßen sich. Nun können sie alleine, zu zweit oder zu dritt weiterhüpfen.

Schneeballschlacht

Material: Alte Zeitung

Ablauf: Die Kinder zerknüllen das Papier zu Schneebällen und bewerfen sich gegenseitig. Dieses Gruppenspiel hilft besonders zurückhaltenden Kindern, aktiv zu werden und aus sich herauszugehen.

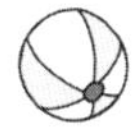

Essen ohne Hände

Material: Mohrenköpfe oder eine flache Schüssel gefüllt mit Mehl, große Gummibärchen

Ablauf: Das Kind muss den Mohrenkopf ohne Hände essen, oder es muss versuchen, mit dem Mund die Gummibärchen aus der Mehlschüssel zu fischen. Der Spaßfaktor in der Gruppe hilft dem einzelnen Kind und der Gruppe ein Wir-Gefühl zu entwickeln.

Wutkissen

Material: Ein Kissen, Nadel und Faden, Farbe

Ablauf: Das Kind darf sich aus dem Kissen ein Monster, einen Bären o. ä. basteln. Jetzt kann das Kind, wenn es wütend ist, auf das Wutmonster einschlagen oder es gegen die Wand schleudern.

Wunschtüte basteln

Material: Eine weiße Papiertüte oder Papier, um die Wunschtüte zu falten, Stifte, Material zum Bekleben der Tüte, Kleber, Schere

Ablauf: Das Kind darf mit der Heilpädagogin gemeinsam eine Wunschtüte basteln und diese selbst gestalten. Jetzt hat das Kind eine Tüte, in die es kleine Schätze stecken kann, oder es kann einen geheimen Wunsch in die Tüte flüstern und die Tüte zukleben.

Abb. 103: Das Kind versteckt einen kleinen Schatz in der Wunschtüte.

Collage, um Grenzen zu verdeutlichen

Material: Kataloge mit Bildern, die verschiedene Alltagssituationen mit sozialen Themen ansprechen, Papier, Stifte, Kleber, Schere

Ablauf: Wir schneiden einen Kreis aus, der gut auf ein DIN A3 Blatt passt. Das Kind kann sich nun überlegen, was es gern hat und was ihm gar nicht gefällt. Alles was gut ist, kommt in den Kreis. Alles was negativ erfahren wird oder wurde, wird außerhalb des Kreises geklebt.

Wunschplakat

Material: Großes Papier, Malstifte oder Kataloge zum Ausschneiden, Kleber und Schere

Ablauf: Die Kinder gestalten gemeinsam ein Plakat. Jeder darf ein oder zwei Wünsche aufkleben oder darauf malen. Dabei unterscheiden wir zwischen materiellen und immateriellen Wünschen und besprechen diese gemeinsam. Diese Übung ist auch in der Einzelförderung möglich.

Zauberbowle oder Mutmachbowle herstellen

Material: Verschiedene Säfte, Obst, Messer und Brettchen zum Schneiden, Trinkhalme, Krug und Gläser

Ablauf: Wir stellen aus verschiedenen Säften, Obst etc. gemeinsam Zauberbowle her und sprechen einen Zauberspruch. Nun gibt uns das Getränk Mut und Kraft.

Zauberstab

Material: Papier, Glitter, Kleber, Farbe

Ablauf: Aus dem Papier rollen wir eine dünne Röhre und verzieren diese mit Glitter und Farbe. Der Zauberstab wirkt mit einem Zauberspruch. Er gibt uns Kraft und Mut oder hilft dem Kind, „Stopp" zu rufen, wenn es von jemandem zu dicht bedrängt wird.

Zauberknäuel

Material: Wollknäuel

Ablauf: Die Kinder sitzen im Stuhlkreis. Ein Kind beginnt und wirft einem gegenüber sitzenden Kind den Wollknäuel zu, hält aber den Fadenanfang in der Hand. Es äußert dabei einen Wunsch an das andere Kind, oder etwas, das ihm nicht so gut an ihm gefällt. Jetzt artikuliert dieses Kind einen Wunsch an ein anderes Kind und wirft die Wolle usw. Zuletzt bildet die geworfene

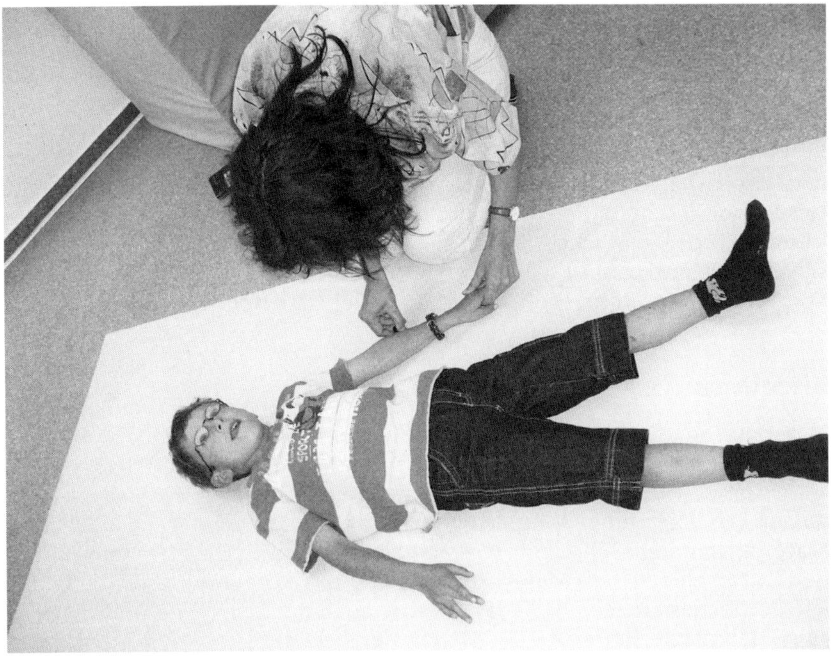

Abb. 104: Den Körper mit dem Stift umfahren

Wolle ein Zaubernetz. Das Netz löst sich auf, wenn die Wolle in umgekehrter Reihenfolge zurück geworfen wird und nun artikuliert jedes Kind, was es gut an dem anderen findet.

Körperbilder malen

Material: Großes Papier, Wachsmalkreiden oder Fingerfarben

Ablauf: Das Kind legt sich auf das Papier und wir zeichnen den Umriss des Kindes nach. Dabei beschreiben wir, an welchem Körperteil wir den Stift entlang führen. Wir besprechen die Besonderheiten, wie z.B. ein Muttermal, blonde Haare usw. Danach darf das Kind seinen Körperumriss ausschneiden und anmalen. Hier wird deutlich, dass jedes Kind für sich besonders ist. Die Körperbilder der Kinder können an die Wand im Gruppenraum geklebt werden (Abb. 104).

Variante:
Das Körperbild zu einem Puzzle zerschneiden. Das Kind darf raten, um welchen Körperteil es sich handelt. Anschließend das Bild wieder zusammensetzen.

Körperreise

Material: Decken als Unterlage, CD mit Meditationsmusik

Ablauf: Die Kinder atmen ruhig aus und ein. Sie achten auf ihren Atem und ihren Bauch, der sich beim Einatmen aufbläht und beim Ausatmen kleiner wird. Jetzt spannen wir bei den Füßen beginnend nacheinander alle Körperteile an, bis wir beim Kopf angekommen sind. Zuletzt spannen wir den gesamten Körper an. Wichtig: Daran denken, nach jeder Anspannung loszulassen und die Entspannung zu spüren. Die Kinder definieren sich über ihren Körper. Ein gutes Körpergefühl vermittelt Selbstsicherheit.

Kitzelweg

Material: Verschiedene Materialien wie Moos, Kastanien, Watte, Stroh, Teppichreste usw.

Ablauf: Wir legen einen Weg, begehen und betasten die unterschiedlichen Materialien und beschreiben, wie sich diese anfühlen. Die Erfahrungen mit den unterschiedlichen Materialien stärken das Körper-Ich und somit das Ich-Gefühl des Einzelnen. Sie lassen aber auch die Gruppe gemeinsam lustige Erlebnisse erfahren.

Wut und Angst

Material: Rückzugsmöglichkeit, wenn es einem Kind zu viel wird, z.B. eine Kuschelecke oder Höhle aus Tüchern, Decken und Kissen

Ablauf: Jedes Kind überlegt sich eine Situation, in der es sehr wütend war. Auf ein Signal hin dürfen die Kinder schreien, mit den Fäusten auf den Tisch hauen, oder mit den Füßen stampfen. Jedes Kind setzt sich leise auf den Boden, wenn es seine Wut losgeworden ist.

Die Kinder werden in zwei Gruppen eingeteilt. Eine Gruppe macht fürchterliche Geräusche, die andere Gruppe zeigt Angstmimiken und -gestiken und gibt Angstlaute von sich, bis die fürchterliche Gruppe Mitleid hat. Danach werden die Rollen getauscht. Es ist wichtig, dass Kinder, denen es zu viel wird, eine Rückzugsmöglichkeit haben.

Weitere Spiel- und Übungsvorschläge

- Stabpuppen, Handpuppen, Fingerpuppen oder Sockenpuppen selber basteln und damit ins Spiel kommen,
- freies Tonen und Kneten,
- Höhlen oder Baumhäuser zum Verkriechen bauen.

8.2 Aufmerksamkeitsdefizit-Syndrom (ADS)/ Aufmerksamkeitsdefizit-/ Hyperaktivitätsstörung (ADHS)

ADS und ADHS sind deutsche Abkürzungen für klinische Syndrome. ADS ist die Abkürzung für den Ausdruck „Aufmerksamkeitsdefizit-Syndrom“. Ist das Syndrom eventuell gepaart mit Hyperaktivität, so spricht man von ADHS. Es steht für „Aufmerksamkeitsdefizit-/Hyperaktivitätsstörung“. In der internationalen statistischen Klassifikation (ICD-10) findet man zur Definition von Aufmerksamkeitsstörungen den Begriff „Hyperkinetische Störung des Sozialverhaltens“. Charakteristisch für diese Störungen ist der frühe Beginn, meist in den ersten fünf Lebensjahren. (Dilling et al. 2000, 33) Es werden drei Typen von ADS unterschieden:

drei Typen

- Aufmerksamkeitsdefizit-/Hyperaktivitätsstörung: vorwiegend unaufmerksamer Typus (das Kind zeigt sich vorwiegend unaufmerksam, aber weder hyperaktiv noch impulsiv)
- Aufmerksamkeitsdefizit-/Hyperaktivitätsstörung: überwiegend hyperaktiver, impulsiver Typus (das Kind zeigt sich hyperaktiv und impulsiv, aber nicht unaufmerksam)
- Aufmerksamkeitsdefizit-/Hyperaktivitätsstörung: Mischtypus, (das Kind zeigt sich impulsiv, hyperaktiv und unaufmerksam)

ADS/ADHS bezeichnet ein klinisches Bild, welches vor allem durch erhebliche beeinträchtigende Verhaltensweisen auffällt. Als Leitsymptome gelten:

- beeinträchtigende Aufmerksamkeit,
- motorische Überaktivität,
- Impulsivität.

beeinträchtigte Aufmerksamkeit

Die beeinträchtigende Aufmerksamkeit zeigt sich darin, dass das Kind häufig von einer Aktivität zur anderen wechselt. Es scheint, als ob sich das Kind leicht ablenken lässt, das Interesse an der Aufgabe verliert und vorzeitig die Tätigkeit abbricht und nicht beendet.

motorische Überaktivität

Unter motorischer Überaktivität versteht man exzessive Ruhelosigkeit, vor allem in Situationen, in denen relative Ruhe verlangt wird. Hier kann es sein, dass das Kind aufsteht, herumläuft oder herumspringt. Das Kind zeigt sich zappelig, laut und sehr redselig. Das Verhalten eines hyperaktiven Kindes sollte so beurteilt werden, dass die motorische Aktivität im Verhältnis zu dem, was in gleichen Situationen von gleichaltrigen Kindern mit gleicher Intelligenz zu erwarten wäre, extrem ausgeprägt ist. Diese Verhaltensmerkmale werden in klar strukturierten und gut organisierten Situationen deutlich, in denen ein hohes Maß an eigener Verhaltenskontrolle erforderlich ist.

Impulsivität

Die Impulsivität ist gekennzeichnet durch überstürzte Reaktionen, durch häufiges Unterbrechen und exzessives Reden. Es zeigt sich eine Unfähigkeit, warten zu können, bis man an der Reihe ist. Dem Kind fällt es besonders schwer, auf soziale Beschränkungen zu reagieren (vgl. Dilling et al. 2000, 33ff).

Alleine aus Beobachtungen darf keine Diagnose ADS/ADHS gestellt werden. Denn wenn die Eltern über das „auffällige“ Verhalten ihrer Kinder berichten, ist es schwer zu entscheiden, ob sich die Kinder gerade in einer schwierigen Entwicklungs- oder Übergangsphase befinden, z. B. Trennung der Eltern, oder ob diese Verhaltensweisen klare Anzeichen von ADS/ADHS sind.

Hinweise im Kleinkind- und Vorschulalter

Es gibt etliche andere Störungen, die ebenfalls impulsives oder unaufmerksames Verhalten als Begleitsymptome haben, wie z. B. auditive oder visuelle Probleme. Ebenso müssen etliche Krankheiten vorher ausgeschlossen sein, wie z. B. Epilepsie oder das Fragile-X-Syndrom. Bereits im Kleinkind- und Vorschulalter zeigen sich Hinweise, die auf ADS/ADHS hindeuten können:

- Das Kind schläft oft kurz und unruhig.
- Es beginnt früh zu krabbeln.
- Es lässt sich manchmal schwer halten und liebkosen.
- Das Kind zeigt sich unkonzentriert.
- Es lässt sich leicht ablenken und wirkt verträumt.
- Das Kind hört trotz guten Gehörs schlecht und reagiert oft sehr langsam.
- Das Kind scheint über unerschöpfliche Energie zu verfügen.
- Es ist überempfindlich gegenüber Berührungen, Gerüchen und Geräuschen.
- Das Kind ist in der Kommunikation sehr aktiv und kommunikativ.
- Es vergisst viel und hat eine Merk- und Filterschwäche.
- Das Kind ist oft stundenlang mit einer Aufgabe beschäftigt.
- Das Kind klettert nicht gerne. Das Erlernen von Radfahren oder Schwimmen fällt ihm schwer.
- Es hat Störungen in der Feinmotorik, mag nicht malen und basteln.
- Das Kind zeigt sich schnell weinerlich und unsicher.
- Das Kind spielt oft alleine, hat wenig Kontakt zu anderen Kindern.
- Es verwandelt in kurzer Zeit einen geordneten Raum in Chaos.
- Das Kind zeigt Lust an heftigen Bewegungen.
- Das Kind ist furchtlos und wagemutig, wodurch ein erhöhtes Unfallrisiko gegeben ist.

Nicht alle der oben genannten Hinweise müssen bei Kindern mit ADS/ADHS vorkommen. Wir würden sie eher als Frühwarnzeichen bezeichnen. Aus der Summe der einzelnen Hinweise jedoch ergibt sich schon zeitig ein Verdacht, den man unbedingt beobachten sollte.

Um keine fehlerhafte Diagnose zu stellen und nicht alle träumenden Kinder als ADS-Kinder und nicht alle Zappelphilippe als ADHS-Kinder zu bezeichnen, gilt es unbedingt, einen Facharzt zu Rate zu ziehen. Denn nur er kann aufgrund einer eingehenden Anamnese, eines Entwicklungstests und neurologischen Untersuchungen eine genaue Diagnose stellen.

Ursachen

Die Ursache von ADS/ADHS ist bis heute noch nicht eindeutig geklärt. Jedoch kann man nach derzeitigem Forschungsstand von einer multifaktoriellen Ursache ausgehen, also einem Zusammenwirken von genetischen, biologischen, psychischen und sozialen Faktoren. Häufig zeigte ein Elternteil von hyperaktiven Kindern solche Symptome und/oder hatte solche selbst als Kind. Ebenfalls gibt es Hinweise aus der Zwillingsforschung, dass eineiige Zwillinge zu 80 – 90 % beide die Störung haben.

physiologische Ursachen

Forscher gehen bei Menschen mit ADS/ADHS davon aus, dass sie möglicherweise einen defekten Gencode für Dopaminrezeptoren haben. Somit wird es den Neuronen im Gehirn erschwert, adäquat auf den Neurotransmitter Dopamin zu reagieren. Davon sind insbesondere neuronale Regelkreise betroffen, die für das Zusammenwirken von Motivation, Kognition, Emotion und dem Bewegungsverhalten verantwortlich sind. Aus weiteren Studien weiß man, dass nicht nur die Gene, sondern auch die Umwelt Einfluss nimmt. Forscher fanden heraus, dass es einen Zusammenhang von Alkohol- und Nikotinmissbrauch während der Schwangerschaft, Frühgeburt, niederes Geburtsgewicht sowie Sauerstoffmangel und hyperaktivem Verhalten gibt (vgl. Brandau et al. 2006, 24ff).

Vorsicht vor Schubladendenken

Für den Umgang und die Förderung eines Kindes mit ADS/ADHS ist es sehr wichtig, umsichtig vorzugehen, d. h. jeder sollte sich eine eigene Annahme über die Wirklichkeit konstruieren und diese durch Beobachtungen prüfen. Kinder werden sonst vorschnell in bestimmte Schubladen kategorisiert. Für den heilpädagogischen Grundsatz gilt immer: „Beobachten, Verstehen, Handeln."

Das komplexe Verhaltensbild von ADS/ADHS erfordert ein mehrdimensionales diagnostisches, medizinisch-therapeutisches und pädagogisch-psychologisches Vorgehen. Die Zusammenarbeit mit Ärzten, Erziehern und Eltern ist sehr wichtig. Die Förderung/Therapie von ADS/ADHS basiert immer auf mehreren Säulen:

- Erziehungs- und Elternberatung,
- Förderung des Kindes, einzeln oder in Gruppen,
- Medikation, je nach Intention.

medikamentöse Behandlung

Viel diskutiert wird die medikamentöse Behandlung mit der Substanz Methylphenidat, bekannt unter dem Namen Ritalin. Es handelt sich hierbei um eine Substanz aus der Gruppe der Stimulanzien. Heute gibt es sehr viele Studien über die Wirkung von Ritalin auf die Symptome von ADS/ADHS. Die Nebenwirkungen sind ebenfalls gut dokumentiert. Ritalin wirkt auf den Stoffwechsel im Gehirn ein. Der Dopamin- und Noradrenalinhaushalt werden beeinflusst. Dadurch soll die motorische Aktivität reduziert, die Impulsivität positiv beeinflusst und die Aufmerksamkeit verbessert werden (Brandau et al. 2006).

Da es bei jedem Medikament auch zu Nebenwirkungen kommen kann, muss genau beobachtet werden, ob die gewünschte Wirkung erreicht wird, oder ob der unerwünschte Nebeneffekt im Vordergrund steht. Dann muss das Medikament abgesetzt werden. Zu den meist bekannten Nebenwirkungen gehören:

Nebenwirkungen

- erhöhter Blutdruck,
- Appetitmangel,
- Wachstumsstörungen,
- Übelkeit,
- Schlafstörungen,
- Traurigkeit, Depressionen,
- Schwindel und Tics.

Für die Förderstunde eines Kindes mit ADS/ADHS sind der äußere Rahmen, die Struktur und die persönliche Haltung der Heilpädagogin von besonderer Bedeutung. Für den Rahmen wählen wir gerne die Struktur der Heilpädagogischen Übungsbehandlung. Ziel der Förderung ist es, die Aufmerksamkeit und Konzentration zu unterstützen, die Motivation und Spielausdauer aufzubauen und die sozialen Kompetenzen zu schulen. Ebenso von besonderer Bedeutung sind eine gezielte Körperschulung sowie das Vermitteln von Entspannungstechniken.

Förderung der Aufmerksamkeit und Konzentration

Bewegung

Für die Förderung der Aufmerksamkeit und Konzentration sind verschiedene Faktoren von Bedeutung. Bewegung unterstützt und fördert die geistige Entwicklung in verschiedener Hinsicht. Bewegung verlangt viel Aufmerksamkeit beim Kombinieren, Verknüpfen und Variieren von Abläufen. Bewegung erfordert Genauigkeit, Sorgfalt und Achtsamkeit beim Einhalten und Auseinandersetzen mit

Abläufen und schult damit Disziplin und Ausdauer. Mithilfe der Psychomotorik ist es möglich, dass das Kind diese Kompetenzen aufbaut und erweitert und ein gutes Körperschema entwickelt. Auch Brain-Gym-Übungen aus der pädagogischen Kinesiologie können zu Beginn einer Förderstunde helfen, Lernblockaden zu lösen und Stress abzubauen.

Psychomotorik

Kinesiologie

Wahrnehmung

Voraussetzung für die Konzentration ist eine gute Wahrnehmung. Sich auf etwas konzentrieren heißt, genau zu schauen, genau zu hören, genau zu fühlen, genau wahrzunehmen. Erst wenn alle Sinne wach sind, kann auch die Aufmerksamkeit wach sein. Daher sind für die Förderung alle Sinnesanregungen hilfreich, die auch im Kapitel 4 zu finden sind.

heilpädagogisches Zaubern

Beim heilpädagogischen Zaubern sind vor allem die Merkfähigkeit und Geschicklichkeit gefragt. Besonders Kinder, die häufig Misserfolgserlebnisse im Alltag haben, sind begeistert, wenn sie etwas können, was andere nicht können. Zaubern zu können bringt Anerkennung und Bewunderung. Die Kinder stehen im Mittelpunkt.

Die liegende Acht 3

∞

Material: Keines

Ablauf: Das Kind steht frei im Raum. Es streckt seinen rechten Arm aus und macht eine Faust und streckt den Daumen nach oben. Nun darf das Kind die liegende Acht in die Luft malen. Es beginnt mit dem Weg nach rechts oben, macht einen Bogen nach unten, geht schräg nach links oben, macht wiederum einen Bogen und schließt die Acht. Den Weg des Fingers begleitet das Kind mit den Augen und hält den Kopf ganz still. Die Acht soll so groß wie möglich sein, damit sich die Augen weiträumig bewegen können. Die Acht soll mindestens dreimal gemalt werden. Dann ist die andere Hand an der Reihe, der Beginn ist wie zuvor nach rechts oben.

Überkreuzbewegungen 2

∞

Material: Keines

Ablauf: Das Kind steht locker und gerade. Die Hände hängen seitlich am Körper. Die einfachste Überkreuzbewegung ist Gehen auf der Stelle. Es berühren sich die rechte Hand und das linke gebeugte Knie, anschließend kommen diese wieder in Ausgangsstellung. Nun berührt die linke Hand das gebeugte rechte Knie – und wieder in Ausgangsstellung. Diese Übung aktiviert die Zusammenarbeit der beiden Gehirnhemisphären. Es hilft beim Überkreuzen der Mittellinie sowie bei der Verbesserung der Rechts-links-Koordination.

Variante A: Dieselbe Übung wird durchgeführt, nur berühren die Hände diesmal die Fußsohle.

Variante B: Die Kinder können sich während der Übung durch den Raum bewegen.

Variante C: Das Kind kann die Übung auch nach hinten durchführen. Die rechte Hand berührt hinter dem Körper den angewinkelten linken Fuß. Zuerst zurück in Ausgangsposition und dann die linke Hand zum angewinkelten rechten Fuß führen.

Ohren massieren 2

Material: Keines

Ablauf: Mit dem Daumen und dem Zeigefinger werden die Ohren sanft berührt und massiert. Die Ohren werden sanft nach außen gefaltet. Beginn ist am Ohr oben in Richtung nach unten. Diese Bewegung erfolgt dreimal. Die Übung unterstützt die Aufmerksamkeit und Wachheit, Zuhören und Verstehen fallen leichter. Ebenso wird das Hören mit beiden Ohren unterstützt.

Eule

Material: Keines

Ablauf: Die Heilpädagogin setzt oder stellt sich dem Kind gegenüber. Zuerst massiert sie bei sich selbst sanft mit der rechten Hand den linken Schultermuskel. Dann greift sie den Muskel und hält ihn sanft fest, während sie den Kopf langsam zur Seite dreht. Auf der gegenüberliegenden Seite

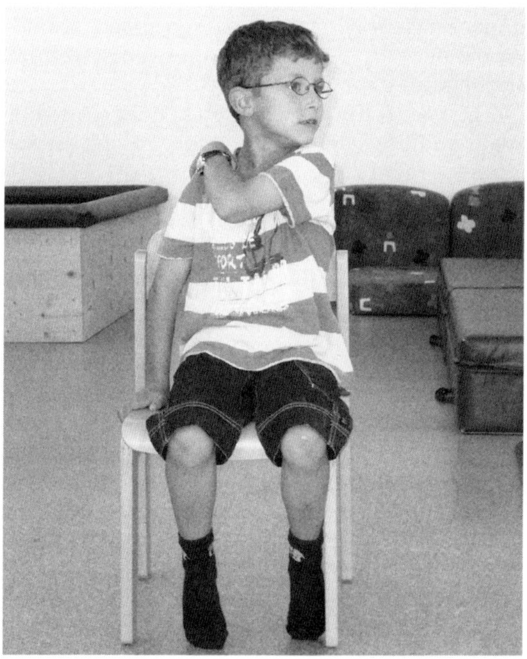

Abb. 105: Das Kind macht die Übung Eule.

atmet sie aus. Auf dem Weg zur Hand atmet sie wieder ein, auf der gegenüberliegenden Seite wieder aus. Diese Übung wird mehrmals wiederholt. Dann wird die andere Schulter massiert. Diese Übung entspannt den Nacken, sie unterstützt die Aufmerksamkeit und Konzentration.

Brain-Gym-Händezappeltanz

Material: Tanzmusik, CD-Spieler

Ablauf: Sitzend, stehend oder liegend werden die Hände in schnellem Rhythmus übereinander geführt. Es soll abwechselnd die rechte und die linke Hand oben aufliegen.

Brain-Gym-Fußzappeltanz

Material: Tanzmusik, CD-Spieler

Ablauf: Sitzend oder liegend werden die Füße schnell übereinander geschlagen. Hier ebenfalls auf den Fußwechsel achten.

Brain-Gym-Fußspringtanz

Material: Tanzmusik, CD-Spieler

Ablauf: Im schnellen Rhythmus werden die Füße springend überkreuzt. Hierbei ist darauf zu achten, dass abwechselnd der rechte und der linke Fuß vorne ist. Als Steigerung können dazu noch die Hände einbezogen werden.

Luftballonspiele in der Gruppe

Material: Stühle, Luftballons

Ablauf: Wir bilden einen Stuhlkreis. Jeder bekommt einen aufgeblasenen Luftballon. Wir sitzen auf dem Stuhl und stoßen den Luftballon abwechselnd mit der rechten und mit der linken Hand nach oben. Dabei darf man nicht vom Stuhl aufstehen. Fällt einem Kind der Ballon auf den Boden, ist für das Kind das Spiel beendet. Sieger ist, wer den Luftballon am längsten in der Luft halten kann.

Variante A: Ein Kind darf sich eine beliebige Zahl aussuchen, z. B. zehn. Jeder muss nun versuchen, den Ballon zehnmal in die Luft zu schlagen. Fällt er vorher zu Boden, muss er das Spiel beenden. Die anderen machen weiter. (Die Zahl kann je nach Alter beliebig erhöht werden.)

Variante B: Immer zwei Kinder sitzen sich gegenüber und stoßen sich ohne aufzustehen den Ball nur mit der rechten Hand zu. In der zweiten Runde wird nur mit der linken Hand gespielt. In der dritten Runde abwechselnd mit beiden Händen.

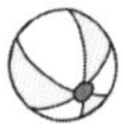

Übungen mit dem Pezziball

Material: Pezziball (Durchmesser ca. 95 cm)

Ablauf: Das Kind sitzt auf dem Pezziball. Die Beine hängen ganz locker nach unten, die Hände werden neben dem Po abgestützt. Die Heilpädagogin bewegt den Ball langsam vor und zurück, seitlich hin und her. Das Kind muss sich gezielt auf sein Gleichgewicht konzentrieren.

Variante A: Das Kind sitzt im Schneidersitz auf dem Pezziball, die Arme sind seitlich abgespreizt. Die Heilpädagogin bewegt den Ball wieder langsam hin und her.

Variante B: Das Kind kniet im Kniestand auf dem Pezziball, die Arme werden wieder seitlich abgespreizt. Die Heilpädagogin bewegt den Ball.

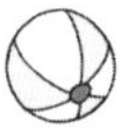

Übung mit dem Pezziball in der Gruppe

Material: Vier Pezzibälle, dicke Weichbodenmatte

Ablauf: Mit den Kindern heben wir die dicke Weichbodenmatte gemeinsam hoch und rollen die vier Pezzibälle darunter. Sie sollen darunter gut verteilt sein. Der Reihe nach darf immer ein Kind auf die Wackelmatte steigen und sich auf die Matte legen. Die anderen Kinder bewegen die Matte langsam hin und her.

Variante A: Alle Kinder dürfen zusammen auf die Wackelmatte steigen. Hierbei müssen sie besonders darauf achten, dass jeder einen Platz findet und nicht herunterfällt.

Variante B: Alle Kinder dürfen versuchen, auf der Wackelmatte aufzustehen. Hierbei ist besonders der Zusammenhalt unter den Kindern gefragt.

Der schwebende Zauberstab

Material: Zauberstab ca. 30 cm lang

Ablauf: Der Zauberer nimmt seinen Zauberstab in die rechte Hand und umschließt ihn mit einer Faust. Die linke Hand umschließt das rechte Handgelenk. Der Zauberer sagt: „Nun muss ich mich ganz auf meine magischen Kräfte konzentrieren, damit ich den Zauberstab schweben lassen kann." Er reibt dreimal mit der linken Hand am rechten Unterarm auf und ab, und sagt dabei: „Hokus pokus fidibus, drei mal schwarzer Kater." Er stoppt vorne am rechten Handgelenk, dann öffnet er die Faust der rechten Hand, der Zauberstab schwebt. Trick: den Zauberstab mit dem Zeigefinger der linken Hand festhalten. Erst wenn der Zauberer dagegen pustet, schwinden seine magischen Kräfte und der Stab fällt zu Boden.

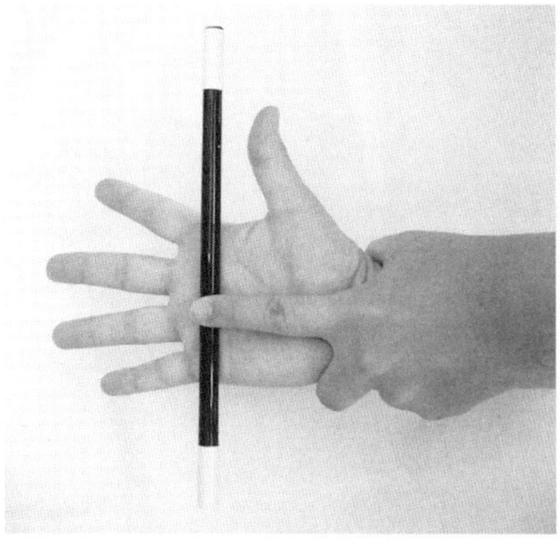

Abb. 106: Der schwebende Zauberstab

Der eiserne Luftballon

Material: Aufgeblasener Luftballon, ein kleines Stück Tesafilm, Stecknadel

Ablauf: Der Zauberer zeigt dem Publikum den aufgeblasenen Luftballon, er wirft ihn in die Luft und fängt ihn wieder auf. Er sagt: „Nun werde ich mit der Nadel in den Luftballon stechen und dieser wird dank meiner magischen Kräfte nicht platzen." Er nimmt die Stecknadel und sagt: „Hokus pokus fidibus, drei mal schwarzer Kater" und sticht in den Luftballon. Dieser zerplatzt nicht. Trick: Der Zauberer klebt vorher ein Stück Tesafilm darauf. Wenn die Nadel genau auf den Tesafilm sticht, platzt der Luftballon nicht.

Die magische Schnur

Material: Pappe 10 x 15 cm groß (Postkartengröße), 1 m lange Schnur

Ablauf: In die Mitte der Pappe werden zwei Löcher, so groß wie eine Zwei-Euro-Münze, geschnitten. Nun wird eine Schnur durch die Löcher gezogen. Der Zauberer hält ein Schnurende in der Hand, das andere Ende liegt unter seinem Fuß. Der Zauberer sagt: „Ich lasse nun die Pappe nach unten gleiten, und wenn jemand stopp ruft, gleitet sie nicht mehr, ruft jemand weiter, so rutscht sie wieder abwärts." Trick: Wird die Schnur locker, rutscht der Karton nach unten, wird an der Schnur gezogen, so rutscht sie nicht mehr. Tipp: Ist die Pappe zu dünn, hilft ein Geldstück an der Pappe.

Ich zaubere dich durch eine Postkarte

Material: Postkarte oder ähnliches in gleicher Größe, Schere

Ablauf: Der Zauberer sagt: „In diese Postkarte kann ich ein Loch schneiden, durch das du hindurch steigen kannst. Soll ich es dir/euch zeigen?" Der Zauberer faltet das Papier so, dass die beiden längeren Seiten aufeinander liegen. Er faltet das Blatt wieder auf und macht auf dem Falz einen Schnitt (am Anfang und am Ende sollen je 1,5 cm übrig bleiben). Dann klappt er es wieder zusammen und schneidet von der offenen Seite gerade Schnitte bis

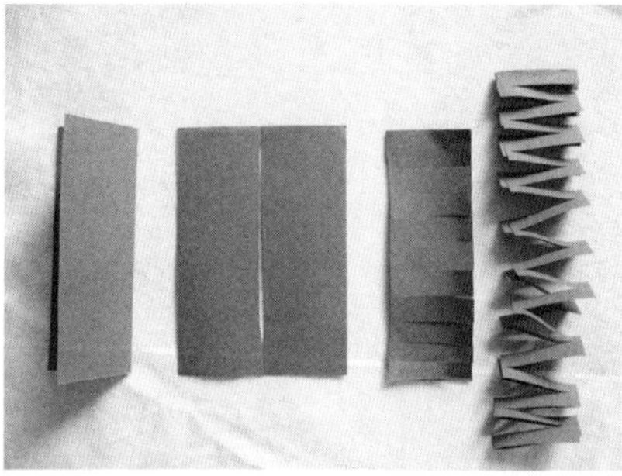

Abb. 107: Bastelanleitung

kurz vor der Faltkante. Dann dreht er die Postkarte um und schneidet von der Faltkante nach außen in den Zwischenräumen, aber wieder nicht durchschneiden. Anschließend sagt der Zauberer: „Hokus pokus fidibus, dreimal schwarzer Kater", öffnet das Papier und lässt den Zuschauer hindurch steigen. Tipp: Die Postkarte sollte nicht allzu dick und fest sein, da sie sonst schnell bricht.

Die schwebende Flasche

Material: Eine undurchsichtige Plastikflasche (der Flaschenhals sollte nicht allzu groß sein), kleiner Gummiball, eine dicke Schnur

Ablauf: Der Ball befindet sich in der Plastikflasche, der Zauberer sagt: „Ich lasse gleich die Flasche schweben." Er steckt die Schnur in die Flasche, anschließend dreht er die Flasche langsam um und hält die Schnur fest. Nun lässt er die Schnur los, sie baumelt lose. Dann hält er die Schnur wieder fest, dreht die Flasche mit der Öffnung nach oben und ruft „Hokus pokus fidibus, dreimal schwarzer Kater" und die Flasche schwebt. Trick: Wenn die Schnur in die Flasche gelangt und die Flasche umgedreht wird, so rollt der Ball in den Flaschenhals und hält die Schnur fest.

Die verliebten Büroklammern

Material: Ein Stück Papier ca. 20 x 10 cm groß, zwei gleich große Büroklammern

Ablauf: Der Zauberer faltet das Papier so, dass die längeren Seiten genau aufeinander liegen. Dann faltet er es noch einmal (s. Abb. 108). Dann klemmt er die Büroklammern daran. Er sagt: „Hokus pokus fidibus, dreimal schwarzer Kater" und mit einem Ruck zieht er die Papierstreifen seitlich auseinander. Die Büroklammern fliegen durch die Luft und sind miteinander verhakt. Sie sind verliebt.

Abb. 108: Verliebte Büroklammern

Die Schnur im Strohhalm

Material: Ein etwas dickerer undurchsichtiger Strohhalm, Schnur, Schere

Ablauf: Der Zauberer zieht die Schnur durch den Strohhalm, die Enden hängen auf beiden Seiten ein paar Zentimeter heraus. Dann knickt er ihn in der Mitte zusammen. Anschließend nimmt er die Schere und sagt: „Ich schneide jetzt den Strohalm in der Mitte ab, aber dank meiner magischen Zauberkraft bleibt die Schnur ganz." Er macht einen Schnitt und schneidet den Strohhalm in zwei Teile. Und „hokus pokus fidibus, dreimal schwarzer Kater" zieht er die Schnur heraus, sie ist noch ganz. Trick: Bevor der Zauberer anfängt, muss er einen ca. 3 cm langen Längsritz in die Mitte schneiden. Das geht mit einer Stecknadel. Der Strohhalm muss so gehalten werden, dass der Ritz unten ist, damit man ihn nicht sieht. Wenn der Strohhalm geknickt wird, zieht der Zauberer gleichzeitig beide Schnurenden an, und die Schnur kommt durch den Ritz heraus. Er muss die Schnur gut mit dem Daumen verdecken. Nun kann er den Strohhalm ohne Schnur durchschneiden.

Farben zuordnen

Material: Arbeitsblatt „Farben zuordnen"

Ablauf: Arbeitsblatt 8: Farben zuordnen. Das Kind soll nun die Farben der Gegenstände aus seiner Erinnerung nennen, nicht die Gegenstände.

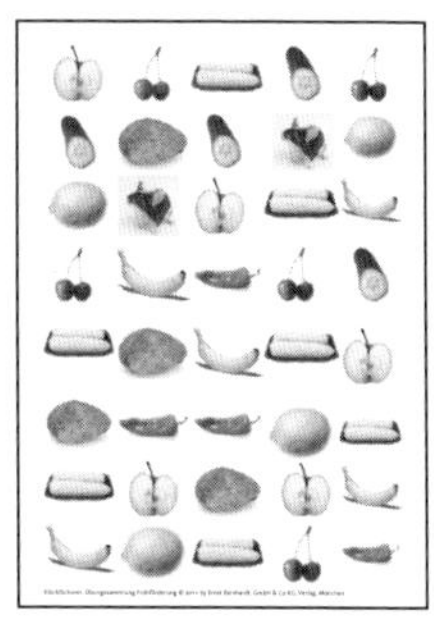

Arbeitsblatt 8

Variante A: Das Arbeitsblatt (Download unter www.reinhardt-verlag.de) wird kopiert und die Gegenstände werden falsch ausgemalt. (Beispiel: die Kirschen blau, die Bananen rot usw.). Das Kind soll nun auf jeden Gegenstand zeigen und die richtige Farbe dabei nennen.

Variante B: Material: Papier, Buntstifte (gelb, rot, orange, grün, braun)

Ablauf: Auf ein weiteres Blatt werden neun leere große Kreise gemalt. Das Kind soll nun die neun verschiedenen Gegenstände vom ersten Arbeitsblatt nennen und mit der richtigen Farbe in die Kreise malen.

Weitere Spiel- und Materialvorschläge

- Fahren mit dem Pedalo oder mit dem Einrad,
- Laufen auf Stelzen,
- Arbeiten mit Montessori-Material,
- Arbeiten mit Knetmasse.

Förderung bei motorischer Überaktivität

Zeigt das Kind motorische Überaktivität, so gilt es genau zu beobachten, ob Einheiten mit motorischer Aktivität, also „körperliche Anstrengung" und „Auspowern", dem Kind gut tun und es zur Ruhe und Konzentration führen können. Hierbei kann es eben auch passieren, dass das Kind eher noch mehr aufdreht und noch weniger zur Ruhe kommen kann. Ist dies der Fall, so ist es besonders wichtig, abschließend Entspannungseinheiten anzubieten, damit das Kind zur Ruhe kommt und nicht völlig überdreht die Stunde verlässt.

Turnen an den Ringen

Material: Ringe, darunter eine Weichbodenmatte

Ablauf: Das Kind schwingt an den Ringen hin und her oder macht an den Ringen eine Rolle. Es kann auch über einen Gegenstand schwingen, z. B. einen Fluss mit Krokodilen. Eine weitere Übung ist, dass das Kind beim Schwingen einen gezielten Gegenstand berühren muss. Möglich ist auch: Das Kind steht erhöht auf Schaumstoffklötzen und die Ringe werden angepasst. Es muss nun über wachsende Hindernisse schwingen, ohne etwas zu berühren.

Übungen mit dem Rollbrett

Material: Rollbrett, großer Raum ohne Hindernisse, evtl. Sandsäckchen

Ablauf: Das Kind sitzt im Schneidersitz auf dem Rollbrett, der Rücken ist gerade, die Hände liegen auf den Knien. Die Heilpädagogin bewegt das Rollbrett hin und her, sowie vor und zurück. Das Kind soll versuchen, diese Sitzposition zu halten.

Variante A: Das Kind sitzt im Fersensitz auf dem Rollbrett, die Arme werden in Seitenhaltung gehalten. Die Heilpädagogin bewegt das Rollbrett.

Variante B: Das Kind kniet im Kniestand auf dem Rollbrett. Die Arme hängen locker neben dem Körper. Die Heilpädagogin bewegt das Rollbrett.

Variante C: Die Heilpädagogin gibt dem Kind ein Gymnastikseil in die Hand und zieht es in den oben genannten Positionen vorsichtig durch den Raum.

Variante D: Das Kind befördert mit dem Rollbrett Sandsäckchen von A nach B.

Abb. 109: Das Kind klettert an der Sprossenwand.

Übungen an der Sprossenwand

Material: Sprossenwand, unten eine Weichbodenmatte, Gewichtmanschetten

Ablauf: Wenn das Kind möchte, kann es Gewichtmanschetten an den Knöcheln befestigen. Das Kind klettert nun die Sprossenwand hoch und runter, es klettert hoch und hüpft runter oder es klettert hoch und rutscht auf einer Langbank herunter. Das Kind kann sich auch an einer Sprosse festhalten und den Körper hängen lassen, sich an der Sprossenwand entlang hangeln oder sich mit den Händen die Langbank nach oben ziehen, ganz nach oben klettern und herunter hüpfen. Oder das Kind klettert mit den Manschetten an Armen und/oder Beinen die Sprossenwand und die Langbank hoch und runter.

Deckenhaufen

Material: Sandsäckchen, Kissen, Decken u. ä..

Ablauf: Wenn sich das Kind traut, wird es unter den Sandsäckchen, den Decken und Kissen vergraben. Zu beachten ist, dass man das Kind genau beobachten muss und fragen muss, ob es in Ordnung ist noch mehr Materialien auf das Kind zu legen. Danach darf das Kind unter großem „Jubel" aus dem Deckenhaufen herauskriechen und es wird besonders gelobt, dass es so stark ist und sich befreit hat. Dazu kann man den Spruch sagen: „Eins, zwei, drei, Hühnerei, der (Name des Kindes) ist jetzt wieder frei."

Parcours

Material: Verschiedene Geräte, wie Sprossenwand, Tunnel, Langbank, Matte usw., ein Stofftier und eine Geschichte

Ablauf: Der Übungsleiter denkt sich eine Geschichte aus. „Der kleine Affe geht in den Dschungel und muss viele Aufgaben lösen. Er kommt zur *Palme* (Sprossenwand) und muss Bananen pflücken, danach geht er weiter und kommt zu einer *Brücke* (Langbank), die er balancierend überqueren muss usw." Die Geschichte und die Struktur des Parcours geben dem Kind einen „Halt" und zeigen ihm, wann die Übung begonnen wird und wann sie zu Ende ist.

Freies Bauen im Motorikraum

Material: Wesco-Teile, Tücher, Decken, Matten usw.

Ablauf: Das Kind/die Kinder darf/dürfen sich aus den vorbereiteten Materialien eine Höhle, ein Haus etc. bauen. Die Heilpädagogin greift nur ein, wenn die Kinder Unterstützung, einen Tipp oder Hilfe bei Konflikten benötigen (Abb. 110).

Variante A: Wir lesen in der fertig gebauten Höhle ein Buch vor.

Variante B: Die Kinder dürfen Rollenspiele initiieren. Wir holen Kostüme zum Verkleiden hinzu.

Feuer, Wasser, Sturm

Die Beschreibung des Gruppenspiels finden Sie im Kapitel 7.1.3.

Weitere Fördermöglichkeiten finden sich auch im Kapitel 5.1 in diesem Buch.

Abb. 110: Das Kind baut mit Polstern eine Höhle.

Fördermöglichkeiten zur Körperentspannung

Ein schönes Sprichwort lautet „In der Ruhe liegt die Kraft“, das schon über Generationen bekannt ist und dessen Wirkung wir alle mehr oder weniger kennen. Ein unruhiges Kind zeigt sich unaufmerksam, kann seine Gedanken nicht auf das Wesentliche lenken und länger bei einer Sache verweilen. Unruhige Kinder sind nicht belastbar, stehen sich selbst im Weg und wirken schnell genervt.

Yoga, Meditation, Massagen

Daher brauchen Kinder immer wieder Ruhepausen und Ruhezonen, in denen es möglich wird, ihren Körper wieder zu spüren und Gedanken zu sortieren. Dieses zur Ruhe Finden kann durch verschiedene Methoden der Entspannung, wie beispielsweise Yoga, Meditation oder Massagen, unterstützt werden. Es ist ein langer und oft schwerer Weg, unruhige Kinder zur Ruhe zu bringen. Es erfordert viel Geduld, Einfühlungsvermögen und Fingerspitzengefühl. Doch diese Geduld zahlt sich aus.

Malen nach Musik

Material: CD mit Entspannungsmusik, Papier, Wachsmalstifte

Ablauf: Das Kind sucht sich einen ungestörten Platz auf dem Boden. Wenn die Heilpädagogin die Musik anschaltet, darf das Kind zur Musik malen.

Es war einmal ein Elefant

Material: Geschichte „Es war einmal ein Elefant“, Papier, Buntstifte

Ablauf: Die Heilpädagogin fordert das Kind auf, aufmerksam zuzuhören. Anschließend erzählt sie diese Geschichte:

„Es war einmal ein großer grauer Elefant, der hatte große Ohren und einen langen Rüssel. Der Elefant stand mitten auf einer saftig grünen Wiese. Auf ihr wuchsen viele gelbe Blumen und ein Baum. Neben dem Elefant war einen kleiner Teich, er war rund und in ihm schwammen lauter kleine bunte Fische. Am Teich wohnten auch zwei kleine Frösche, die gerade im Teich badeten.“

Anschließend gibt die Heilpädagogin dem Kind das Papier und die Buntstifte. Das Kind kann nun das Bild so malen, wie es in der Geschichte beschrieben war. Es malt, ohne zu sprechen. Anschließend liest die Heilpädagogin die Geschichte noch einmal vor und das Kind kann überprüfen, was es alles gemalt hat. Evtl. möchte das Kind noch etwas ergänzen.

Es war einmal eine Katze

Material: Geschichte „Es war einmal eine Katze"

Ablauf: Die Heilpädagogin fordert das Kind auf, aufmerksam zuzuhören und erzählt diese Geschichte:

„Es war einmal eine ganz fleißige Katze. Sie ging den ganzen Tag spazieren und wollte Mäuse fangen. Langsam schlich sie durch das hohe Gras. Dort traf sie eine Biene, die gerade Honig sammelte, und einen Grashüpfer, der gemütlich in der Sonne lag. Sie beobachtet einen Maulwurf, der gerade einen Maulwurfhaufen auf die Wiese machte. Als sie weiter ging, hörte sie zwei Vögel, die über sie hinweg flogen. Leider war weit und breit keine Maus zu sehen. Am Abend dachte sich die Katze: „Dann versuche ich es morgen noch einmal.".

Nun fordert die Heilpädagogin das Kind auf, zu überlegen, was die fleißige Katze alles gesehen hat. Vielleicht fällt dem Kind dazu noch viel mehr ein.

Mandalas malen

Material: Mandalas auf A4-Papier kopiert, Holzstifte, CD mit Entspannungsmusik

Ablauf: Wenn die Heilpädagogin die Musik anschaltet, darf das Kind beginnen, die Mandalas anzumalen.

Reimen und malen

Material: CD-Spieler mit ruhiger Musik, Stifte, Papier, Reimgeschichte „Die Maus"

Ablauf: Die Heilpädagogin trägt die Reime vor, das Kind darf das letzte Wort der zweiten Zeile sagen. Anschließend malt das Kind still und mit ruhiger Musik den Inhalt der Reimgeschichte. Dann liest die Heilpädagogin die Geschichte noch einmal vor und das Kind kann selbst feststellen, was es gemalt oder vergessen hat.

„Die Maus"

In einem kleinen Haus,
wohnt eine kleine, graue … (Maus).
Sie sitzt da und ist mucksmäuschenstill,
weil sie alles gut hören … (will).
Ist da etwa noch eine Maus?
Sie hört es rascheln vor dem … (Haus).
Nein, es ist ein Tier mit großem Mund!
Dort sitzt ein großer brauner … (Hund).
Da er nicht gesehen werden will,

sitzt er vor dem Haus ganz … (still).
Die Maus rennt eine kurze Strecke,
und versteckt sich in der … (Ecke)
Dort sitzt sie ganz still,
weil sie nicht gesehen werden … (will).

Malspaziergang

Material: Papier, Stifte

Ablauf: Ich erkläre dem Kind, dass wir heute einen Malspaziergang machen. Dazu muss es genau zuhören und mit dem Stift den Weg auf dem Papier gehen, der von mir vorgegeben wird. „Setze deinen Stift etwas mittig unten auf das Blatt, hör gut zu und gehe den vorgeschriebenen Weg."

Der Hase will mal an die frische Luft,
denn draußen erwartet ihn ein ganz besonderer Duft.
Es riecht nach Frühling und nach grünem Gras
da macht der Hase sich einen großen Spaß:
(Jetzt mit dem Zeichnen beginnen.)
Er verlässt sein Haus,
wendet sich nach links und hoppelt ein Stück geradeaus.
Kurz darauf bleibt er stehen,
und lässt sich den Wind um die Nase wehen.
Dann biegt er ab und geht Richtung Norden,
bisher ist er immer noch nicht müde geworden.
Deshalb hüpft er nach rechts, doch nicht zu weit in die Ferne
und mümmelt an einem Löwenzahn, denn den hat er gerne.
Jetzt läuft er schräg nach links oben bis zur Mitte
und frisst dort eine Blume und auch eine Quitte.
Von der Mitte biegt er schräg runter bis zur Ecke
und trifft dort auf eine kleine Schnecke.
Gemeinsam gehen sie diagonal zurück zu seinem Haus,
doch da ist die Wanderung noch längst nicht aus.
Noch einmal rennt der Hase nach oben bis zur Ecke,
wo der Löwenzahn so herrlich wächst an der Strecke.
Dann biegt er schräg nach links unten ab
und geht diagonal bis zur Ecke hinab.

„Was hat uns der Hase gemalt?"

Yogaübung: Der Mond

Material: Wolldecke

Ablauf: Das Kind und die Heilpädagogin stehen auf einer Decke. Die Heilpädagogin fordert das Kind auf, die folgende Übung mitzumachen. Sie steht mit geschlossenen Beinen und geradem Rücken auf der Decke. Die Arme liegen rechts und links am Körper. Sie atmet tief ein und führt die

Arme seitlich nach oben. Sie werden über dem Kopf zusammengebracht. In dieser Stellung dreht sie sich langsam nach rechts und atmet aus. Dann Einatmen und zur Mitte drehen, Ausatmen, nach links drehen und wieder zur Mitte. Diese Übung mehrmals wiederholen. Zum Schluss werden die Arme beim Ausatmen langsam wieder seitlich auseinander geführt und an den Körper gelegt.

Yogaübung: Der Baum

Material: Wolldecke

Ablauf: Das Kind und die Heilpädagogin stehen auf einer Decke. Die Heilpädagogin fordert das Kind auf, die folgende Übung mitzumachen. Sie steht mit leicht geöffneten Beinen und gestrecktem Körper auf der Decke. Sie atmet ruhig und gleichmäßig. Wenn die beiden einen festen Stand gefunden haben, verlagert sie das Gewicht auf den linken Fuß. Sie löst den rechten Fuß vom Boden und stellt ihn auf den linken Fuß. (Ist das Kind sicher, so kann der Fuß auch höher ans Innenbein gebracht werden.) Nun hebt die Heilpädagogin einatmend langsam die Arme seitlich hoch und streckt die Hände über den Kopf. In dieser Stellung einen Moment verweilen. Beim Ausatmen nimmt sie die Hände wieder seitlich nach unten. Der rechte Fuß sucht sich wieder einen festen Platz. Heilpädagogin und Kind verweilen kurz und führen anschließend die Übung mit dem anderen Fuß durch.

Abb. 111: Yogaübung „der Baum“

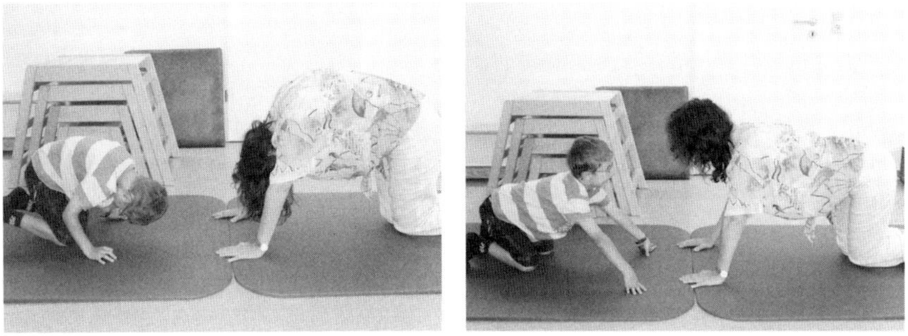

Abb. 112: Yogaübung „Katze und Kuh"

Yogaübung: Der Überschlag

Material: Wolldecke

Ablauf: Wir liegen mit dem Rücken auf der Decke, die Beine liegen geschlossen nebeneinander, die Arme seitlich am Körper. Wir heben ganz langsam und behutsam beide Beine an, rollen nach hinten und legen die Füße hinter dem Kopf auf der Unterlage ab. Wir atmen durch die Nase ein und konzentrieren uns auf den Atemstrom. Anschließend rollen wir langsam wieder zurück in die Ausgangsposition. Wir entspannen dort und wiederholen die Übung etwa noch viermal.

Yogaübung: Die Katze und Kuh

Material: Wolldecke

Ablauf: Das Kind und die Heilpädagogin stehen sich im Vierfüßlerstand gegenüber auf der Wolldecke. Sie atmen durch die Nase ein und machen einen Katzenbuckel (der Kopf geht nach unten, der Rücken wird rund), anschließend atmen sie die Luft aus (und strecken den Kopf nach hinten oben, der Rücken geht ins leichte Hohlkreuz). Diese Übung mehrmals wiederholen.

Yogaübung: Die Energie-Kerze

Material: Wolldecke

Ablauf: Wir liegen mit dem Rücken auf der Decke mit gestreckten Beinen, die Arme liegen ganz am Körper. Wir nehmen die Beine langsam nach oben und strecken sie zum Himmel. Die Arme stützen die Flanken. Das Brustbein und das Kinn berühren sich. Wir atmen durch die Nase ein und langsam wieder aus. In dieser Übung einen Moment verweilen, evt. die Übung wiederholen.

Himmelsschaukel

Material: Wolldecke oder großes Tuch

Ablauf: Das Kind legt sich auf die ausgebreitete Decke. Zwei Erwachsene nehmen jeweils die Enden der Decke in die Hände und heben das Kind langsam in die Höhe. Die Erwachsenen wiegen langsam das Kind in sanften Bewegungen hin und her. Wenn das Kind es mag, kann der Erwachsene dazu singen: „Schaukel hin und schaukel her, kleiner Fisch und großer Bär."

Handmassage

Material: Wolldecke

Ablauf: Das Kind und die Heilpädagogin sitzen sich auf der Wolldecke gegenüber. Mit mittelfestem Druck massiert die Heilpädagogin die Innen- und Außenfläche der Hände, das Handgelenk und die Finger. Das Kind darf, wenn es sich traut, die Augen schließen. Mag es das Kind, so kann mit einem Aromaduft massiert werden.

Rücken- und Bauchmassage

Material: Wolldecke

Ablauf: Das Kind liegt mit dem Bauch auf der Wolldecke. Die Heilpädagogin massiert in kreisenden Bewegungen im Uhrzeigersinn über den Rücken. Anschließend darf sich das Kind wenn es möchte umdrehen. Da der Dickdarm in dieselbe Richtung verläuft, muss die Richtung der Kreisbewegung berücksichtigt werden. So kann mit der Massage die Darmtätigkeit positiv unterstützt werden.

Kopfmassage

Material: Wolldecke, Massagegeschichte

Ablauf: Das Kind liegt mit dem Rücken zum Boden auf der Wolldecke. Die Heilpädagogin massiert die Kopfhaut wie beim Haarewaschen. Anschließend massiert sie mit leichtem Druck die Ohren und das Gesicht. Dazu kann sie eine Massagegeschichte vorlesen, z.B. aus dem Buch „Konzentration fördern" von Ingrid Biermann (siehe Buchtipps am Ende des Kapitels).

Sandsäckchen auflegen

Material: Verschieden schwere Sandsäckchen, Wolldecke, ruhige Musik

Ablauf: Die Wolldecke liegt auf dem Boden. Das Kind darf sich mit dem Bauch darauf legen. Wenn sich das Kind traut darf es die Augen schließen. Ruhige Musik spielt im Hintergrund. Langsam legt die Heilpädagogin nach und nach die Sandsäckchen verteilt auf den ganzen Körper. Nach einer gewissen Zeit nimmt sie sie langsam wieder herunter.

Federkitzeln

Material: Verschieden große Federn, Wolldecke

Ablauf: Das Kind sitzt oder liegt in bequemer Lage auf der Wolldecke. Es streichelt und kitzelt sich mit den Federn über die Arme, Beine, und das Gesicht. Auch kann dies von der Heilpädagogin übernommen werden. Wie fühlen sich die Federn an?

Windspiel

Material: Luftpumpe

Ablauf: Mit der Luftpumpe bläst die Heilpädagogin dem Kind Luft auf die Haut. Sie betätigt sie unterschiedlich stark, dadurch entstehen ein sanfter Wind oder ein kräftiger Windstoß.

Wettermassage

Material: Keines

Ablauf: Die Massage kann zu zweit oder in der Gruppe durchgeführt werden. Zu zweit sitzen wir hintereinander, in der Gruppe hintereinander im Kreis, so dass jedes Kind ein Kind vor sich hat. Mit den Fingern und auch mit der ganzen Hand wird die Massage zu den Worten der Heilpädagogin ausgeführt:

„Es beginnt zu regnen, erst ein paar Tropfen, dann immer mehr. Ein Gewitter braut sich zusammen und viele schwere Regentropfen prasseln auf den Rücken. Ein heftiger Wind bläst dazu. Nun kommt langsam die Sonne zum Vorschein. Sie wärmt zart die Haut."

Eichhörnchengeschichte

Material: Keines

Ablauf: Das Kind sitzt mit dem Rücken zur Heilpädagogin. Sie erzählt die Geschichte und macht folgende Bewegungen dazu.

Geschichte	Handbewegung
Es war einmal ein kleines Eichhörnchen,	
das lief in den Wald.	*Mit den Fingern abwechselnd leicht über den Rücken klopfen.*
Dort kletterte es auf den höchsten Baum	*Die Fingerspitzen wandern auf dem Rücken aufwärts Richtung Schultern.*
und schwang sich von Baumkrone zu Baumkrone.	*Mit dem Zeigefinger Us auf den Rücken malen.*
Von einer Baumspitze aus sah das Eichhörnchen einen kleinen Tümpel und rutschte am Stamm hinunter.	*Mit der flachen Hand von oben nach unten über den Rücken gleiten.*
Fröhlich hopste es zum Tümpel.	*Mit den Fingerspitzen über den Rücken klopfen.*
Es hüpfte hinein und planschte im schlammigen Wasser.	*Mit den Händen im Uhrzeigersinn über den Rücken gleiten.*
Und als es ganz nass und dreckig war, rannte es nach Hause zu seiner Mutter.	*Mit den Fingern abwechselnd über den Rücken trommeln.*
Die Mutter schlug die Hände über dem Kopf zusammen und rief: „Wie siehst du denn aus?“	*Einmal kurz in die Hände klatschen.*
Dann setzte sie ihr kleines Eichhörnchen in die Badewanne und seifte es ein.	*Mit beiden Händen über den ganzen Körper reiben.*
Dann wurde es mit einem Waschlappen abgerubbelt	*Mit den Händen über den ganzen Körper rubbeln.*
und schließlich mit Wasser abgeduscht.	*Mit den Fingerspitzen sanft über den Körper streichen.*
Danach rubbelte die Mutter ihr Eichhörnchen kräftig mit einem Handtuch trocken	*Den ganzen Körper abrubbeln.*
und bürstete ihm das Fell.	*Mit gespreizten Fingern über den Körper fahren.*
Schließlich brachte die Mutter ihr Eichhörnchen zu Bett und hüllte es in eine warme Decke.	*Das Kind in eine Decke einhüllen.*

Buchvorschläge zur Förderung der Körperentspannung

- Biermann, I. (2004): Konzentration fördern mit Kindern von 5 bis 9 Jahren. Urania Verlag, Freiburg
- Bläsius, J. (2008): Streichelgeschichten. 4. Aufl. Don Bosco Medien, München
- Deister, M., Horn, R. (1988): Streichelwiese. Kontakte Musikverlag, Lippstadt
- Rank, C., Krauss, S. (1998): Der kleine Yogi. Menschenkinder, Münster

9 Sprache

Eine gute Sprachentwicklung ist für die Gesamtentwicklung eines Kindes (und umgekehrt) sehr wichtig. Der Spracherwerb vollzieht sich immer im Austausch mit anderen Menschen. Das Kind lernt die Regeln der zwischenmenschlichen Interaktion, es lernt zuzuhören, es lernt Zusammenhänge und Handlungen kennen und erfährt die Einstellungen seiner Gesprächspartner, es verinnerlicht die Sprache und kann Handlung planen. Ein Kind, welches nicht gut sprechen kann, fällt auf. Es fühlt sich nicht „verstanden" und wird unsicher. Häufig ziehen sich die Kinder zurück, trauen sich nicht ihre Bedürfnisse zu äußern oder lösen ihre Probleme durch Schreien, Schlagen usw. Das Selbstbewusstsein der Kinder leidet.

das Selbstbewusstsein leidet

Tab. 5 zeigt die Entwicklungsschritte im Bereich der Sprache, die Kinder im Alter von 0 bis 5 Jahren erreichen sollten. Die Angaben beziehen sich auf das Ende des Zeitraums.

SEV/SES

Eine Sprachentwicklungsverzögerung (SEV)/Sprachentwicklungsstörung (SES) liegt vor, wenn die Sprachentwicklung zeitlich verzögert einsetzt und/oder zeitlich verzögert verläuft. Meist wird die Verzögerung in den vier Bereichen Artikulation, Grammatik, Wortschatz und Sprachverständnis diagnostiziert. Eine rein zeitlich verzögerte Sprachentwicklung um ein halbes Jahr oder mehr nennt man SEV. Der Entwicklungsrückstand kann meist aufgeholt werden.

Die Defizite bei einer SES sind meist ausgeprägter und die Entwicklung verläuft nicht nur langsamer, sondern abweichend. Außerdem sind die verschiedenen Bereiche unterschiedlich betroffen oder das Kind zeigt sprachliche Merkmale, die in einer normalen Entwicklung nicht vorkommen.

Eine Sprachbehinderung liegt bei einer Grunderkrankung oder Behinderung vor, wenn diese die Sprachentwicklung negativ beeinflusst (vgl. Steiniger 2005).

Anzeichen

Anzeichen für Sprachprobleme können beobachtet werden, wenn:

- sich ein Baby mit vier bis fünf Monaten nicht nach Geräuschen umdreht,
- häufig Speichel aus dem Mund läuft und der Mund meist offen steht oder die Zunge schlaff zwischen den Zähnen hängt,

Tab. 5: Sprachentwicklung

Alter	Sprache
3 Monate	Differenziertes, intentionelles Schreien (Hunger, Unbehagen, Schmerz)
6 Monate	Spontanes, variationsreiches Vokalisieren, für sich alleine und auf Ansprache. („Dialog“)
9 Monate	Spontanes Vokalisieren mit längeren A-Lautreihungen. (wa-wa-wa-ra-ra-ra)
12 Monate	Silbenverdopplung mit „a“ (mama, papa, dada)
15 Monate	Pseudosprache, Mama, Papa, sinngemäß
18 Monate	Symbolsprache (wau-wau) mit „Überdehnungen“ oder „Einengungen“.
2 Jahre	Ein- bis Zweiwortsprache
3 Jahre	Drei- bis Fünf-Wortsätze; ich, du, Plural. Redet für sich beim Spielen.
4 Jahre	Satzreihungen mit „und dann – und dann“. Erlebtes wird zeitlich und logisch in etwa richtig erzählt.
5 Jahre	Praktisch fehlerfreie Aussprache. Erlebtes wird korrekt in logischer und zeitlicher Reihenfolge berichtet. Richtige, aber oft noch einfache grammatikalische Strukturen.

- häufig Erkältungen und Mittelohrentzündungen auftreten,
- das Kind nicht bereits im ersten Lebensjahr aus Lautketten Worte bildet,
- das Kind mit zweieinhalb Jahren keine Zweiwortsätze spricht,
- es im Alter von drei Jahren von Fremden noch nicht verstanden wird,
- es sich mit vier Jahren kleine Verse und Lieder nicht merken kann,
- ein Kind sehr kleinkindhaft, undeutlich oder wenig spricht,
- das Sprachverständnis eingeschränkt ist: Das Kind kann die gesprochene Sprache nicht oder nur teilweise verstehen, obwohl das Gehör in Ordnung ist (Roß 2000).

Mögliche Störungen

- **Wortschatzstörungen/eingeschränkter Wortschatz:** Ein Kind beherrscht deutlich weniger Wörter als gleichaltrige Kinder.
- **Aussprachestörungen:** Ein Kind kann bestimmte Laute nicht richtig bilden, ersetzt diese oder lässt sie aus.
- **Störung des Satzbaus und der Grammatik:** Das Kind bildet unvollständige Sätze, baut Sätze falsch auf oder hat Probleme mit Wortformen.

- **Sprach- und Sprechstörungen:** Das Kind wiederholt Laute, Silben oder Wörter mehrmals (stottern). Oder aber es spricht schnell und überstürzt, verschluckt Silben oder ganze Wörter (poltern). Das Kind spricht, als klinge es verschnupft (näseln).
- **Stimmstörungen:** Das Kind klingt ständig heiser bzw. spricht in einer unnatürlichen Stimmlage. (vgl. Steininger 2010)

Heilpädagogik und Sprache

Die Aufgaben der Heilpädagogin in der Frühförderung bestehen in der heilpädagogischen Einzel- oder Gruppenförderung von Kindern, deren Schwierigkeiten im sozialen oder geistigen Bereich liegen und von Kindern, die Beeinträchtigungen in verschiedenen Teilleistungen, wie Sprache, Motorik und Wahrnehmung, aufweisen.

Die heilpädagogische Förderung zur Unterstützung der Sprachentwicklung greift bei jüngeren Kindern (0 bis 3 Jahre) und Kindern mit Sprachverständnis- und Wortschatzproblemen. Weiterhin kann die Sprachanbahnung gefördert und die Sprechfreude geweckt werden. Im Zentrum steht das Spiel und weniger der Übungscharakter.

triangulärer Blickkontakt

Die Sprachentwicklung geht meist einher mit der Spielentwicklung und der Fähigkeit des triangulären Blickkontaktes, den Barbara Zollinger (1997) beschreibt. Das Kind kann seinen Blick zwischen einer Person und einem Gegenstand hin und her gleiten lassen und erfährt so, wie dieser Gegenstand heißt.

Entwicklungsstufen

Bezüglich der Spielentwicklungsstufe kann sich ein Kind im Funktionsspiel (ca. erstes Lebensjahr) oder in der Phase des Konstruktionsspiels (gegen Ende des zweiten Lebensjahres) befinden. Zeigt es erste Symbolspiele oder Ansätze von Rollenspielen (ca. zwei bis sechs Jahre) oder hat es die Phase der Regelspiele, zu denen auch Bewegungsspiele gehören (ca. fünftes Lebensjahr), erreicht, ist die Spielentwicklung abgeschlossen. Selbstverständlich lassen sich die Phasen nicht streng voneinander abgrenzen, sondern laufen ineinandergreifend ab. Ebenso wenig darf die in etwa parallel verlaufende Sprachentwicklung klar abgegrenzt werden. Sie ist einem Entwicklungsprozess unterworfen, der auch einmal stehen bleiben kann bzw. Rückschritte erlebt.

Die Sprachentwicklung ist das Ergebnis einer erfolgreichen Interaktion zwischen Kind und Umwelt. Dabei spielt die Gesundheit der Bereiche Wahrnehmung, Motorik, Kognition und Emotionalität eine große Rolle. Genauso wichtig sind positive Umfeldangebote, Anregungen und Zuwendung sowie das körperliche Wohlbefinden des Kindes. Deshalb macht es häufig Sinn, dass die heilpädagogische und logopädische oder ergotherapeutische Therapie Hand in Hand laufen. Die Vorteile der Frühförderung bestehen darin, dass sie dieses „Miteinander“ anbieten und leben kann.

Der Umgang im Alltag

Folgende Tipps für den Alltag können die Sprachentwicklung unterstützen:

Tipps für den Alltag

- Kuckuck-Spiele beim An- und Ausziehen des Kindes anbieten,
- den Wortschatz spielerisch erweitern. Erste Aufträge erfahren und Schlüsselwörter kennenlernen, wie „Hol deinen Teddy“,
- im Spiel Dinge be-greifen und benennen, z. B. eine Spielkiste mit Alltagsgegenständen zum Erforschen anbieten.
- Das Kind bei der Ich-Entwicklung unterstützen und die Anwendung von Ich und Du zum Ausdruck bringen,
- Fingerspiele und Krabbelverse einsetzen und durch Berührungen am Körper unterstützen,
- Lautmalereien einsetzen, wie „Tick-tack“, um die Mund- und Zungenmotorik zu fördern,
- rohes Obst und Gemüse anbieten, um die Kaumuskulatur anzuregen,
- das Lieblingsstofftier als Kommunikationsmittel einsetzen,
- ein Sprachvorbild sein, d. h. langsam und deutlich in kurzen und klaren Sätzen sprechen,
- das eigene Tun oder Aufträge in einfachen Sätzen erläutern,
- viele offene Fragen und wenige Ja-Nein-Fragen stellen,
- das Kind in richtigen Sätzen wiederholen und nicht korrigieren,
- das Kind beim Sprechen anschauen, auf seine Ebene gehen,
- gut zuhören, das Kind ernst nehmen,
- ausreden lassen und bestätigen,
- eine akustische Dauerberieselung und Reizüberflutung vermeiden,
- Bilderbücher betrachten und vorlesen, Geschichten nacherzählen,
- nicht wortlos miteinander spielen,
- gemeinsam Lieder singen.

9.1 Sprachanbahnung

Wie macht das Tier?

Material: Bilderbuch mit Tieren

Ablauf: Wir betrachten gemeinsam das Bilderbuch und geben den Tieren Geräusche. Die Kuh macht muh, die Katze macht miau usw. Anschließend deutet die Heilpädagogin auf ein Tier und fragt: „Wie macht die Katze?“

Variante: Diese Übung kann auch mit Fahrzeugen durchgeführt werden. Autos, Eisenbahn, Feuerwehr …

Körpergeräusche machen

Material: Keines

Ablauf: Wir erforschen, welche Geräusche der eigene Körper/Mund machen kann: Stampfen, Klatschen, Schnalzen, Schmatzen, Schreien, Pfeifen etc.

Variante A: Die Heilpädagogin zeigt dem Kind Bilder mit verschiedenen Geräuschen, z. B. tropfender Wasserhahn, Auto ... Wir versuchen den Bildern Geräusche zu geben.

Variante B: Einer hat die Augen geschlossen oder verbunden. Der Andere erzeugt ein Geräusch und nun muss erraten werden, was das für ein Geräusch war. Das Kind kann die Antwort sagen oder auf Bildern zeigen.

Soundwürfel – Tiere

Material: Soundwürfel von KOSMOS

Ablauf: Die Heilpädagogin führt den Soundwürfel ein. Das Kind kann anschließend durch Ausprobieren den Soundwürfel richtig zusammensetzen. Ist es richtig, ertönt das Geräusch des Tieres.

Variante: Die Heilpädagogin zeigt dem Kind ein weiteres Bild vom Schwein. Nun muss das Kind versuchen, das Schwein richtig zusammenzusetzen.

Erstes Rollenspiel zum Anbahnen des triangulären Blickkontaktes

Material: Große, freundlich aussehende Handpuppe (z. B. Bär, Affe, Nilpferd), Löffel, Muggelsteine, Knete etc.

Ablauf: Die Heilpädagogin spielt die Handpuppe und sagt: „Ich habe Hunger – bitte gib mir was zu essen.“ Das Kind füttert die Handpuppe mit Muggelsteinen. Die Heilpädagogin reibt der Handpuppe den Bauch und sagt: „Hmmm ist das fein“, oder „Igitt igitt igitt, schmeckt das scheußlich, ich spucke es wieder aus.“ Kinder nehmen hier ganz gezielt Blickkontakt auf und warten ab, was die Handpuppe macht. Sie fangen an einzufordern, dass die Puppe etwas ganz bestimmtes machen soll, z. B. soll sie „igitt igitt igitt“ sagen (Abb. 113).

Abb. 113: Rollenspiel mit dem Bär

Zu Steckspielen Geräusche machen

Material: Alte Cappuccinodose, in den Deckel einen Schlitz schneiden, dass Muggelsteine hindurch passen; verschieden große Muggelsteine

Ablauf: Wir sitzen am Boden. Immer wenn das Kind einen Muggelstein in die Dose wirft, macht die Heilpädagogin ein Geräusch, z. B. plopp, bumm ... Das Kind fängt meist von selbst an, das Geräusch mitzumachen.

Variante: Kleine Muggelsteine bekommen ein anderes Geräusch als große Muggelsteine.

Sprechmotorische Übung – Hoppe hoppe Reiter

Hoppe hoppe Reiter,
wenn er fällt dann schreit er,
fällt er in den Graben,
fressen ihn die Raben,
fällt er in den Sumpf,
macht der Reiter plumps.

Ablauf: Das Kleinkind sitzt auf dem Schoß, so dass es die Heilpädagogin ansehen kann. Die Heilpädagogin betont den Text rhythmisch und bewegt dabei ihre Beine auf und ab. Bei der letzen Zeile Spannung erzeugen und das Kind durch die Beine plumpsen lassen. Achtung: das Kind nicht loslassen!

♪ Sprechmotorische Übung – Krimm-kramm-krumm

Material: Badewanne oder Plantschbecken, Schiffchen, Text: „Krimm-kramm-krumm“

> Auf dem großem Bodensee,
> fährt ein Boot – oh je oh je.
> Es kommt ne Riesenwelle,
> und macht ins Boot ne Delle.
> Da kommt der Krim-kram-krumm
> Und kippt das Bötchen um.

Ablauf: Das Kind sitzt im Wasser. Die Heilpädagogin spricht den Text rhythmisch, erzeugt in der letzen Zeile Spannung und kippt das Schiffchen um.

9.2 Spiele zur Förderung der Mundmotorik

Schatzsuche 1

Material: Steine, Edelsteine, kleine Plastiktiere usw., eine Schüssel voll Sand, einen Trinkhalm

Ablauf: Die Schätze in einer Schüssel mit Sand verstecken. Das Kind soll den Schatz in der Schüssel suchen, indem es mit dem Trinkhalm den Sand frei bläst.

Staubsauger

Material: Papier, Schere, Kleber, Trinkhalm, Becher

Ablauf: Wir basteln zusammen einen Staubsauger aus Papier, der auf den Trinkhalm geklebt wird. Jetzt kann das Kind mit dem Staubsauger kleine Papierschnipsel ansaugen und in den Becher oder Abfalleimer transportieren. Achtung, diese sollten so groß sein, dass es nichts einsaugen und verschlucken kann.

Hindernisrennen

Material: Bausteine, Bleistifte, Korken, u. ä.., einen Trinkhalm, Chips oder Styroporchips

Ablauf: Wir bauen einen Parcours mit den Bausteinen und Korken auf. Das Kind bläst immer einen Chip durch den Hindernisparcours. In der Bahn blasen und bei Hindernissen ansaugen.

Clownturnen

Material: Verschiedene Bilder von einem Clown, der Grimassen schneidet und die Zunge bewegt

Ablauf: Die Zunge (der Clown) putzt den Hauseingang (den Mund), den Flur (die Zähne), den Dachboden (Gaumen), den Keller (Unterkiefer) und die Wände (Backen). Jetzt darf der Clown Späße machen: Er streckt die Zunge heraus. Die Zunge schaut nach rechts, nach oben, nach links, und nach unten. Sie wackelt usw. Jetzt schneidet der Clown mit dem gesamten Gesicht Grimassen.

Pustefußball

Material: Ein kleines Tor auf dem Tisch (z.B. Schuhkarton), Wattebällchen, Tischtennisbälle, Styroporkugeln, Papierschnipsel, Federn

Ablauf: Das Tor wird auf dem Tisch aufgebaut. Die Pusteutensilien werden ca. 30–40 cm entfernt davor gelegt. Nun darf das Kind versuchen, immer ein Teil nach dem anderen in das Tor zu pusten. Es kann vereinbart werden, dass es für jeden Treffer eine Salzstange gibt. Diese wird anschließend ohne Hilfe der Hände gegessen.

Variante: Den Abstand des Tores verkleinern/vergrößern, so dass eine unterschiedliche Dosierung des Luftstroms notwendig ist.

Schiffe übers Wasser pusten

Material: Gemeinsam gefaltete kleine Papierschiffe, Schüssel mit Wasser

Ablauf: Die gefalteten Schiffe ins Wasser setzen und ans andere Ufer pusten.

Schaum herstellen

Material: Glas, Wasser, Spülmittel

Ablauf: Die Heilpädagogin muss sich sicher sein, dass das Kind die Flüssigkeit nicht ansaugt, sondern nur pustet. Am Besten vorher einen Versuch mit Wasser machen. Wir geben Wasser mit Spülmittel in ein Glas. Jeder bekommt einen Strohhalm. Mit dem können wir solange ins Wasser pusten, bis der Schaum oben am Rand ankommt.

Seifenblasen auf dem Tisch

Material: Glatte Tischdecke, Wasser-Spülmittel-Gemisch im Glas, Strohhalme

Ablauf: Wir sitzen am Tisch und feuchten die Tischdecke mit dem Wasser-Spülmittel-Gemisch an. Anschließend tauchen wir den Strohhalm ins Gemisch, nehmen ihn heraus und halten ihn ganz knapp über die Tischdecke und pusten vorsichtig hinein. Wer schafft die größte Seifenblase? Wer schafft es, in eine Seifenblase eine kleine hineinzupusten?

Nudelraten

Material: Verschiedene Nudelformen

Ablauf: Mit dem Kind die Nudelformen fühlen und besprechen. Dann schließt das Kind die Augen und es wird ihm eine Nudelform auf die Zunge gelegt. Nun soll das Kind die Form erkennen.

Salzstangenspiele

Material: Salzstangen

Ablauf: Dem Kind zwei oder mehr Salzstangenstücke auf die Zunge legen. Das Kind errät nun, wie viele Stücke es sind. Eine Salzstange mit dem Mund vom Tisch aufnehmen, in den Rüssel (die Zunge) einrollen und eine Strecke tragen und wieder ablegen.

Variante: Eine Salzstange ohne Hilfe der Hände essen.

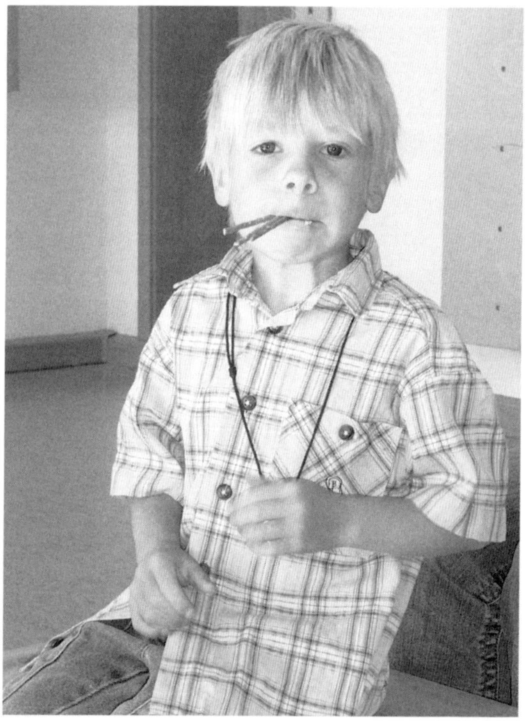

Abb. 114: Salzstangen ohne Hände essen

Tiersprache

Material: Keines

Ablauf: Verrückte Tiersprachen mit dem Kind ausprobieren. Die Biene summt, der Hund bellt, der Fisch blubbert usw.

Geschichte: Ein Tag bei Frau Zunge

Material: Geschichte von Frau Zunge

Ablauf: Das Kind und die Heilpädagogin sitzen sich auf Stühlen gegenüber. Die Heilpädagogin liest langsam Zeile für Zeile vor und macht die passende Übung dazu. Sie fordert das Kind auf, mitzumachen.

Tab. 6: Geschichte von Frau Zunge (Brügge/Mohs 2012, 30)

Frau Zunge wohnt in einem kleinen Haus	Mit der Zungenspitze die geöffneten Lippen umfahren
Nun schaut sie mal zum Fenster raus	Zunge gerade rausstrecken
Sie klettert nach oben und auch runter	Zunge bei offenem Mund zur Nase und zum Kinn bewegen
Und winkt der Nachbarin ganz munter	Zunge nach rechts und links bewegen
Sie putzt die Fenster außen und auch innen	Mit der Zunge die Zahnreihen innen und außen, oben und unten entlang fahren
Und fegt die Wände auch noch drinnen	Wangen bei geschlossenen Lippen mit der Zunge ausbeulen
Sie ist glücklich und ganz froh und macht zwischendurch auch mal so:	Wangen aufblasen und platzen lassen
Dann macht sie den Staubsauger an	Eine Zungenrinne bilden, durch pusten und Luft einsaugen.
Im Bett kommt sie dann zur Ruh,	Der Mund ist offen, die Zunge liegt am Mundboden
Und schließt ganz schnell ihr Häuschen zu.	Zahnreihen und Lippen schließen.

Weitere Tipps zur Förderung der Mundmotorik

- viel rohes Gemüse und Obst essen
- die Brotrinde mitessen
- Kerzen auspusten
- Backen aufblasen und geräuschvoll platzen lassen
- nur eine Wange aufblasen
- Mundpartien massieren
- Seifenblasenspiele machen
- Zungenübungen durchführen: Zunge gerade herausstrecken, wieder hineinziehen, Zunge von einem Mundwinkel zum anderen hin- und herbewegen, erst langsam dann schneller, mit der Zunge die Zähne innen und außen, oben und unten putzen
- einen Schluck Wasser trinken und gurgeln (gute Übung zur Anbahnung des R), geübte „Gurgler" können kleine Lieder gurgeln (z. B. „Alle meine Entchen")

9.3 Fingerspiele und kleine Verse lernen

♪ Himpelchen und Pimpelchen

Himpelchen und Pimpelchen
stiegen auf einen Berg.
Himpelchen war ein Heinzelmann,
und Pimpelchen war ein Zwerg.
Sie blieben lange dort oben sitzen
und wackelten mit ihren Zipfelmützen.
Doch nach fünfundzwanzig Wochen
sind sie in den Berg gekrochen.
Schlafen dort in süßer Ruh. Sei fein still
und hör mal zu:
Chrr – chrr – chrr – chrr

Ablauf:
Die beiden Daumen erscheinen.
Die Fäuste steigen samt Daumen immer höher in die Luft.
Sie halten nebeneinander an.
Die Daumen wackeln hin und her.
Die Daumen verschwinden in den Fäusten.
Die Fäuste an die Ohren halten und Schnarchgeräusche machen.

♪ Lirum, Larum, Löffelstiel

Lirum, Larum, Löffelstiel,
wer das nicht kann, der kann nicht viel.

Ablauf: Mit der einen Hand den Daumen der anderen Hand halten und umrühren.

Es war einmal ein Mann

Es war einmal ein Mann,
der hatte einen Schwamm,
der Schwamm war ihm zu nass,
da ging er auf die Gass',
die Gass war ihm zu kalt,
da ging er in den Wald,
der Wald war ihm zu grün,
da ging er nach Berlin,
Berlin war ihm zu groß,
da macht er in die Hos',
die Hos wurd ihm zu klein,
da ging er wieder heim.

9.4 Sprechzeichnen / Bewegung und Sprache

Sprechzeichnen bedeutet die Verbindung von Sprache und Bewegung. Das Kind fährt mit dem Finger bzw. malt Linien nach und spricht dazu einen passenden Vers. Dieses fördert das Rhythmusgefühl des Kindes, die Visuomotorik, den Bewegungsablauf Auge-Hand und das Sprechen, es fördert die Feinmotorik, die Atmung und den Sprechfluss.

Der Fisch ist stumm

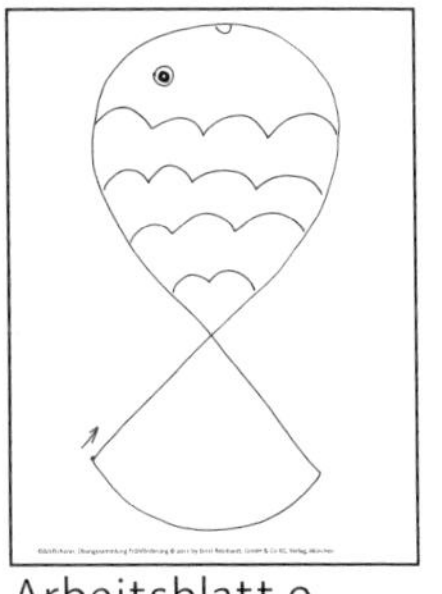
Arbeitsblatt 9

Material: Holzstifte, Arbeitsblatt

Ablauf: **Arbeitsblatt 9: Fisch**Das Kind darf mit dem Finger das Bild nachfahren. Danach spricht die Heilpädagogin den Vers dazu. Das Kind lernt den Vers und fährt das Bild mit einem Farbstift nach. Es darf mehrere Farben wählen und die Übung wiederholen.

„Die Kuh macht muh,
die Eule sagt huh,
Die Biene macht summ,
der Fisch ist stumm."

Bei jeder Verszeile wird einmal der Fisch gemalt.

Arbeitsblatt 10

Variante: Arbeitsblatt 10: Cowboy mit Lasso: Cowboy mit Lasso: Das Kind fährt zunächst mit dem Finger, danach mit der Hand das Lasso nach und sagt dazu den Spruch: „Li – La – Lasso."
(Download der Arbeitsblätter unter www.reinhardt-verlag.de)

Weitere Material-, Spiel- und Buchvorschläge

- Roß, G., Erker, R. (2000): Lustiges Sprechzeichnen. Pattloch-Verlag, München

Zisch zisch zisch, oder puff puff puff, oder töff töff töff die Eisenbahn

Ablauf: Das Lied lernen und im Raum als Eisenbahn umherfahren. Dabei wird nach jeder Strophe ein Mitspieler als Eisenbahnwagon eingesammelt.

„Zisch zisch zisch die Eisenbahn,
wer will mit der hängt sich an,
alleine fahren mag ich nicht,
drum nehm ich mir den (Name des Kindes) mit."

Ri ra rutsch

Material: Pferdeleinen, Stäbe oder Seile

Ablauf: Einer spielt das Pferd, der andere die Kutsche. Die Kutsche wird durch die Leine oder die Stäbe mit dem Pferd verbunden und fährt durch den Raum. Gleichzeitig sprechen wir den Reim:

„Ri ra rutsch,
wir fahren mit der Kutsch.
Wir fahren mit der Schneckenpost,
die uns keinen Pfennig kost."

Dschungelreise oben, unten

Material: Sprossenwand, Langbank, Tunnel, Matten, Stühle usw., ein Ball

Ablauf: Eine Dschungelreise findet durch den Raum statt: Wir klettern auf die Palme (Sprossenwand) und pflücken eine Kokosnuss (Ball). Wir kriechen unter dem Baumstamm (Tunnel) hindurch und rollen die Kokosnuss neben das Boot (Stühle) usw. Die Dschungelreise wird sprachlich von der Heilpädagogin begleitet.

Schatzsuche 2

Material: Schatzkiste mit Gummibärchen oder anderen Sachen zum Naschen

Ablauf: Die Kinder schließen die Augen. Ein Kind versteckt die Schatzkiste und muss danach den anderen Kindern mit Worten Tipps geben, wo der Schatz zu finden ist, z. B. „Krieche zuerst unter dem Tisch durch, steige über den Stuhl und schau dann in die Ecke bei der Tür usw." Jetzt ziehen die Kinder los und suchen den Schatz.

Formen laufen

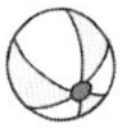

Material: Klebeband

Ablauf: Mit Klebeband eine Form, z. B. einen Fisch, auf den Boden kleben. Das Kind geht den Fisch von der Schwanzflosse beginnend ab. Danach geht es noch einmal die Form ab und spricht dabei den vorher gelernten Vers:

„Die Kuh macht muh,
die Eule sagt huh,
Die Biene macht summ,
der Fisch ist stumm."
(Jede Verszeile ergibt einmal den Fisch.)

9.5 Hörspiele

Geräusche wahrnehmen

Material: Wecker, Telefon, Türklingel

Ablauf: Wir nehmen Geräusche aus dem Alltag wahr. Was hören wir? Ein Wecker wird im Zimmer versteckt und das Kind darf anhand der Geräuschquelle suchen, wo er sich befindet.

Flüstersprache

Material: Bildkarten

Ablauf: Die Bildkarten werden verdeckt auf den Tisch gelegt. Immer einer deckt eine Karte auf, ohne sie dem anderen zu zeigen. Nun flüstert das Kind das Wort. Wenn der andere Mitspieler das geflüsterte Wort erkennt, darf er die Karte nehmen.

Bonbonglas

Material: Ein Glas mit Deckel, gefüllt mit Nüssen oder Bonbons

Ablauf: Das Kind schließt die Augen. Nun wird das Glas weggerollt. Bleibt das Glas liegen, darf das Kind auf die Suche gehen. Hat es das Glas gefunden, bekommt es eine Nuss als Belohnung.

Luftballontanz

Material: Ein Luftballon, Murmeln, Glöckchen, kleine Steine ...

Ablauf: Den Luftballon vor dem Aufblasen mit kleinen Murmeln etc. füllen. Jetzt kann man den Luftballon in die Luft werfen, rollen usw. und die Musik dazu hören.

Weitere Spiel- und Materialvorschläge können auch im Kapitel 4.3 nachgelesen werden.

9.6 Spaß mit Dingen, Wörtern und Geschichten

Handsalat

Material: Keines

Ablauf: Abwechselnd legen die Spieler die eine Hand auf die andere Hand des Mitspielers und dabei werden selbst erfundene Silben gesprochen (Pitsch patsch, mi mo miau, hix hax hex).

Namen und Dinge klatschen

Material: Keines

Ablauf: Den eigenen Namen in Silben getrennt sprechen und klatschen, z. B. „Ra – mo – na".

Flaschen drehen

Material: Eine Flasche, Bilder, auf denen einzelne Gegenstände oder später kleine Geschichten abgebildet sind

Ablauf: Die Bilder werden im Kreis ausgelegt. Das Kind dreht die Flasche in der Mitte. Es soll nun das Bild beschreiben, bei dem der Flaschenhals stehen geblieben ist.

Kaufhausspiel

Material: Kaufhausutensilien

Ablauf: Das Kind ist der Kunde und kauft ein. Es benennt die Dinge, die es haben will. Rollentausch.

Der Vielfraß

Material: Ein aufgeschnittener Tennisball (dem Mund und Augen aufgemalt werden), Bildkärtchen

Ablauf: Der Vielfraß bekommt zwei oder mehrere Kärtchen in den Mund gesteckt. Das Kind soll wiederholen, was der Vielfraß gefressen hat.

Fragerätsel

Material: Keines oder Bilder

Ablauf: Einer denkt sich ein Tier, eine Obstsorte oder ähnliches aus. Der andere soll durch Fragen das Tier, die Obstsorte usw. erraten.

Geschichtenspaziergang

Material: Auf einem Spaziergang gefundene Materialien, wie Steine, Muscheln usw.

Ablauf: Das Kind darf sich einen Gegenstand aussuchen und sich dazu eine Geschichte ausdenken.

Lautkarten

Material: Karten mit Bildern darauf, deren Laute das Kind lernen soll

Ablauf: Die Karten werden verdeckt auf den Tisch gelegt. Es wird immer eine Karte aufgedeckt und das Bild mit Betonung des Lautes benannt.

Kuchen backen

Material: Zutaten

Ablauf: Die Zutaten gemeinsam einkaufen und vor dem Backen aufzählen, vorbereiten und probieren.

Weitere Buchvorschläge zum Thema Sprache

- Walter, G. (2009): Sprache – der Schlüssel zur Welt. 6. Aufl. Herder, Freiburg (Brsg.)

Anhang

Rezepte für Knetmasse

Rezept für Knetmasse mit Alaun

400 g Mehl, 200 g Salz, 2 Esslöffel Alaun gut vermischen. Anschließend 1/2 l kochendes Wasser, 4–5 Esslöffel Öl, Lebensmittelfarbe hinzufügen und mit dem Handrührgerät gut verkneten. Zum Schluss noch gut mit den Händen durchkneten. Knetmasse luftdicht aufbewahren.

Rezept für Knetmasse mit Zitronensäure

400 g Mehl, 150 g Salz, 3 Esslöffel (40g) Zitronensäure und Lebensmittelfarbe gut vermischen. 400 ml Wasser zum Kochen bringen, 4–6 Esslöffel Öl hinzufügen und mit dem Handrührgerät gut verkneten. Je nach Konsistenz können Wasser, Öl oder Mehl ergänzt werden. Knetmasse luftdicht aufbewahren.

Die Knetmasse hält im Kühlschrank etwa 6 Monate.

Arbeitsblätter

Arbeitsblatt 1: Blumenwiese
Arbeitsblatt 2: Das ist das Haus vom kleinen Klaus
Arbeitsblatt 3: Katze und Bär
Arbeitsblatt 4: Differenzierte Wahrnehmungsübungen
Arbeitsplatt 5: Kreise links herum, Kreise rechts herum
Arbeitsblatt 6: Schleifen
Arbeitsblatt 7: Liegende Acht
Arbeitsblatt 8: Farben zuordnen
Arbeitsblatt 9: Der Fisch
Arbeitsblatt 10: Cowboy mit Lasso

Alle Arbeitsblätter stehen unter www.reinhardt-verlag.de zum Download bereit.

Literatur

Anderlik, L. (1999): Ein Weg für alle! Leben mit Montessori. 2. Aufl. verlag modernes lernen, Dortmund

Bayerisches Staatsministerium für Arbeit und Sozialordnung, Familie und Frauen (2006): Der Bayerische Bildungs- und Erziehungsplan für Kinder in Tageseinrichtungen bis zur Einschulung. 2. Aufl. Cornelsen Scriptor, Berlin/ Düsseldorf

Beers, M. H. (Hrsg.) (2005): MSD Manual, Handbuch Gesundheit. 2. Aufl. Mosaik bei Goldmann, München

Beudels W., Lensing-Conrady, R., Beins, H. J. (2001): … das ist für mich ein Kinderspiel. 8. Aufl. borgmann-Verlag, Dortmund

Brandau, H., Pretis, M., Kaschnitz, W. (2006): ADHS bei Klein- und Vorschulkindern. 2. Aufl. Ernst Reinhardt, München/Basel

Brügge, W., Mohs, K. (2012): Therapie bei Sprachentwicklungsstörungen. Eine Übungssammlung. 4., überarb. Auflage. Ernst Reinhardt Verlag, München/ Basel

Dilling, H., Mombour, W., Schmidt, M. H. (2000): Internationale Klassifikation psychischer Störungen. 4. Aufl. Verlag Hans Huber, Bern

Döpfner, M., Berner, W., Fleischmann, T., Schmidt, M. (1993): Verhaltensbeurteilungsbogen für Vorschulkinder (VBV 3–6). Beltz Test GmbH, Göttingen

Eitle, W. (2003): Basiswissen Heilpädagogik. Bildungsverlag EINS, Troisdorf

Fröhlich, A. (2008): Basale Stimulation. Das Konzept. Verlag Selbstbestimmtes Leben, Düsseldorf

Hachmeister, B. (2006): Psychomotorik bei Kindern mit Körperbehinderungen. 2. Aufl. Ernst Reinhardt, München/Basel

Jansen, H., Mannhaupt, G., Marx, H., Skowronek, H. (2002): Bielefelder Screening. 2. Aufl. Hogrefe, Göttingen

Kesper, G., Hottinger, C. (2007): Mototherapie bei Sensorischen Integrationsstörungen. 7. Aufl. Ernst Reinhardt, München/Basel

Koneberg, L., Förder, G. (2005): Kinesiologie für Kinder. 3. Aufl. Gräfe & Unzer, München

Küspert, P., Schneider, W. (2005): Würzburger Trainingsprogramm. 5. Aufl. Vandenhoeck & Ruprecht, Göttingen

Michaelis, R., Niemann, G. (2004): Entwicklungsneurologie und Neuropädiatrie. 3. Aufl. Thieme, Stuttgart

Montessori, M. (2005): Die Entdeckung des Kindes. In: Oswald, P., Schulz-Benesch, G. (Hrsg.) (2005): Die Entdeckung des Kindes. 18. Aufl. Herder, Freiburg (Brsg.), 105

Moor, P. (1965): Heilpädagogik. Ein pädagogisches Lehrbuch. Verlag Hans Huber, Bern/Stuttgart

Oy, C. M. v., Sagi, A. (1997): Lehrbuch der heilpädagogischen Übungsbehandlung. 11. Aufl . Universitätsverlag Winter GmbH, Heidelberg

Peter-Führe, S. (1996): Rhythmik für alle Sinne. Audiokassette. 8. Aufl. Herder, Freiburg (Brsg.)
Roß, G. (2000): So lernen Kinder richtig sprechen. Pattloch-Verlag, München
Roß, G., Erker, R. (2000): Lustiges Sprechzeichnen. Pattloch-Verlag, München
Schmutzler, H. (2008): Handbuch Heilpädagogisches Grundwissen. Die frühe Bildung und Erziehung behinderter und von Behinderung bedrohter Kinder. Herder, Freiburg
Steininger, R. (2010): Unser Kind spricht nicht richtig – was tun? In: http://www.familienhandbuch.de/haeufige-probleme/verhaltensauffaelligkeiten/unser-kind-spricht-nicht-richtig-was-tun, 09.10.2013
Zimmer, R. (2000): Handbuch der Sinneswahrnehmung. 8. Aufl. Herder, Freiburg (Brsg.)
Zollinger, B. (1997): Die Entdeckung der Sprache. Haupt-Verlag, Bern

Bildquellennachweis

Fotos im Innenteil: Irene Klöck und Caroline Schorer

Arbeitsblätter 1–4: Katharina Satzger

Arbeitsblatt 8: © knipseline (Apfel, Zitrone, Gurke), wrw (Mais, Paprika), Oliver Haja (Banane), Jenzig71 (Kirschen), wollschlaeger (Maus), alle bei pixelio.

Übungsverzeichnis

Name der Übung	Förderbereich	Kategorie	Fördermethode	Seite
Aktivieren der gegenüberliegenden Körperseiten	Umschriebene Entwicklungsstörungen schulischer Fertigkeiten	Rechenstörung/Rechenschwäche	Kinesiologie	196
Akustisches Versteckspiel	Wahrnehmung	Auditive Wahrnehmung	Rhythmik	64
Arbeiten mit Ton	Motorik	Körperliche Behinderung	Heilpädagogisches Werken	122
Arbeitsblätter	Kognition	Lernschwäche, Lernbehinderung	Kognition	144
Arche Noah	Umschriebene Entwicklungsstörungen schulischer Fertigkeiten	LRS	Sinneswahrnehmung	168
Aschenputtel	Kognition	Entwicklungsverzögerung	Kognition	139
Atemübungen	Motorik	Körperliche Behinderung	Entspannung	125
Atemübungen mit Steinen	Wahrnehmung	Basissinne	Entspannung	34
Aufgabenparcours	Kognition	Lernschwäche, Lernbehinderung	Psychomotorik	144
Aufträge ausführen	Kognition	Entwicklungsverzögerung	Kognition	138
Ausdrucksmalen	Motorik	Körperliche Behinderung	Entspannung	122
Ausdruckstanz	Motorik	Körperliche Behinderung	Rhythmik	123
Autofahren nach Trommelschlägen	Wahrnehmung	Auditive Wahrnehmung	Rhythmik	72
Autowaschanlage	Wahrnehmung	Basissinne	Entspannung	36
Babymassage	Motorik	Grobmotorik	Entspannung	88
Baden im Therapiekreisel	Kognition	Geistige Behinderung	Psychomotorik	162
Baden mit einer Luftmatratze	Motorik	Grobmotorik	Psychomotorik	85
Bahnen legen	Wahrnehmung	Basissinne	Sinneswahrnehmung	32
Balancieren über eine Leiter	Wahrnehmung	Basissinne	Psychomotorik	41
Bälledusche	Umschriebene Entwicklungsstörungen schulischer Fertigkeiten	Rechenstörung/Rechenschwäche	Psychomotorik	191
Bauen mit Holzklötzen	Kognition	Lernschwäche, Lernbehinderung	Kognition	150
Baum sein	Wahrnehmung	Basissinne	Entspannung	44

Name der Übung	Förderbereich	Kategorie	Fördermethode	Seite
Bewegen nach Instrumenten im Raum	Umschriebene Entwicklungsstörungen schulischer Fertigkeiten	LRS	Sinneswahrnehmung	169
Bilder zerschneiden und zusammen legen	Kognition	Lernschwäche, Lernbehinderung	Kognition	151
Blind hüpfen	Sozialverhalten	Störungen des Sozialverhaltens	Psychomotorik	206
Blind im Raum bewegen	Wahrnehmung	Visuelle Wahrnehmung	Psychomotorik	59
Blindenführer	Motorik	Grobmotorik	Psychomotorik	99
Bohnentopf	Motorik	Feinmotorik	Montessori-Pädagogik	113
Bonbonglas	Sprache	Hörspiele	Sinneswahrnehmung	247
Brain-Gym-Fußspringtanz	Sozialverhalten	ADS/ADHS	Kinesiologie	217
Brain-Gym-Fußzappeltanz	Sozialverhalten	ADS/ADHS	Kinesiologie	217
Brain-Gym-Händezappeltanz	Sozialverhalten	ADS/ADHS	Kinesiologie	217
Braune Treppe	Wahrnehmung	Visuelle Wahrnehmung	Montessori-Pädagogik	57
Bring mir was	Umschriebene Entwicklungsstörungen schulischer Fertigkeiten	Rechenstörung/Rechenschwäche	Montessori-Pädagogik	188
Brötchen raten	Wahrnehmung	Olfaktorische und gustatorische Wahrnehmung	Sinneswahrnehmung	77
Buschtrommeln	Wahrnehmung	Auditive Wahrnehmung	Rhythmik	69
Chips	Umschriebene Entwicklungsstörungen schulischer Fertigkeiten	Rechenstörung/Rechenschwäche	Montessori-Pädagogik	186
Clownturnen	Sprache	Spiele zur Förderung der Mundmotorik	Sinneswahrnehmung	241
Collage, um Grenzen zu verdeutlichen	Sozialverhalten	Störungen des Sozialverhaltens	Heilpädagogisches Werken	208
Das Dach	Umschriebene Entwicklungsstörungen schulischer Fertigkeiten	LRS	Kinesiologie	177
Das ist das Haus vom kleinen Klaus	Kognition	Lernschwäche, Lernbehinderung	Kognition	146

Name der Übung	Förderbereich	Kategorie	Fördermethode	Seite
Das versteckte Gummibärchen	Kognition	Entwicklungsverzögerung	Kognition	139
Das Vogelnest	Wahrnehmung	Auditive Wahrnehmung	Psychomotorik	68
Decken ziehen	Wahrnehmung	Basissinne	Psychomotorik	44
Deckenhaufen	Sozialverhalten	ADS/ADHS	Psychomotorik	223
Deckenschaukel	Kognition	Geistige Behinderung	Psychomotorik	163
Denkmütze	Umschriebene Entwicklungsstörungen schulischer Fertigkeiten	LRS	Kinesiologie	176
Der eiserne Luftballon	Sozialverhalten	ADS/ADHS	Heilpädagogisches Zaubern	219
Der Fisch ist stumm	Sprache	Sprechzeichnen/Bewegung und Sprache	Rhythmik	245
Der Frosch	Wahrnehmung	Basissinne	Entspannung	44
Der Frosch im Gefäß	Motorik	Grobmotorik	Psychomotorik	94
Der hungrige Bär	Motorik	Feinmotorik	Psychomotorik	106
Der Schütteltanz	Umschriebene Entwicklungsstörungen schulischer Fertigkeiten	LRS	Entspannung	178
Der schwebende Zauberstab	Sozialverhalten	ADS/ADHS	Heilpädagogisches Zaubern	218
Der Vielfraß	Sprache	Hörspiele	Kognition	249
Der zappelnde Körper	Wahrnehmung	Basissinne	Entspannung	39
Die duftende Fährte	Wahrnehmung	Olfaktorische und gustatorische Wahrnehmung	Sinneswahrnehmung	77
Die Jahreszeiten/ Monate und Tage kennen lernen	Kognition	Lernschwäche, Lernbehinderung	Kognition	150
Die liegende Acht 1	Kognition	Lernschwäche, Lernbehinderung	Kinesiologie	145
Die liegende Acht 2	Umschriebene Entwicklungsstörungen schulischer Fertigkeiten	Rechenstörung/Rechenschwäche	Kinesiologie	199
Die liegende Acht 3	Sozialverhalten	ADS/ADHS	Kinesiologie	215

Name der Übung	Förderbereich	Kategorie	Fördermethode	Seite
Die liegende Acht aus Holz	Motorik	Feinmotorik	Kinesiologie	104
Die magische Schnur	Sozialverhalten	ADS/ADHS	Heilpädagogisches Zaubern	219
Die Schnur im Strohhalm	Sozialverhalten	ADS/ADHS	Heilpädagogisches Zaubern	221
Die schwebende Flasche	Sozialverhalten	ADS/ADHS	Heilpädagogisches Zaubern	220
Die verliebten Büroklammern	Sozialverhalten	ADS/ADHS	Heilpädagogisches Zaubern	220
Dosen rollen lassen	Wahrnehmung	Auditive Wahrnehmung	Sinneswahrnehmung	63
Dosenwerfen	Wahrnehmung	Visuelle Wahrnehmung	Psychomotorik	52
Drucktechnik	Wahrnehmung	Visuelle Wahrnehmung	Heilpädagogisches Werken	50
Dschungelreise oben, unten	Sprache	Sprechzeichnen/Bewegung und Sprache	Psychomotorik	246
Duftkissen basteln	Wahrnehmung	Olfaktorische und gustatorische Wahrnehmung	Heilpädagogisches Werken	77
Eichhörnchengeschichte	Sozialverhalten	ADS/ADHS	Psychomotorik	232
Ein Bild betrachten	Kognition	Entwicklungsverzögerung	Kognition	138
Ein Ton verklingt	Wahrnehmung	Auditive Wahrnehmung	Rhythmik	68
Eine Blume erblüht	Wahrnehmung	Basissinne	Entspannung	39
Einfache Überkreuzbewegungen	Umschriebene Entwicklungsstörungen schulischer Fertigkeiten	Rechenstörung/Rechenschwäche	Kinesiologie	195
Einkaufen im Ausland	Wahrnehmung	Auditive Wahrnehmung	Sinneswahrnehmung	70
Eins sein	Wahrnehmung	Basissinne	Entspannung	40
Einsatzzylinder	Wahrnehmung	Visuelle Wahrnehmung	Montessori-Pädagogik	57
Eisschollen springen	Wahrnehmung	Basissinne	Psychomotorik	41
Eiswürfelbehälter	Motorik	Feinmotorik	Psychomotorik	115
Energieübungen	Wahrnehmung	Basissinne	Kinesiologie	35

Name der Übung	Förderbereich	Kategorie	Fördermethode	Seite
Entfernungsspiele 1	Umschriebene Entwicklungs-störungen schulischer Fertig-keiten	Rechenstörung/Rechenschwäche	Montessori-Pädagogik	180
Entfernungsspiele 2	Umschriebene Entwicklungs-störungen schulischer Fertig-keiten	Rechenstörung/Rechenschwäche	Montessori-Pädagogik	182
Erfahrungen mit dem Rasier-schaum	Motorik	Grobmotorik	Psychomotorik	91
Erlebnisweg	Wahrnehmung	Basissinne	Psychomotorik	33
Errate das Obst	Wahrnehmung	Olfaktorische und gustatorische Wahrnehmung	Sinneswahrnehmung	79
Erstes Rollenspiel zum Anbah-nen des triangulären Blickkon-taktes	Sprache	Sprachanbahnung	Kognition	238
Es war einmal ein Elefant	Sozialverhalten	ADS/ADHS	Entspannung	225
Es war einmal ein Mann	Sprache	Fingerspiele und kleine Verse lernen	Rhythmik	245
Es war einmal eine Katze	Sozialverhalten	ADS/ADHS	Entspannung	226
Essen ohne Hände	Sozialverhalten	Störungen des Sozialverhaltens	Psychomotorik	207
Eule	Sozialverhalten	ADS/ADHS	Kinesiologie	216
Fädelspiele	Wahrnehmung	Visuelle Wahrnehmung	Montessori-Pädagogik	50
Fahren in einem Karton	Motorik	Grobmotorik	Psychomotorik	86
Falsche Lautverbindungen erkennen	Wahrnehmung	Auditive Wahrnehmung	Sinneswahrnehmung	64
Familie Müller (Spiel ab vier Mitgliedern)	Kognition	Entwicklungsverzögerung	Kognition	139
Fang das Licht	Wahrnehmung	Visuelle Wahrnehmung	Psychomotorik	52
Fang den Gummiring	Wahrnehmung	Visuelle Wahrnehmung	Psychomotorik	53
Fangen mit Schwierigkeit	Sozialverhalten	Störungen des Sozialverhaltens	Psychomotorik	206
Farben suchen	Wahrnehmung	Visuelle Wahrnehmung	Psychomotorik	53
Farben zuordnen	Sozialverhalten	ADS/ADHS	Sinneswahrnehmung	221

Name der Übung	Förderbereich	Kategorie	Fördermethode	Seite
Farbenspiel	Kognition	Lernschwäche, Lernbehinderung	Kognition	150
Farbenspiele	Umschriebene Entwicklungsstörungen schulischer Fertigkeiten	LRS	Sinneswahrnehmung	171
Federballspiel	Kognition	Lernschwäche, Lernbehinderung	Psychomotorik	145
Federkitzeln	Sozialverhalten	ADS/ADHS	Entspannung	231
Feuer, Wasser, Sturm	Umschriebene Entwicklungsstörungen schulischer Fertigkeiten/ Sozialverhalten	LRS / ADS/ADHS	Psychomotorik	173/ 224
Figurenlauf	Wahrnehmung	Visuelle Wahrnehmung	Psychomotorik	60
Figurenspiel	Wahrnehmung	Visuelle Wahrnehmung	Psychomotorik	60
Fingertanz	Umschriebene Entwicklungsstörungen schulischer Fertigkeiten	Rechenstörung/Rechenschwäche	Psychomotorik	193
Fischer, welche Fahne weht heute?	Umschriebene Entwicklungsstörungen schulischer Fertigkeiten	LRS	Psychomotorik	172
Flaschen drehen	Sprache	Hörspiele	Sinneswahrnehmung	248
Flechten mit Seilen	Motorik	Feinmotorik	Montessori-Pädagogik	107
Flüstersprache	Sprache	Hörspiele	Sinneswahrnehmung	247
Flugreise	Umschriebene Entwicklungsstörungen schulischer Fertigkeiten	LRS	Sinneswahrnehmung	169
Formen laufen	Sprache	Sprechzeichnen/Bewegung und Sprache	Psychomotorik	247
Formen legen	Wahrnehmung	Visuelle Wahrnehmung	Psychomotorik	60
Formen malen	Wahrnehmung	Basissinne	Entspannung	35
Formen mit der Schlange nachlegen	Kognition	Entwicklungsverzögerung	Kognition	137
Formen mit Pfeifenputzer nachbiegen	Kognition	Entwicklungsverzögerung	Kognition	135

Name der Übung	Förderbereich	Kategorie	Fördermethode	Seite
Formen Steckspiel	Motorik	Feinmotorik	Psychomotorik	113
Formenspiel	Kognition	Lernschwäche, Lernbehinderung	Kognition	149
Formenspiele	Umschriebene Entwicklungsstörungen schulischer Fertigkeiten	LRS	Sinneswahrnehmung	171
Fragerätsel	Sprache	Hörspiele	Kognition	249
Freie oder vorgegebene Tänze	Wahrnehmung	Auditive Wahrnehmung	Rhythmik	73
Freies Bauen im Motorikraum	Sozialverhalten	ADS/ADHS	Psychomotorik	224
Freies Spiel mit Farben und Formen	Kognition	Lernschwäche, Lernbehinderung	Kognition	150
Füße drücken	Sozialverhalten	Störungen des Sozialverhaltens	Psychomotorik	206
Gähnen	Umschriebene Entwicklungsstörungen schulischer Fertigkeiten	LRS	Kinesiologie	178
Gegenstände tragen	Motorik	Körperliche Behinderung	Montessori-Pädagogik	124
Genaues Schöpfen	Wahrnehmung	Visuelle Wahrnehmung	Montessori-Pädagogik	47
Geräuschdosen	Wahrnehmung	Auditive Wahrnehmung	Montessori-Pädagogik	65
Geräusche erzeugen	Wahrnehmung	Auditive Wahrnehmung	Heilpädagogisches Werken	65
Geräusche wahrnehmen	Sprache	Hörspiele	Sinneswahrnehmung	247
Gerüche erleben	Motorik	Körperliche Behinderung	Entspannung	125
Geschichte legen	Kognition	Entwicklungsverzögerung	Kognition	135
Geschichte mit Reizwörtern	Umschriebene Entwicklungsstörungen schulischer Fertigkeiten	LRS	Sinneswahrnehmung	170
Geschichte: Ein Tag bei Frau Zunge	Sprache	Spiele zur Förderung der Mundmotorik	Sinneswahrnehmung	243
Geschichten erzählen	Kognition	Lernschwäche, Lernbehinderung	Sinneswahrnehmung	144
Geschichtenspaziergang	Sprache	Hörspiele	Kognition	249

Name der Übung	Förderbereich	Kategorie	Fördermethode	Seite
Geschmacks-Kim	Wahrnehmung	Olfaktorische und gustatorische Wahrnehmung	Sinneswahrnehmung	78
Geschmacksraten mit der Gruppe	Wahrnehmung	Olfaktorische und gustatorische Wahrnehmung	Sinneswahrnehmung	79
Geschmacksverwirrung	Wahrnehmung	Olfaktorische und gustatorische Wahrnehmung	Sinneswahrnehmung	79
Gestalten, Spielen, Kneten mit Knetmasse	Kognition	Geistige Behinderung	Heilpädagogisches Werken	159
Gewichte unterscheiden	Wahrnehmung	Basissinne	Montessori-Pädagogik	37
Gießen durch einen Trichter	Wahrnehmung	Visuelle Wahrnehmung	Montessori-Pädagogik	47
Gläserkonzert	Wahrnehmung	Auditive Wahrnehmung	Montessori-Pädagogik	71
Glöckchen an den Beinen	Motorik	Grobmotorik	Psychomotorik	94
Glöckchentüte	Wahrnehmung	Auditive Wahrnehmung	Montessori-Pädagogik	66
Greifen von Glasnuggets	Kognition	Geistige Behinderung	Montessori-Pädagogik	156
Gummibretter	Motorik	Feinmotorik	Montessori-Pädagogik	109
Hände spüren	Wahrnehmung	Basissinne	Kinesiologie	34
Handmassage	Sozialverhalten	ADS/ADHS	Entspannung	230
Handsalat	Sprache	Hörspiele	Rhythmik	248
Hängematte	Kognition	Geistige Behinderung	Psychomotorik	163
Hantieren mit Sicherheits-nadeln	Motorik	Feinmotorik	Montessori-Pädagogik	110
Himmelschaukel	Sozialverhalten	ADS/ADHS	Entspannung	230
Himpelchen und Pimpelchen	Sprache	Fingerspiele und kleine Verse lernen	Rhythmik	244
Hindernisrennen	Sprache	Spiele zur Förderung der Mund-motorik	Sinneswahrnehmung	240
Hochziehen auf der schiefen Ebene	Wahrnehmung	Basissinne	Psychomotorik	38
Hörlotto	Umschriebene Entwicklungs-störungen schulischer Fertig-keiten	LRS	Sinneswahrnehmung	168

Name der Übung	Förderbereich	Kategorie	Fördermethode	Seite
Hörmemory zum selber basteln	Umschriebene Entwicklungsstörungen schulischer Fertigkeiten	LRS	Sinneswahrnehmung	168
Hörst du das Kind?	Wahrnehmung	Auditive Wahrnehmung	Sinneswahrnehmung	63
Hürdenlauf	Motorik	Grobmotorik	Psychomotorik	98
Ich sehe was, was du nicht siehst	Wahrnehmung	Visuelle Wahrnehmung	Sinneswahrnehmung	54
Ich verstecke mich unter einem Tisch	Motorik	Grobmotorik	Psychomotorik	94
Ich zaubere dich durch eine Postkarte	Sozialverhalten	ADS/ADHS	Heilpädagogisches Zaubern	219
Ins Gleichgewicht kommen	Umschriebene Entwicklungsstörungen schulischer Fertigkeiten	LRS	Kinesiologie	178
Instrumente raten	Wahrnehmung	Auditive Wahrnehmung	Rhythmik	67
Kartoffellauf	Motorik	Grobmotorik	Psychomotorik	98
Kastanienketten	Motorik	Feinmotorik	Montessori-Pädagogik	108
Kastanienkobolde	Wahrnehmung	Visuelle Wahrnehmung	Sinneswahrnehmung	54
Kastanienspiel	Kognition	Lernschwäche, Lernbehinderung	Montessori-Pädagogik	148
Kaufhausspiel	Sprache	Hörspiele	Sinneswahrnehmung	248
Ketten fädeln	Kognition	Lernschwäche, Lernbehinderung	Montessori-Pädagogik	147
Kim Spiele – Schau genau	Kognition	Entwicklungsverzögerung	Kognition	136
Kim-Spiele	Umschriebene Entwicklungsstörungen schulischer Fertigkeiten	LRS	Sinneswahrnehmung	171
Kim-Spiele mit verschiedenen Gegenständen	Umschriebene Entwicklungsstörungen schulischer Fertigkeiten	LRS	Kognition	174
Kindernamen raten	Wahrnehmung	Auditive Wahrnehmung	Rhythmik	71
Kitzeln mit der Feder	Motorik	Grobmotorik	Psychomotorik	92
Kitzelweg	Sozialverhalten	Störungen des Sozialverhaltens	Entspannung	211

Name der Übung	Förderbereich	Kategorie	Fördermethode	Seite
Klänge hören und ausprobieren	Wahrnehmung	Auditive Wahrnehmung	Entspannung	73
Klängen lauschen	Motorik	Körperliche Behinderung	Entspannung	125
Klanggeschichte erleben	Motorik	Körperliche Behinderung	Entspannung	125
Klangschalenmeditation	Kognition	Geistige Behinderung	Entspannung	162
Klopfmassage	Wahrnehmung	Basissinne	Entspannung	36
Kofferpacken	Kognition	Entwicklungsverzögerung	Kognition	138
Kommt ein brauner Fuchs daher	Wahrnehmung	Basissinne	Rhythmik	34
Konzertprobe	Wahrnehmung	Auditive Wahrnehmung	Sinneswahrnehmung	69
Kopfmassage	Sozialverhalten	ADS/ADHS	Entspannung	230
Korkenkarton	Motorik	Feinmotorik	Montessori-Pädagogik	113
Körper spüren	Umschriebene Entwicklungsstörungen schulischer Fertigkeiten	Rechenstörung/Rechenschwäche	Psychomotorik	190
Körper umfahren	Umschriebene Entwicklungsstörungen schulischer Fertigkeiten	Rechenstörung/Rechenschwäche	Psychomotorik	190
Körperbilder malen	Sozialverhalten	Störungen des Sozialverhaltens	Entspannung	209
Körpergeräusche	Wahrnehmung	Auditive Wahrnehmung	Psychomotorik	64
Körpergeräusche machen	Sprache	Sprachanbahnung	Sinneswahrnehmung	238
Körpermassage	Wahrnehmung / Umschriebene Entwicklungsstörungen schulischer Fertigkeiten	Basissinne / Rechenstörung/Rechenschwäche	Entspannung / Psychomotorik	36/ 191
Körperpflege	Motorik	Körperliche Behinderung	Montessori-Pädagogik	124
Körperpuzzle	Kognition	Lernschwäche, Lernbehinderung	Heilpädagogisches Werken	151
Körperreise	Sozialverhalten	Störungen des Sozialverhaltens	Entspannung	210
Körperteile anspannen	Wahrnehmung	Basissinne	Entspannung	40

Name der Übung	Förderbereich	Kategorie	Fördermethode	Seite
Körperumriss legen	Umschriebene Entwicklungsstörungen schulischer Fertigkeiten	Rechenstörung/Rechenschwäche	Psychomotorik	190
Körperumriss zeichnen	Motorik	Körperliche Behinderung	Psychomotorik	121
Krabbeln mit dem Bohnensäckchen	Motorik	Grobmotorik	Psychomotorik	95
Kreise	Umschriebene Entwicklungsstörungen schulischer Fertigkeiten	Rechenstörung/Rechenschwäche	Kinesiologie	198
Kriecht 'ne Schnecke	Wahrnehmung	Basissinne	Rhythmik	33
Kuchen backen	Sprache	Hörspiele	Sinneswahrnehmung	249
Langbankturnen	Wahrnehmung	Basissinne	Psychomotorik	41
Lastentragen	Wahrnehmung	Basissinne	Psychomotorik	43
Lautkarten	Sprache	Hörspiele	Sinneswahrnehmung	249
Lieder lernen 1	Wahrnehmung	Auditive Wahrnehmung	Rhythmik	73
Lieder lernen 2	Wahrnehmung	Auditive Wahrnehmung	Rhythmik	74
Lirum, Larum, Löffelstiel	Sprache	Fingerspiele und kleine Verse lernen	Rhythmik	244
Logische Reihen	Kognition	Entwicklungsverzögerung	Kognition	134
Luftballonlaufen	Wahrnehmung	Basissinne	Psychomotorik	42
Luftballonmatratze	Motorik	Grobmotorik	Psychomotorik	86
Luftballonspiel	Wahrnehmung / Motorik	Visuelle Wahrnehmung / Grobmotorik	Psychomotorik	51/ 98
Luftballonspiele in der Gruppe	Sozialverhalten	ADS/ADHS	Psychomotorik	217
Luftballontanz	Sprache	Hörspiele	Kognition	248
Malen mit Fingermalfarben	Motorik	Feinmotorik	Heilpädagogisches Werken	115
Malen mit Wachsmalblöcken	Motorik	Feinmotorik	Heilpädagogisches Werken	115
Malen nach Musik	Sozialverhalten	ADS/ADHS	Entspannung	225

Name der Übung	Förderbereich	Kategorie	Fördermethode	Seite
Malen nach Musik (an der Wand)	Wahrnehmung	Auditive Wahrnehmung	Kinesiologie	74
Malen nach Musik (auf dem Rücken)	Umschriebene Entwicklungsstörungen schulischer Fertigkeiten	LRS	Sinneswahrnehmung	169
Malspaziergang	Sozialverhalten	ADS/ADHS	Entspannung	227
Mandalas malen	Sozialverhalten	ADS/ADHS	Entspannung	226
Matroschkapuppe (Zwerge)	Kognition	Entwicklungsverzögerung	Kognition	131
Mauer einrennen	Umschriebene Entwicklungsstörungen schulischer Fertigkeiten	Rechenstörung/Rechenschwäche	Psychomotorik	193
Mengenspiel	Kognition	Lernschwäche, Lernbehinderung	Kognition	149
Metallene Einsatzfiguren	Kognition	Geistige Behinderung	Montessori-Pädagogik	156
Monsterfangen	Sozialverhalten	Störungen des Sozialverhaltens	Psychomotorik	206
Musik lauschen und entspannen	Wahrnehmung	Auditive Wahrnehmung	Entspannung	72
Muster weitermalen	Umschriebene Entwicklungsstörungen schulischer Fertigkeiten	LRS	Kognition	174
Nach Signal klopfen	Wahrnehmung	Auditive Wahrnehmung	Rhythmik	68
Nachahmen	Sozialverhalten	Störungen des Sozialverhaltens	Psychomotorik	205
Nägel im Salzstreuer	Motorik	Feinmotorik	Montessori-Pädagogik	106
Nähen und Sticken	Motorik	Feinmotorik	Montessori-Pädagogik	108
Namen in den Sand schreiben	Motorik	Feinmotorik	Montessori-Pädagogik	112
Namen und Dinge klatschen	Sprache	Hörspiele	Rhythmik	248
Nasenatmen	Umschriebene Entwicklungsstörungen schulischer Fertigkeiten	LRS	Kinesiologie	177
Nonsenswörter vorsprechen	Wahrnehmung	Auditive Wahrnehmung	Sinneswahrnehmung	70
Nudelraten	Sprache	Spiele zur Förderung der Mundmotorik	Sinneswahrnehmung	242

Name der Übung	Förderbereich	Kategorie	Fördermethode	Seite
Numerische Stangen	Umschriebene Entwicklungsstörungen schulischer Fertigkeiten	Rechenstörung/Rechenschwäche	Montessori-Pädagogik	179
Oben oder unten?	Wahrnehmung	Visuelle Wahrnehmung	Kognition	60
Oberbegriffe kennen lernen	Kognition	Lernschwäche, Lernbehinderung	Kognition	149
Öffnen und Schließen	Motorik	Körperliche Behinderung	Montessori-Pädagogik	124
Ohren massieren 1	Umschriebene Entwicklungsstörungen schulischer Fertigkeiten	Rechenstörung/Rechenschwäche	Kinesiologie	197
Ohren massieren 2	Sozialverhalten	ADS/ADHS	Kinesiologie	216
Paillettenspiel mit Plüschkissen	Motorik	Feinmotorik	Montessori-Pädagogik	105
Pantomime von Haba	Kognition	Entwicklungsverzögerung	Kognition	133
Papierkügelchenbilder	Wahrnehmung	Visuelle Wahrnehmung	Heilpädagogisches Werken	51
Papierspiel	Wahrnehmung	Auditive Wahrnehmung	Sinneswahrnehmung	66
Parcours	Sozialverhalten	ADS/ADHS	Psychomotorik	224
Pendel	Umschriebene Entwicklungsstörungen schulischer Fertigkeiten	LRS / Rechenstörung/Rechenschwäche	Kinesiologie	175/ 197
Perlen sortieren mit der Pinzette	Kognition	Geistige Behinderung	Montessori-Pädagogik	156
Pinzettenspiel	Wahrnehmung / Motorik	Visuelle Wahrnehmung / Feinmotorik	Montessori-Pädagogik	48/ 104
Pipettenspiel	Wahrnehmung / Motorik/ Kognition	Visuelle Wahrnehmung / Feinmotorik/ Lernschwäche, Lernbehinderung	Montessori-Pädagogik	48/ 104/ 147
Pizza backen	Wahrnehmung / Umschriebene Entwicklungsstörungen schulischer Fertigkeiten	Basissinne / Rechenstörung/Rechenschwäche	Entspannung / Psychomotorik	36/ 191

Name der Übung	Förderbereich	Kategorie	Fördermethode	Seite
Positive Punkte	Umschriebene Entwicklungsstörungen schulischer Fertigkeiten	LRS	Kinesiologie	176
Pustefußball	Sprache	Spiele zur Förderung der Mundmotorik	Sinneswahrnehmung	241
Puzzles aus Holz mit angebrachten Griffen	Motorik	Feinmotorik	Psychomotorik	113
Quatschgeschichten	Kognition	Entwicklungsverzögerung	Kognition	133
Rad fahren	Motorik	Grobmotorik	Psychomotorik	93
Rascheltüte	Motorik	Feinmotorik	Psychomotorik	103
Ratespiel	Kognition	Lernschwäche, Lernbehinderung	Sinneswahrnehmung	144
Rätselspiel	Wahrnehmung	Auditive Wahrnehmung	Sinneswahrnehmung	64
Regenmacher	Wahrnehmung	Auditive Wahrnehmung	Sinneswahrnehmung	64
Regenschirm	Wahrnehmung	Basissinne	Psychomotorik	42
Reimen und malen	Sozialverhalten	ADS/ADHS	Entspannung	226
Reiskörner löffeln	Kognition	Lernschwäche, Lernbehinderung	Montessori-Pädagogik	148
Reißnagelspiel	Motorik	Feinmotorik	Psychomotorik	116
Rette sich, wer kann	Wahrnehmung	Visuelle Wahrnehmung	Psychomotorik	59
Rhythmisches Gehen	Wahrnehmung	Auditive Wahrnehmung	Rhythmik	72
Ri ra rutsch	Sprache	Sprechzeichnen/Bewegung und Sprache	Rhythmik	246
Riesen und Zwerge	Wahrnehmung	Basissinne	Entspannung	40
Roboterspiel	Wahrnehmung	Basissinne	Heilpädagogisches Werken	39
Roboter-Sprache	Wahrnehmung	Auditive Wahrnehmung	Sinneswahrnehmung	70
Roll Kugel roll	Wahrnehmung	Visuelle Wahrnehmung	Sinneswahrnehmung	51
Rollbrettfahrt	Kognition	Geistige Behinderung	Psychomotorik	163
Rolltechnik	Wahrnehmung	Visuelle Wahrnehmung	Heilpädagogisches Werken	50

Name der Übung	Förderbereich	Kategorie	Fördermethode	Seite
Rosa Turm	Wahrnehmung	Visuelle Wahrnehmung	Montessori-Pädagogik	57
Rucksackspiel	Wahrnehmung	Auditive Wahrnehmung	Sinneswahrnehmung	68
Rücken- und Bauchmassage	Sozialverhalten	ADS/ADHS	Entspannung	230
Sackhüpfen	Motorik	Grobmotorik	Psychomotorik	98
Sackhüpfen	Umschriebene Entwicklungs-störungen schulischer Fertig-keiten	Rechenstörung/Rechenschwäche	Psychomotorik	193
Salzstangenspiele	Sprache	Spiele zur Förderung der Mund-motorik	Sinneswahrnehmung	242
Sandfischen	Wahrnehmung	Visuelle Wahrnehmung	Sinneswahrnehmung	54
Sandpapierbuchstaben	Umschriebene Entwicklungs-störungen schulischer Fertig-keiten	Rechenstörung/Rechenschwäche	Montessori-Pädagogik	181
Sandsäckchen auflegen	Sozialverhalten	ADS/ADHS	Entspannung	231
Sandsäcke werfen	Wahrnehmung	Visuelle Wahrnehmung	Psychomotorik	60
Sandspiele	Motorik	Grobmotorik	Psychomotorik	90
Sandwanne	Motorik	Grobmotorik	Psychomotorik	90
Schallquellen folgen	Wahrnehmung	Auditive Wahrnehmung	Sinneswahrnehmung	63
Schätze sammeln	Wahrnehmung	Basissinne	Psychomotorik	32
Schatzhüter	Wahrnehmung	Auditive Wahrnehmung	Sinneswahrnehmung	63
Schatzsuche 1	Sprache	Spiele zur Förderung der Mund-motorik	Sinneswahrnehmung	240
Schatzsuche 2	Sprache	Sprechzeichnen/Bewegung und Sprache	Psychomotorik	246
Schatzsuche im Bällebad	Wahrnehmung	Visuelle Wahrnehmung	Sinneswahrnehmung	55
Schaukeln auf der Thera-pieschaukel	Wahrnehmung	Basissinne	Psychomotorik	43
Schaukeln des Kindes	Motorik	Grobmotorik	Psychomotorik	85
Schaum herstellen	Sprache	Spiele zur Förderung der Mund-motorik	Sinneswahrnehmung	241

Name der Übung	Förderbereich	Kategorie	Fördermethode	Seite
Schaumrutsche	Kognition	Geistige Behinderung	Psychomotorik	160
Schiffe übers Wasser pusten	Sprache	Spiele zur Förderung der Mund-motorik	Sinneswahrnehmung	241
Schleifen	Umschriebene Entwicklungs-störungen schulischer Fertig-keiten	Rechenstörung/Rechenschwäche	Kinesiologie	198
Schlittschuhlaufen	Wahrnehmung	Basissinne	Psychomotorik	43
Schneeballschlacht	Sozialverhalten	Störungen des Sozialverhaltens	Psychomotorik	206
Schneebesenrassel	Motorik	Grobmotorik	Psychomotorik	93
Schneiden mit Messer und Schere	Motorik	Körperliche Behinderung	Montessori-Pädagogik	124
Schnuppermemory	Wahrnehmung	Olfaktorische und gustatorische Wahrnehmung	Sinneswahrnehmung	77
Schöpfen	Wahrnehmung	Visuelle Wahrnehmung	Montessori-Pädagogik	47
Schraubverschlüsse	Motorik	Feinmotorik	Montessori-Pädagogik	110
Schütten von Flüssigkeit	Motorik	Feinmotorik	Montessori-Pädagogik	113
Schüttspiele	Motorik	Feinmotorik	Montessori-Pädagogik	106
Schwere Sandsäckchen tragen	Wahrnehmung	Basissinne	Psychomotorik	37
Seifenblasen auf dem Tisch	Sprache	Spiele zur Förderung der Mund-motorik	Sinneswahrnehmung	241
Seifenblasen fangen	Wahrnehmung	Visuelle Wahrnehmung	Sinneswahrnehmung	55
Seiltanz	Wahrnehmung	Basissinne	Psychomotorik	41
Seiltänzer	Umschriebene Entwicklungs-störungen schulischer Fertig-keiten	Rechenstörung/Rechenschwäche	Psychomotorik	194
Sequenzen von Zahlen/Wörtern/Farben merken	Wahrnehmung	Auditive Wahrnehmung	Sinneswahrnehmung	69
Sich bewegen (lassen)	Motorik	Körperliche Behinderung	Entspannung	125
So riecht der Wald	Wahrnehmung	Olfaktorische und gustatorische Wahrnehmung	Sinneswahrnehmung	77

Name der Übung	Förderbereich	Kategorie	Fördermethode	Seite
Soundwürfel – Tiere	Sprache	Sprachanbahnung	Kognition	238
Spiele mit dem Ball	Motorik	Grobmotorik	Psychomotorik	95
Spiele mit dem Körperumriss	Motorik	Körperliche Behinderung	Psychomotorik	122
Spiele mit Rasierschaum	Kognition	Geistige Behinderung	Psychomotorik	160
Spindelkasten	Umschriebene Entwicklungsstörungen schulischer Fertigkeiten	Rechenstörung/Rechenschwäche	Montessori-Pädagogik	184
Sprechmotorische Übung – Hoppe hoppe Reiter	Sprache	Sprachanbahnung	Rhythmik	239
Sprechmotorische Übung – Krimm-kramm-krumm	Sprache	Sprachanbahnung	Rhythmik	240
Springen auf dem Trampolin	Wahrnehmung	Visuelle Wahrnehmung	Psychomotorik	59
Spritztechnik	Wahrnehmung	Visuelle Wahrnehmung	Heilpädagogisches Werken	50
Sprung über das Seil	Wahrnehmung	Visuelle Wahrnehmung	Psychomotorik	53
Statuenspiel	Wahrnehmung	Basissinne	Psychomotorik	38
Staubsauger	Sprache	Spiele zur Förderung der Mundmotorik	Sinneswahrnehmung	240
Steck die Zylinder ins Brett	Motorik	Feinmotorik	Montessori-Pädagogik	113
Steckkissen	Kognition	Lernschwäche, Lernbehinderung	Montessori-Pädagogik	147
Steckspiele	Wahrnehmung	Visuelle Wahrnehmung	Montessori-Pädagogik	49
Steckübungen mit Muggelsteinen	Motorik	Feinmotorik	Montessori-Pädagogik	107
Sticken	Wahrnehmung	Visuelle Wahrnehmung	Montessori-Pädagogik	50
Suchspiel: Reimwörter	Wahrnehmung	Auditive Wahrnehmung	Sinneswahrnehmung	71
Summe das Lied nach	Wahrnehmung	Auditive Wahrnehmung	Sinneswahrnehmung	70
Taktgefühl	Wahrnehmung	Auditive Wahrnehmung	Rhythmik	71
Tarzan	Umschriebene Entwicklungsstörungen schulischer Fertigkeiten	Rechenstörung/Rechenschwäche	Psychomotorik	192

Name der Übung	Förderbereich	Kategorie	Fördermethode	Seite
Tastkisten	Wahrnehmung	Basissinne	Montessori-Pädagogik	32
Tasttücher – Tastmemory	Motorik	Feinmotorik	Montessori-Pädagogik	105
Teenasen	Wahrnehmung	Olfaktorische und gustatorische Wahrnehmung	Sinneswahrnehmung	78
Tiersprache	Sprache	Spiele zur Förderung der Mundmotorik	Sinneswahrnehmung	243
Toffifee-Farbenspiel	Kognition	Geistige Behinderung	Montessori-Pädagogik	158
Toilettenpapierrollen	Wahrnehmung	Visuelle Wahrnehmung	Psychomotorik	52
Trampolin springen	Umschriebene Entwicklungsstörungen schulischer Fertigkeiten	Rechenstörung/Rechenschwäche	Psychomotorik	192
Tücher falten	Kognition	Geistige Behinderung	Montessori-Pädagogik	155
Turmbau	Kognition	Entwicklungsverzögerung	Kognition	130
Turnen an den Ringen	Sozialverhalten	ADS/ADHS	Psychomotorik	222
Turnen mit Bierdeckeln	Motorik	Grobmotorik	Psychomotorik	99
Turnen mit dem Bettlaken	Motorik	Grobmotorik	Psychomotorik	96
Turnen mit Papprollen	Motorik	Grobmotorik	Psychomotorik	96
Überkreuzbewegungen	Umschriebene Entwicklungsstörungen schulischer Fertigkeiten / Sozialverhalten	Rechenstörung/Rechenschwäche / ADS/ADHS	Kinesiologie	196/ 215
Überkreuzen mit nach oben gerichteten Augen	Umschriebene Entwicklungsstörungen schulischer Fertigkeiten	Rechenstörung/Rechenschwäche	Kinesiologie	197
Überkreuzbewegung hinten	Umschriebene Entwicklungsstörungen schulischer Fertigkeiten	Rechenstörung/Rechenschwäche	Kinesiologie	197
Überraschungskiste	Wahrnehmung	Basissinne	Montessori-Pädagogik	31
Übungen an der Sprossenwand	Sozialverhalten	ADS/ADHS	Psychomotorik	223
Übungen mit dem Ball	Motorik	Grobmotorik	Psychomotorik	95

Name der Übung	Förderbereich	Kategorie	Fördermethode	Seite
Übungen mit dem Eierkarton	Umschriebene Entwicklungsstörungen schulischer Fertigkeiten	Rechenstörung/Rechenschwäche	Montessori-Pädagogik	188
Übungen mit dem Pezziball	Sozialverhalten	ADS/ADHS	Psychomotorik	218
Übungen mit dem Pezziball in der Gruppe	Sozialverhalten	ADS/ADHS	Psychomotorik	218
Übungen mit dem Rollbrett	Sozialverhalten	ADS/ADHS	Psychomotorik	222
Übungen mit Ton, Knete, Kleister, Fingerfarben	Wahrnehmung	Basissinne	Heilpädagogisches Werken	31
Übungen mit Wasser	Motorik	Körperliche Behinderung	Montessori-Pädagogik	123
Umgang mit Alltagsgegenständen	Motorik	Körperliche Behinderung	Montessori-Pädagogik	124
Umgang mit Textilien	Motorik	Körperliche Behinderung	Montessori-Pädagogik	124
Verbale Aufträge erteilen	Wahrnehmung	Auditive Wahrnehmung	Sinneswahrnehmung	68
Verknüpfen von Mengen und Ziffern	Umschriebene Entwicklungsstörungen schulischer Fertigkeiten	Rechenstörung/Rechenschwäche	Montessori-Pädagogik	182
Versteinern	Wahrnehmung	Basissinne	Psychomotorik	38
Warm – Kalt	Kognition	Entwicklungsverzögerung	Kognition	133
Was gehört zusammen?	Kognition	Entwicklungsverzögerung	Kognition	131
Was hab ich unter dem Pullover versteckt?	Kognition	Entwicklungsverzögerung	Kognition	132
Was hat die Schlange verschluckt?	Kognition	Entwicklungsverzögerung	Kognition	132
Was hat sich verändert?	Kognition	Entwicklungsverzögerung	Kognition	138
Was ist heruntergefallen?	Wahrnehmung	Auditive Wahrnehmung	Sinneswahrnehmung	66
Was ist vom Tisch gefallen?	Wahrnehmung	Auditive Wahrnehmung	Sinneswahrnehmung	69
Was malt das Kind da?	Kognition	Entwicklungsverzögerung	Kognition	134
Was muss über den Fluss?	Wahrnehmung	Auditive Wahrnehmung	Sinneswahrnehmung	70

Name der Übung	Förderbereich	Kategorie	Fördermethode	Seite
Was riecht denn da?	Wahrnehmung	Olfaktorische und gustatorische Wahrnehmung	Sinneswahrnehmung	76
Was versteckt sich da?	Kognition	Entwicklungsverzögerung	Kognition	131
Was war's?	Kognition	Entwicklungsverzögerung	Kognition	137
Wäscheklammernspiel 1	Kognition	Lernschwäche, Lernbehinderung	Psychomotorik	146
Wäscheklammernspiel 2	Umschriebene Entwicklungsstörungen schulischer Fertigkeiten	Rechenstörung/Rechenschwäche	Kinesiologie	197
Wasser gießen 1	Wahrnehmung	Visuelle Wahrnehmung	Montessori-Pädagogik	48
Wasser gießen 2	Kognition	Geistige Behinderung	Montessori-Pädagogik	155
Wasser schöpfen	Wahrnehmung	Visuelle Wahrnehmung	Montessori-Pädagogik	48
Wassererfahrungen im tiefen Wasser	Motorik	Grobmotorik	Psychomotorik	90
Wasserspiele	Motorik	Grobmotorik	Psychomotorik	89
Wasserträger	Umschriebene Entwicklungsstörungen schulischer Fertigkeiten	Rechenstörung/Rechenschwäche	Psychomotorik	194
Wecker suchen	Wahrnehmung	Auditive Wahrnehmung	Sinneswahrnehmung	63
Welche Geräuschdosen gehören zusammen	Kognition	Geistige Behinderung	Montessori-Pädagogik	157
Welche Luftballons gehören zusammen?	Kognition	Geistige Behinderung	Montessori-Pädagogik	157
Welche Tierteile gehören zusammen?	Kognition	Entwicklungsverzögerung	Kognition	133
Welchen Namen rufe ich?	Wahrnehmung	Auditive Wahrnehmung	Sinneswahrnehmung	63
Welcher Duft liegt in der Luft?	Wahrnehmung	Olfaktorische und gustatorische Wahrnehmung	Sinneswahrnehmung	76
Welcher Schlüssel passt?	Motorik	Feinmotorik	Montessori-Pädagogik	110
Welches Tier hat sich versteckt?	Umschriebene Entwicklungsstörungen schulischer Fertigkeiten	LRS	Sinneswahrnehmung	172

Name der Übung	Förderbereich	Kategorie	Fördermethode	Seite
Wer bist du?	Sozialverhalten	Störungen des Sozialverhaltens	Psychomotorik	205
Wer rupft, wer zupft, wer hat's getan?	Umschriebene Entwicklungsstörungen schulischer Fertigkeiten	LRS	Sinneswahrnehmung	169
Wettermassage	Sozialverhalten	ADS/ADHS	Entspannung	231
Wie macht das Tier?	Sprache	Sprachanbahnung	Kognition	237
Wie viele Murmeln sind im Säckchen?	Umschriebene Entwicklungsstörungen schulischer Fertigkeiten	Rechenstörung/Rechenschwäche	Montessori-Pädagogik	188
Wie viele Perlen müssen drauf?	Umschriebene Entwicklungsstörungen schulischer Fertigkeiten	Rechenstörung/Rechenschwäche	Montessori-Pädagogik	187
Wie weit darf ich reisen?	Wahrnehmung	Auditive Wahrnehmung	Rhythmik	71
Wimmelbuch – Was macht…?	Wahrnehmung	Visuelle Wahrnehmung	Sinneswahrnehmung	54
Windspiel	Sozialverhalten	ADS/ADHS	Entspannung	231
Wir kneten deinen Namen	Motorik	Feinmotorik	Montessori-Pädagogik	111
Wir malen die Grundformen	Motorik	Feinmotorik	Montessori-Pädagogik	114
Wir schreiben deinen Namen	Motorik	Feinmotorik	Montessori-Pädagogik	111
Wir sind Dirigenten	Umschriebene Entwicklungsstörungen schulischer Fertigkeiten	Rechenstörung/Rechenschwäche	Kinesiologie	199
Wir zaubern deinen Namen herbei	Motorik	Feinmotorik	Montessori-Pädagogik	112
Wo hat sich der Schnuller versteckt?	Kognition	Entwicklungsverzögerung	Kognition	136
Wolldeckenrutschbahn	Motorik	Grobmotorik	Psychomotorik	99
Wörterschlange	Wahrnehmung	Auditive Wahrnehmung	Sinneswahrnehmung	71
Wunschplakat	Sozialverhalten	Störungen des Sozialverhaltens	Heilpädagogisches Werken	208
Wunschtüte basteln	Sozialverhalten	Störungen des Sozialverhaltens	Heilpädagogisches Werken	207

Name der Übung	Förderbereich	Kategorie	Fördermethode	Seite
Wut und Angst	Sozialverhalten	Störungen des Sozialverhaltens	Entspannung	210
Wutkissen	Sozialverhalten	Störungen des Sozialverhaltens	Heilpädagogisches Werken	207
Yogaübung: Der Baum	Sozialverhalten	ADS/ADHS	Entspannung	228
Yogaübung: Der Mond	Sozialverhalten	ADS/ADHS	Entspannung	227
Yogaübung: Der Überschlag	Sozialverhalten	ADS/ADHS	Entspannung	229
Yogaübung: Die Energie-Kerze	Sozialverhalten	ADS/ADHS	Entspannung	229
Yogaübung: Die Katze und Kuh	Sozialverhalten	ADS/ADHS	Entspannung	229
Zahlen und Chips	Umschriebene Entwicklungsstörungen schulischer Fertigkeiten	Rechenstörung/Rechenschwäche	Montessori-Pädagogik	186
Zählspiel	Kognition	Lernschwäche, Lernbehinderung	Kognition	148
Zauberbowle oder Mutmachbowle herstellen	Sozialverhalten	Störungen des Sozialverhaltens	Heilpädagogisches Zaubern	208
Zauberknäuel	Sozialverhalten	Störungen des Sozialverhaltens	Heilpädagogisches Zaubern	208
Zauberschnur	Wahrnehmung	Visuelle Wahrnehmung	Psychomotorik	60
Zaubersprache	Wahrnehmung	Auditive Wahrnehmung	Sinneswahrnehmung	70
Zauberstab	Sozialverhalten	Störungen des Sozialverhaltens	Heilpädagogisches Zaubern	208
Zehn kleine Fische (Badewannenlied)	Wahrnehmung	Basissinne	Rhythmik	34
Zeitungsschlacht	Wahrnehmung	Visuelle Wahrnehmung	Psychomotorik	52
Zisch zisch zisch, oder puff puff puff, oder töff töff töff die Eisenbahn	Sprache	Sprechzeichnen/Bewegung und Sprache	Rhythmik	246
Zitronenlimonade zubereiten	Wahrnehmung	Olfaktorische und gustatorische Wahrnehmung	Sinneswahrnehmung	80
Zoobesuch	Wahrnehmung	Auditive Wahrnehmung	Sinneswahrnehmung	69
Zu Steckspielen Geräusche machen	Sprache	Sprachanbahnung	Kognition	239

Name der Übung	Förderbereich	Kategorie	Fördermethode	Seite
Zugmaschine	Motorik	Grobmotorik	Psychomotorik	98
Zurück zum Haus	Wahrnehmung	Visuelle Wahrnehmung	Psychomotorik	59
Zusammengebundene Kinder	Motorik	Grobmotorik	Psychomotorik	99

Das Übungsverzeichnis steht auch nach Förderbereichen sortiert zum Download auf www.reinhardt-verlag.de bereit.

Sachregister

ADHS 202, 211–214
ADS 211–214
Anweisungsverständnis 143
Atmen 22, 75, 177
Auditive Wahrnehmung 61f, 168
Aufmerksamkeit 20f, 25–27, 62, 141, 148, 201f, 211, 214f
Auge-Hand-Koordination 94, 101, 103, 143, 195
Ausdauer 14, 22, 27, 97, 159, 167
Babymassage 88
Balancieren 40f, 99, 119, 194, 224
Basale Stimulation 154, 160
Basissinne 22, 30f, 192, 194
Bedürfnisse 14, 17, 18–20, 153f, 167, 174, 203, 234
Beobachtung 14–16, 19, 123, 129, 202f, 212f
Bewegung 18–20, 22–25, 47, 62, 81–83, 85, 97, 174, 214, 245
Beziehung 9, 14f, 23, 25, 153f, 203
Bindung 200f
Brain Gym 24f, 173, 215, 217
Denken 19, 24, 27, 127, 129f, 179
Deprivation 130
Diagnostik 14f, 31, 82, 84, 103, 152
Dyskalkulie 178
Dyspraxie 84
Eingangsphase 14
Empathie 12
Entspannung 16, 18, 22f, 25, 125, 142, 159, 167, 210, 225
Entspannungspädagogik 22, 175, 205
Entwicklungsrisiken 9
Entwicklungverzögerung 25f, 81, 129f, 140–142, 165
Erziehung 12, 123, 152
Feinmotorik 82, 101–103, 143, 212
Fernsinne 30
Figur-Grund-Wahrnehmung 46, 50, 54
Fingerspiele 139, 201, 237, 244
Förderplan 26, 142
Förderstunde 14–17, 25, 142, 167, 179, 214
Förderziele 15, 17
Frühförderung 9, 14f, 26, 84, 118, 153, 236
Ganzheitliche Sichtweise 12f, 18
Gedächtnis 136, 179
Geistige Behinderung 151f
Gleichgewicht 30, 41, 83, 97, 119, 194
Grenzen 23, 174, 200, 203
Grenzsteine 82f, 102f, 128f, 200f
Grobmotorik 14, 27, 82
Gruppenförderung 12, 25, 236
Gustatorische Wahrnehmung 75, 78
Handgeschicklichkeit 27
Heilpädagogik 12–15, 152, 236
Heilpädagogische Methoden 17–29
– Spieltherapie 23, 203
– Übungsbehandlung 25f
– Werken 27f, 139
– Zaubern 26, 215
Hyperaktivität 201, 211
Impulsivität 211f, 214
Intelligenz 127, 129, 151f, 166, 178, 211
Intelligenztest 141
Kognition 127–129, 148, 213, 236
Kognitive Entwicklung 127, 129
Kommunikation 18, 21, 154, 203
Konzentration 14, 22, 24, 26, 148, 174, 214f, 222
Körperausdruck 21, 122
Körperbild 209
Körperentspannung 125, 225
Körperliche Behinderung 80, 117
Körperschema 30, 81, 84, 189
Körperwahrnehmung 117f, 189
Lateralität 84, 103, 195
Lautdifferenzierung 61, 64, 165
Lautinterpretation 62, 66

Lautlokalisation 61, 63
Legasthenie 165f, 191
Lernbehinderung 140
Lernschwäche 20, 140
Lesen 46, 54, 165, 194
Leserechtschreibschwäche 165f, 167
Logisches Denken 130
LRS (s. a. Leserechtschreibschwäche) 165f, 167
Massage 22, 36, 88, 118, 120, 160, 191, 225
Mengen und Zahlen 179
Merkfähigkeit 20, 129, 136, 165, 215
Montessori Pädagogik 18–20, 155
Motivation 26, 213f
Motorik 17, 27, 81, 126, 128, 203
Motorische Überaktivität 211, 222
Mundmotorik 240, 244
Muskeln 81, 84, 192
Muskeltonus 81, 192, 194
Nahsinne 80
Olfaktorische Wahrnehmung 75
Pädagogische Kinesiologie 24
Persönlichkeitsentwicklung 14
Planung 14, 16, 192
Psychomotorik 17f, 27, 205, 215
Rechenschwäche 178f, 189, 194
Rechnen 46, 165, 178f
Regeln 129, 174, 203
Reize 21f, 30f, 45, 80, 83, 118f, 130
Rhythmik 20–22, 26
Rollenspiel 24, 128, 203f,
Selbstbewusstsein 26f, 202, 234
Sinnesbehinderung 80
Sinneswahrnehmung 80, 166
Snozelen 159f
Sozialverhalten 140, 200–203, 211
Speicherung 62, 68
Sprachanbahnung 236f
Sprache 25, 234–237, 245
Sprachentwicklung 129, 165, 234–237
Sprachentwickungsverzögerung 129, 234
Sprachgedächtnis 165, 174
Sprachverständnis 129, 234–236
Sprechzeichnen 245
Störungen des Sozialverhaltens 200f
Struktur 18, 26, 142, 167, 174, 214
Taktile Wahrnehmung 22, 31
Teilleistungen 236
Teilleistungsschwäche 165
Test 129, 141, 152, 166, 213
Tiefenwahrnehmung 37, 103
Überkreuzen der Körpermittelline 83, 115, 142, 145, 194f
Verhaltensauffälligkeit 12, 26
Verhaltensstörung 152
Vertrauen 9, 17f, 154, 159, 203–205
Vestibulär 30, 80, 119, 163, 194
Visuelle Wahrnehmung 45f, 170, 179
Visumotorische Koordination 46
Vorbereitung 15
Wahrnehmung 14, 30f, 37, 45f, 54, 58, 75, 78, 118, 148, 189, 215
Wahrnehmungskonstanz 56
Wertschätzung 12, 26, 154, 167, 203
Wortschatz 167–169, 234–237
Yoga 22, 225
Zaubern 26f, 205, 215

Leseprobe

Leseprobe aus

Klaus Sarimski / Manfred Hintermair / Markus Lang: Familienorientierte Frühförderung von Kindern mit Behinderung

3.4 Alltags- und Lebensweltorientierung in der Praxis

Es gelingt vor allem dann, die soziale Teilhabe und die Kompetenzen des Kindes im Alltag zu fördern, wenn die Eltern dafür sensibilisiert werden, wie viele Gelegenheiten das gemeinsame Spiel oder andere alltägliche Begebenheiten dazu bieten. Das Vertrauen der Eltern in ihre eigenen Fähigkeiten zu stärken, den Lernprozess des Kindes wirksam unterstützen zu können, ist dabei essenziell. Die Eltern sollten jedoch nicht dazu aufgefordert werden, eine bestimmte Zeit ihres Tages für gezielte und geplante Übungen mit ihrem Kind zu „reservieren". Es geht vielmehr darum, sie in der Gestaltung ihrer Interaktion mit dem Kind so zu beraten, dass es in möglichst vielen Situationen von ihnen wirksame Hilfen zum Erwerb neuer Kompetenzen erhält (Dunst et al. 2001, 2010; Dunst/Swanson 2006).
Die Wirksamkeit von Frühfördermaßnahmen hängt dabei von vier Prinzipien ab:

- Es sollten Lernsituationen gewählt werden, die im Familienleben bedeutsam sind und sich als Kontext eignen, um sozialadaptive „Schlüsselkompetenzen" zur Teilhabe am familiären Alltag zu erwerben.
- Es sollten Lernanlässe gewählt werden, die dem Kind die Möglichkeit zu Eigeninitiative und zum Erwerb von Fähigkeiten bieten, mit denen es seine eigenen Ziele erreichen kann.
- Beratung und Anleitung von Eltern sind dann effektiv, wenn sie das Zutrauen der Eltern in ihre eigenen Fähigkeiten stärken, die Entwicklung ihres Kindes wirksam beeinflussen zu können.

- Die Aufgabe der Fachkraft ist es, wirksame (d. h. durch empirische Forschungsergebnisse belegte) Strategien zu vermitteln, wie kindliche Fähigkeiten unter den Bedingungen einer bestimmten Behinderung gefördert werden können, und die Eltern dabei zu unterstützen, sich ihrer „Selbstwirksamkeit" bewusst zu werden. Förderaktivitäten, die die Fachkraft selbst mit dem Kind durchführt, dienen dazu, den Eltern Beispiele zu geben, an denen sie sich orientieren können.

Tipp:

Nutzen Sie für die Entwicklungsförderung ein möglichst breites Spektrum an vorbereiteten und spontan entstehenden Lernsituationen im Familienalltag – sowohl innerhalb als auch außerhalb der eigenen Wohnung. Spielsituationen, gemeinsame Mahlzeiten, Körperpflege im Badezimmer, das Backen eines Kuchens, ein Gang zum Spielplatz, eine Autofahrt, ein Besuch am Ententeich oder im Schwimmbad – all das (und vieles mehr) bietet Gelegenheit, kindliche Kompetenzen zu fördern.

Manchmal kann es ratsam sein, Fertigkeiten zunächst in isolierten Übungssituationen zu erproben. Wenn z. B. der Gebrauch von Gebärden für ein Kind noch gänzlich fremd ist, können sie zunächst mit Hilfe von Bildkarten eingeübt werden, bevor sie dann später in den Alltag übernommen werden.

Fallbeispiel:

Svenja, ein Mädchen mit Downsyndrom, kann sich bislang im Alltag nur verständlich machen, indem sie auf das zeigt, was sie möchte. Der Erwerb von ersten Worten oder weiteren Gebärden hat für die Eltern hohe Priorität. Dies kann anhand von Bildkarten geübt werden, auf denen verschiedene Dinge abgebildet sind, die es in der Familie z. B. zum Frühstück gibt. Der Gebrauch von Worten oder Gebärden wird während der Mahlzeiten geübt, indem Svenja jeweils vor die Wahl gestellt wird, ob sie Tee oder Kakao trinken, Müsli oder Brot, Streichkäse oder Salami essen möchte.

Leseprobe

Familienorientierte Frühförderung ist somit bestrebt, diejenigen Aktivitäten des täglichen Lebens als Lernanlässe zu nutzen, an denen sich das Kind mit Freude beteiligen möchte. Welche Gelegenheiten dies sind, hängt von den Interessen des Kindes ab – erkennbar an seiner Aufmerksamkeit, seiner Neugier und seinen eigenen Ansätzen zur Erprobung von Handlungsmöglichkeiten.

Wenn Lernangebote nicht auf die kindlichen Interessen abgestimmt sind, werden sie nicht zu Lernprozessen führen. Die Beratung der Eltern zielt somit darauf ab, Vielfalt, Häufigkeit und Qualität der Lerngelegenheiten im Alltag zu steigern. Diese Lerngelegenheiten können auch beiläufig entstehen.

Betroffene Kinder stärken

Manfred Pretis / Aleksandra Dimova
Frühförderung mit Kindern psychisch kranker Eltern
(Beiträge zur Frühförderung interdisziplinär; 12)
2. Auflage 2010. 190 Seiten. 21 Abb. 15 Tab.
(978-3-497-02199-4) kt

Die Autoren zeigen, wie man Kinder psychisch kranker Eltern in der Frühförderung unterstützen kann: Anhand von Fallbeispielen informieren sie über Störungsbilder der Eltern und erklären, wie das Kind die Erkrankung wahrnimmt. Sie leiten praxisnahe Fördervorschläge und Spiele ab, die die Kinder stärken.

Reflexionsfragen helfen, das eigene Handeln als Fachkraft zu überdenken. Mit konkreten Tipps eröffnen die Autoren neue Wege zur transdisziplinären Arbeit zwischen Psychiatrie, Heilpädagogik und Psychologie.

reinhardt
www.reinhardt-verlag.de